KB271610

미래에 관한 마지막 충고

Anleitung zum Zukunfts-Optimisumus

ANLEITUNG ZUM ZUNKUNFTS-OPTIMISMUS

by Matthias Horxs

미래에 관한 마지막 충고

ANLEITUNG ZUM ZUKUNFTS-OPTIMISUMUS

마티아스 호르크스 지음 | 송휘재 옮김

Sb
smart business

나는 자만에 빠진 비관주의자들을 증오한다.

이들은 세상의 멸망을 즐거워하며,

매일 모든 것들의 종말을 선전하듯 떠든다.

그들이 좋아하는 모습이 보이지 않는가.

-클라우디오 마그리스

미래에 대한 내기

나는 회의론자이지 비관주의자일 수 없다.
–밀란 쿤데라

미래에는 모든 것이 갈수록 더 좋아질 것이라고 생각해보라. 생각의 실험을 해보자. 긴장을 풀고 뒤로 기대어 숨을 크게 내쉬자. 하늘이나 천장, 아니면 똑바로 위를 바라봐도 좋다.

세상이 매일 작은 보너스를 준다고 생각해보라. 세상 어딘가에서 아이 한 명이 덜 굶고, 어떤 사람은 1달러를 더 벌며, 작지만 흥미로운 발명품 하나가 더 생겨나고, 폐수처리장 하나가 더 건설되며, 정화기 하나가 더 가동된다고 말이다.

매일 남편과 아내 사이에, 부모와 자식 간에, 이웃, 국가, 민족 간에 사용되는 폭력이 줄어드는 기미가 보인다고 생각해보라. 매일 살해되는 사람들이 적어진다고 말이다.

매일 아주 조금씩 사랑, 분별력, 지혜가 더 생긴다고 생각해보라. 사람들이 조금씩만 더 조심스럽게 서로를 대하고, 조금씩만 더 서로 협력하고, 사랑하는 사람들은 조금씩만 더 애정이 넘치게 서로를 대한다고 말이다.

매순간 우리가 의식이라고 부르는 것이 세상에 조금씩 더 나타나서, 사람들이 좀 더 의식적으로 자신의 주변환경을 지각하고 조금씩 자기 자신을 독특한 개인으로서 인식한다고 생각해보라. 우리 모두는 이런 과정의 부분일지도 모른다. 게다가 우리는 어쩌면 그 과정에 영향력을 끼쳐서 강화시켜줄 수도 있다. 고르게 심호흡을 해보자.

'헛소리' 라고 생각할 수도 있다. '어리석은 이야기' 아니면 기껏해야 '멋진 꿈' 이라고. 물론 이러한 이상향은 현실과는 완전히 다르다.

"신문을 펼쳐봐야겠군요."

"TV를 켜봐야겠습니다."

이보다 더 심하게 반응할 수도 있을 것이다.

"나를 바보로 취급하는 겁니까?"

긍정적인 발상에 도발적으로 반응하는 게 놀랍지 않은가? 그렇다면 TV를 켜고 신문을 펼쳐보자. 라디오도 켜놓을 수 있다. 정확히 이 시점부터 시작된다. TV를 켜고 신문을 펼쳤더니 어떤 일이 일어나고 있는가? 그게 현실인가? 정말 사실일까? 누구도 그렇다고 주장하지는 못할 것이다. 그러나 놀라운 것은 그럼에도 불구하고 모두가 그렇게 믿고 있다는 사실이다.

우리는 사람들이 만들어놓은 의미의 연관 속에 들어가게 된다. 대개는 커피를 많이 마시고 너무 오래 앉아 있는 사람들이 만들어낸 일련의 현실을 우리에게 보여주는 것이다. 일련의 현실이란 다른 많은 사람들의 합의를 재차 반영한 하나의 합의를 지니고 있다. 그 합의로부터 이 집단은 그것이 '현실'이라고 생각하게 된다.

우리가 보는 영상들은 그 출처의 의미로 볼 때는 '진짜'일 수는 있다. 그러나 그 영상들은 맥락 속에서 송출되고 편집되고 포장되고 축소된다. 따라서 맥락이란 인간의 의도, 전략, 사고방식 등이 배후에 있는 구성이라고 할 수 있다. 때문에 무엇이 '세상의 진실'인지 우리는 알지 못한다.

그와 반대로 우리는 어느 정도 배경은 충분히 알 수 있다. 조명이 약해진다. 음울한 음악이 영상을 감싼다. 카메라는 참담한 슬럼가, 울고 있는 사람들, 괴롭지만 솔직하지 못한 부드러운 웃음들, 파괴된 숲들을 따라간다. 나레이터의 낭랑한 목소리가 울린다. 그러고 나면 '전문가'가 나타난다. 그는 잘 알고 있다. 정통한 사람이다. 그의 미소는 우월감을 보여준다. 그의 목소리는 권위를 상기시킨다.

갈수록 더 많아질 것입니다.
해가 거듭될수록….
원래는 너무 늦었습니다.
원래는 모든 게 이미 진행되었습니다.

이 책은 '미래를 향한 두려움'에 관한 책이다. 우리가 진화하면서 물려받은 유산 속에 그리고 우리의 태곳적 정신 속에 깊이 뿌리박고 있는 '두려움의 원인'에 관한 책이다. 그리고 그 '두려움의 극복'에 관한 책이다.

또한 '세상에 대한 자세와 인식'에 관한 책이다. 태도의 결함들에 관해서 그리고 영적 불구들에 관해서. 이 책은 우리가 '부정적 소식과 비관주의적 맥락에 얼마나 중독되어 있는지'에 대한 물음의 책이다. 이 책은 '믿음의 제국'에 대해 밝게 '우리 믿지 맙시다!'라고 항변하는 계몽적 회의주의의 부활을 위한 변론이다.

이 책은 '세상에 대한 우리의 책임'에 관한 책이다. 수천 년 전부터 우리의 영혼과 감정을 조정하려고 노력하는 몰락의 예언가들을 우리가 어떻게 자제시킬 수 있는지에 대한 물음의 책이다.

몰락을 선동하는 자들이 우리를 속여서 말하고 싶어 하듯이 그것이 사실이라면, 책임이라는 개념은 사실 별 의미가 없을 것이다. 부정적 맥락은 인간적 한계가 특징인 우리의 행위를 무의미하게 만든다. 이런 경우에는 그 행위들이 단순히 가소롭고, 평범하고, 부차적인 것이 될 뿐이다. 세상은 우리의 선한 의지에 전혀 개의치 않고 흘러가게 된다.

이 책은 간혹 쇠퇴와 몰락에 대해서 싸구려 유언비어에 의심을 품는 당신에게 아주 조금이라도 부정의 마력에 저항할 수 있는 힘을 주게 될 것이다. 또한 이 나라에서 점점 더 현실구성을 위해 굳어버린 구조적 우울증과 싸울 것이다.

그리고 이 책은 값진 2가지, '확신'과 '신뢰'를 위해 변호할 것이다. 미디어로 각인된 우리의 가상현실 속에는 이것들을 위한 로비가 없다. 교회와 종교에서는 이것들이 늘 부분적으로 대접을 받을 수 있을 뿐이다.

차례 CONTENTS

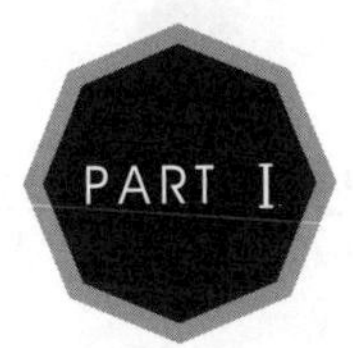

미래에 대한 두려움은 어디서 오는가

ANLEITUNG
ZUM
ZUKUNFTS-OPTIMISUMUS

01

알라미즘의 공간

우리는 사물을 있는 그대로 보지 않는다.
우리는 우리의 방식대로 사물을 본다.
-어네이스 닌

▌알라미즘 현상

'알라미즘(Alarmism)' 이란 미래에 대한 두려움들이 유행병처럼 주민들 사이에 만연하는 사회적·문화적 현상을 말한다. 이런 두려움들은 위험의 순간을 특정적으로 해석할 때 생긴다. 이때의 해석은 반드시 실제의 본질(또는 부분적인 면)을 제시한다. 그렇지만 이 위험들은 상징적으로 과장되고 불길한 모델로 간략하게 단순화된다. 알라미즘적인 유행병은 언제나 똑같은 전형에 따라 진행된다.

1. **잠복기** : 하나의 위험이 포착되고 중간 과정에서 활성화된다. 그 위험은 노골적이고, 듣기에 좋으며, 두려움을 불러일으키는 이름을 얻

는다. '산림의 죽음', '방사능에 의한 죽음', '광우병', '조류독감', '기후에 의한 재앙', '미세먼지', '고령화', '문화 전쟁', '신자유주의적 세계화', '새로운 하층민' 등이 그것이다.

2. **열병 단계** : 이제 폭포가 쏟아지듯 생산이 시작된다. 전문가들이 등장하고 갑자기 유명해진다. TV에서는 이 주제에 대한 방송이 넘쳐 나고, 신문의 머리기사는 갈수록 더 큰 활자로 인쇄된다. 책들이 재빨리 시장에 나온다. 한동안은 모두 '그것에 대해서' 말한다. 그리고 누구나 그에 대한 의견을 갖고 있다. "벌써 들으셨군요! 분명히 갈수록 더 위협적으로 변할 것입니다!"

3. **제의 단계** : 사람들은 무엇인가를 하려고 한다. 예컨대 특정 상품의 구매행위를 거부하고, 어떤 지역들은 회피한다. 책임을 전가하는 일들이 많아지고, 음조는 더욱 신경과민으로 변한다.

4. **소멸 단계** : 그 현상이 정점을 넘어선 단계다. 이제 그 현상을 좀 더 객관적이고 복합적으로 바라보고 좀 더 의미 있게 분류한다. 게다가 합리적인 해결 제안을 하는 일이 처음으로 나타난다. 물론 이것들은 거의 인지되지 못한다. 왜냐하면 벌써 다음 순환 과정이 시작되기 때문이다.

알라미즘은 문화사적으로 새로운 것이 아니다. '두려움'이라는 신경과민적 유행병은 인류의 역사와 함께 하고 있다. 최근에 삶을 불길하게 느끼는 현상은 심리학적인 '짜릿한 쾌감' 효과에 근거하고 있다. 신문방송학자인 프리드리히 지부르크는 전후(戰後) 시기인 1957년에 이 효과에 관해 다음과 같이 설명했다.

예리한 분석을 통해 보편적인 의식 속에 세상 멸망의 분위기를 띄우고 동시에 그 분위기를 만끽하는 것이 오늘을 살고 있는 인간이 가장 좋아하는 일이다. 인간에게 무미건조한 문제들을 가진 일상은 지루할 뿐이다. 그러나 임박한 재앙들은 최고의 흥밋거리다. 누구도 우리의 위기를 빼앗아 갈 수 없다. 우리는 그 위기에 대한 권리를 갖고 있다. 그러나 내 최후의 심판 날에는 너무 늦게 오는 사람이 아무도 없기를.

그러나 1970년대 초 전자매체가 중요한 기능을 하기 시작한 이후, 'IAC(Issue Attention Cycle, 어떤 이슈가 주목받는 기간을 단계별로 나타낸 것-옮긴이)'가 더욱 탄력을 받는 것 같다. 1~4단계까지의 진행곡선은 오늘날 약 3~4개월 걸린다. 그러나 영향력이 10년 이상이나 되는 경고들도 있다. '세계화'나 '지구온난화' 등이 그렇다.

내가 이 책에서 보여주고 싶듯이, 알라미즘은 위협에 대한 문화와 관련된 반응이 아니라 어마어마한 하나의 산업으로 독립되어 있다. 알라미즘으로 '정책'을 만들 수 있는 것이다. 예를 들면 권력 정책, 금융 정책, 심리 정책이 그것이다. 정보사회에서는 주목을 끌 만한 것이 많이 부족하다. 두려움 말고 무엇으로 더 좋은 주목을 끌 수 있을까? 그리고 두려움을 획책하는 것 말고 다른 어떤 것으로 권력을 얻거나 그 권력의 기반을 다질 수 있을까?

알라미즘은 끊임없이 두려움이라는 우상들에 따라 새로운 수요를 창출한다. 가령 전자파를 막아준다는 모호한 기계 또는 바이오 황마섬유로 만든 운동화 같은 것들이다. 알라미즘은 친환경식품 시장과 같이 완전히 새롭고 의미 있는 시장을 만들어낸다. 그러나 미국의 알라미즘만 1년 안에 먹이사슬 모두를 변화시킬 수 있다. 국수와 시리얼이 구석으로 내몰리는 동안, 모든 슈퍼마켓에서 고기, 달걀, 지방을 진열대의 맨 앞쪽에 놓는다. 그런 다음, 유행하고 있는 비만이 너무 많은 탄수화물에 기인한다고 '학자들이 확인해주었기 때문'이라고만 하면 끝이다.

그렇다면 이런 체계는 어떻게 작동하는 것일까? 무엇으로부터 엄청난 정신적 에너지들을 공급받는 것일까? 누가 이 분야의 선수들일까? 그리고 무엇보다도 우리는 이것을 어떻게 해석해야만 할까? 과열되었지만, 작동하는 조기경보 시스템으로서 우리에게 조금이나마 재미를 주고, 몸서리치게 만들며, 두려움을 가르쳐준 매체의 야단법석만이 전부일까?

아니면 미래라는 이름 속에서 회의적이어야만 할 것이 아니라 오히려 알라미즘에 맞서 알라미즘적으로 행동해야 할 마땅한 이유들이 우리에게 혹시 있을까?

▌미디어라는 기계

모든 언론사에는 남자와 여자가 있다. 닦달하는 편집장, 열정적으로 일하는 기자, 특종 담당 저널리스트, 그 누가 되었건 간에 남자 아니면 여자다. 그리고 그 남자 또는 여자는 '정말로 의미 있는 일'을 하기 위해 기자라는 직업을 선택했다. 그 일은 세상을 개선하고 구해내는 일이다.

1980년대에 이르기까지 우리의 특종 담당 저널리스트는 비판적 의식의 주인공이었다. 다수가 경제적 풍요로움과 발전은 직선처럼 계속될 것이라고 무조건 믿었기 때문에, 그런 생각을 비판하는 것은 실로 존경할 만한 일이었다. 오히려 비판적 저널리즘은 예외적인 일이었고, 대부분의 미디어는 정치가와 경제가 말하는 것을 얌전히 적을 뿐이었다.

그러나 1990년대부터 많은 점에 있어서 미디어세계에는 다른 분위기가 감지된다. 편집부에서는 구조조정이 강요된다. 경쟁적 분위기가 압도적이다. 가판대에서는 산더미 같은 잡지들로 책꽂이가 가려지고, TV 수상기마다 5개의 채널에 새로 123개의 채널이 생겼다. 해마다 더 많은 책들이 시장에 쏟아진다. 거대한 정보의 홍수가 벌써 오래전부터 뒤덮고 있다. 게다가 인터넷이 인쇄매체들의 강력한 경쟁자가 되고 있다.

자금과 지면(紙面)은 줄어들고 업무시간은 연장되는 등 우리의 비판적 편집장에게는 좋지 않은 시기이다. 신자유주의가 만들어낸 터보(turbo)자본주의의 모든 징후가 그의 주변에 빽빽이 들어차 있기 때문이다. 이런 상황에서 그가 할 수 있는 일은 무엇일까? 그는 경악의 정도를 약간 고조시킬 수밖에 없다. 미디어마다 이제 정치가들을 부패한 실패자로 간주한다. 그리고 세상은 긴급사태 발생 지역이 된다.

"그거 아무도 읽지 않겠는데요. 조금만 더 때릴 수 없어요?"

열심히 해보고자 하는 우리의 기자나 편집장까지도 작은 소식을 놓치지 않는다. 일련의 기상학자들이 지구의 평균기온이 장기간에 걸쳐 변화될 것이라고 확인해주었다. 1세기 안에 0.4도 올라갈 것이라는 이야기다.

이 문제가 별다른 주목을 받지 못하면, 태곳적부터 인류의 문제였던 날씨를 언급할 때다. 이는 평범한 일상의 주제일 뿐만 아니라 우리 모두의 안위를 위해 매우 상징적인 것이다. 그 외에 발행인이 말하듯이 오존층이 매우 빠르게 손상되고 있다. 그리하여 헌신적인 편집장은 절충된 기사를 쓰게 된다.

"기상학자들이 기온의 상승을 예상하고 있다."

그러고 나면 한동안은 아무 일도 일어나지 않는다. 큰 잡지사에서 환경을 담당하는 비판적 동료가 전화를 해온다. 이 잡지사는 몇 주 뒤 이 문제에 대해 더 많은 기사를 내보낸다.

한 달 뒤 국제기후회의가 캐나다에서 열린다. 우리의 편집장이 그곳을 방문하도록 발행인에게 출장지시를 받는다. 편집장은 기후를 주제로 하는 많은 연설을 듣는다. 그리고 귀국한 후에 성실하게 보도한다.

"1년 내에 섭씨 0.2도에서 3도까지 올라 지구온난화가 예상됨."

이제 신문에서 훨씬 앞쪽 지면을 차지하게 된 이 소식의 주요 텍스트에는 남극대륙의 천공(穿孔)작업과 이 문제에 대한 다양한 의견과 결과들이 많이 언급된다. 저널리즘이 그래야 하듯이 모두 매우 정확하게, 일정한 거리를 둔 채 객관성과 중립성을 갖고 묘사된다.

그러나 그런 뒤 불황기가 찾아온다. 판매부수가 급감한다. 나라에는 무더위, 높은 실업률, 게다가 불경기까지 닥친다.

"다시 한번 기후문제를 다룰 수 없을까?"

발행인이 묻는다. 늘 좋은 생각만 하는 우리의 편집장은 자료들을 뒤진다. 그는 남극대륙의 대륙붕에서 떨어져나간 거대한 얼음덩어리를 위성으로 촬영한 사진을 찾아낸다. 이 사진은 이미 1년이 지난 것이다. 하지만 지금 그게 무슨 상관인가. 이 뜨거운 여름에 시원한 사진이 될 만한, 녹아내리는 빙산을 보여줄 수도 있다. 이미 타이틀도 완성되었다.

"만년빙하와의 이별."

가을에 다시 기후회의가 개최된다. 이번에는 일본이다. 그 사이에 기후는 세계정치화되었다. 논쟁이 되고 있는 전쟁에 연루된 미국인들은 중요한 기후협약에 서명하는 것을 거부한다. 우리의 편집장은 미국인들을 좋아하지 않는다. 이런 생각을 그는 다수의 독자들과 공유하고 있다.

그 사이에 그는 편집부에서 두말할 것 없이 기후 전문가가 되어 있다. 기후 분야에서 이 사람 저 사람을 알더니, 어느새 가장 중요한 대가들과의 인터뷰를 해냈다. 심지어 엘 고어까지! 일본에서는 다시 여러 시나리오들이 취급되고 있다. 그는 자신의 스토리를 쓴다. 그 스토리는 복잡한 계산에 따른 것으로, 지구가 100년 안에 0.8도에서 8도까지 더워질 수 있다는 내용이다. 8도는 샌프란시스코에서 온 기후학자들이 내놓은 극단적인 시나리오다. 그들 스스로 이 시나리오를 가장 떠들썩하게 발표한다.

마감 시간에 다급하게 훌륭한 제목을 찾는다. 벌써 늦은 밤이다. 마침내 타이틀을 정한다.

"지구가 100년 안에 8도 더워진다!"

나이 먹은 노련한 검객이자 사실 관계에 대해 지독히 꼼꼼한 검사자인 발행인은 짧게 이마에 주름살을 짓고는, 아랫줄에 가정법을 요구하기는 하지만 그 타이틀을 통과시킨다. 며칠 후에는 분명히 더욱 큰 활자로 다음과 같이 나온다.

이렇게 우리의 지구는 멸망한다!

지구는 우리의 이웃별 금성처럼 몹시 뜨거운 상태로 종말을 맞을 것이다. 세계에서 가장 똑똑한 물리학자의 끔찍한 예언, 스티븐 호킹 교수가 별의 멸망을 내다보듯이.

물론 이 이야기는 고안된 것이다. 그러나 실제로 제시된 순서에 따라 모두 텍스트와 헤드라인으로 독일 신문들에 실렸던 기사들이다. 특히 마지막 기사는 2005년 10월 18일자 『빌트(Bild)』지 커버스토리에서 발췌한 것이다. 이 기사들은 모두 영향력을 발휘했다. 지구온난화는 우리가 살고 있는 오늘날 '가장 많이 기호화된 두려움'의 개념이다.

지구온난화의 '진실' 여부는 문제가 아니다. 미디어들이 '선택-극단화-구조화' 공식에 따라 특정 현상들에 대해 열광하고 여론 속에 닻을 내리는 메커니즘이 문제다. 이런 식으로 소위 팩토이드(factoid, 활자화됨으로써 사실로 받아들여지는 이야기)가 만연돼 거대한 루머가 생기는 것이다. 이에 대한 평가는 이미 오래전에 진부한 것이 되었지만, 여전히 그 영향력을 잃지 않은 채 인지 과정에서 여과기능처럼 작용하고 있다. 확고하게 자리를 잡은 틀 속에 들어가지 못하는 것은 모두 걸러져서 인지되지 못한다.

이 과정에서 선의의 목적이 외부에 의해 가해지는 경제적 강요와 재미있는 핑퐁 게임을 하게 된다. 그래서 미디어들이 강압적인 경쟁구도에 더 많이 놓일수록 기회주의적 원리가 더 많이 통용된다. 한 사람이 쓰거나 송고하면 모두 그것을 해야 하는 것이다. 그렇지 않으면 기차를 놓칠 수 있기 때문이다.

경험이 많은 스위스의 저널리스트 프랑크 마이어는 다음과 같이 설명하고 있다.

오늘날 저널리스트로서 동료들의 일상의 모습은 어떤 것일까? 나는 그들이 꼼짝하지 않고 노트북 앞에 앉아 있는 모습을 본다. 이들은 또 다른 어떤 것이 쓰였나 검색한다. 이들은 우리가 인터넷에서 수없이 찾을 수 있듯이, 신상에 관련된 잡다한 것들과 소문들로부터 인물평을 기록한다. 그래서 선입견, 잘못된 판단, 거짓, 비방 등이 인터넷에 저장될 뿐만 아니라 정기적으로 새롭게 평가되고 있다.

복사와 반죽(copy and paste)을 하는 직업계층은 날이 갈수록 더 많아지고 있다. 편안하게 모니터를 통해서 정치가들과 기업인들의 행동을 저널리즘적으로 판단할 수 있게 된 것이다. 그 희생자들과 직접 만나는 일은 거의 드물다.

그밖에도 알라미즘은 특징 없는 '정보 비만'의 증상으로 나타난다. 고대 사바나 초원에서 단계적으로 높은 칼로리를 섭취하도록 훈련받았던 우리 신체가 지속적인 칼로리 과다 제공에 대해 '신진대사 증후군'으로 반응하듯이, 우리의 뇌는 미디어의 과잉에 직면해서 일종의 '타성'으로 반응한다.

우리는 결국 '정말 강한 신호'가 아니면 통과시키지 않는다. 세상이 몰락하는 가운데 미디어라는 기계까지도 더 이상 작동되지 않을지 모른다.

▌화면이 가진 이슈의 힘

매년 8월 지중해 해변이 사람들로 가득차고 유럽의 대도시를 관광객이 차지하면 신문, 라디오, TV의 편성부에서는 상심의 소리가 들려오기 시작한다. 세상 이야기가 중단되기 때문이다. 야외 콘서트와 비교적 작은 사고들 외에는 큰 '이벤트'가 없다. 축구 시즌은 지나갔고 어쩌면 지난 근동 지역의 전쟁도 지나갔는지 모른다. 테러조차 숨을 멈춘 것 같다. 그리고 정치인들은 휴가 중이다.

몇 년 전부터 우리는 이와 같은 여름의 불황기 동안에 TV에서 아주 확실한 장관을 보게 된다. 바로 산불이다. 매년 여름 지중해 근방과 미국, 최근에는 인도네시아에서도 산불이 발생한다. 벌써 오래전부터 그래 왔다. 앞으로도 계속 그럴 것이다.

어떻게 보도를 만들어야 할까? 기왕이면 과장해서. 그러려면 현재의 산불이 '최악'이어야 한다. '수년' 전 이후 최악? 충분치 못하다. '수세기' 전 이후 최악? 조금 낫다. 아니면 '유사 이래' 최악? 그거 좋다. 이것이 방송을 할 수 있는 궁극적인 근거가 된다. 입증은 거의 불가능하지만 개연성은 있다.

보도를 어떻게 머릿속에 각인시킬까? 사진과 말로써. 화염지옥, 불기둥, 화염 전선, 전체 손실, 연기 나는 폐허!

"사람들이 할 말을 잃고 연기가 나는 자신들의 무너진 집 앞에서 울고 있다."

"원인은 기후변화로 인한 높은 기온으로 추측된다."

이런 식으로 훌륭한 여름철 보도기사가 만들어질 수 있는 것이다.

통계학자이자 수학자인 니콜라스 탈렙 교수는 전자 미디어에 심각하게 노출되어 있는 인간의 위험에 대한 인지 과정을 연구했다. 그의 결론은 다음과 같다.

전자 미디어는 우리가 세상을 개연성이 있는 것으로 인지하는 것을 파괴시킨다. 우리가 브라운관에서 불에 타고 있는 건물을 보면, 우리가 얼마나 현명하고 교육을 받았는가에 상관없이 불의 위험에 대한 우리의 생각을 변화시킨다.

이런 식으로 사람들은 결국 다양한 종류의 현상들을 '유일한 책임-두려움-종말-담론'과 연결시키는 것이다. 『빌트』지는 2005년 산불 시즌을 다음과 같이 기록했다.

지구는 우리로부터 이탈하려는가?
그리스 앞바다의 강진. 포르투갈과 터키에서 지진으로 인한 부상자들. 4개의 화산 폭발. 캘리포니아에서 악천후로 인한 11명의 사망자. 독일에는 더 이상 겨울이 없다.

그 사이 학문은 산불과 관련해서 이미 오래전에 한걸음 더 나아갔다. '화재생태학'이라는 신(新)학문이 알아냈다는 것에 따르면 숲에는 불이 필요하다. 주기적으로 발생되는 불이 아니면 많은 숲의 동식물 생활공간은 초원이 되고, 영양분이 부족해지며, 지루하게 획일적인 모습으로 바뀔 것이다. 불은 숲을 젊게 해준다. 뤼네부르거 하이데(독일 북부 뤼네부르크에 있는 초원 지역 – 옮긴이)와 같은 여러 동식물 생활공간은 산불이 아니면 항구적으로 완전히 사라질지도 모른다.

숲에 불이 나는 것을 오랜 세월 저지하면 언젠가는 상황이 실제로 끔찍하게 변할 것이다. 죽은 많은 나무가 엄청난 화염 폭풍을 일으킬 수 있기 때문이다. 작은 산불은 유용한 것이고 큰 산불은 잘못된, 즉 '불이 없는' 산림경제학의 결과다. 말하자면 지나친 화재예방의 산물인 것이다.

그렇지만 늑대와 곰들은 사람들을 좋아하지 않는 것만큼(비록 자연보호주의자들이 멸종위기에 있는 이런 동물들을 매우 소중하게 생각할지라도) 불도 싫어한다. 우리의 오래된 유산은 어떤 것도 용납하지 않는다. 그래서 우리의 청소년시절에 세상을 설명해주었던 입문서 『리더스다이제스트(Reader's Digest)』에는 모든 것을 집어삼킬 만한 대형 산불을 마지막 순간에 막아냈던, 캐나다 로키산맥의 영웅적인 화재감시원들에 대한 경이로운 보도기사들이 항상 있었다. 실제로 중부유럽의 모든 마을에는 오늘날까지 자원소방대가 사회생활의 중심을 형성하고 있다. 이런 이유로, 아무것도 끄지 못하고 거의 구해낼 수 없었음에도 불구하고 소방대원들은 9·11 테러 때 성스러운 아이콘이 되었다. 불을 다스리는 것이 우리 문명적 자부심의 큰 부분을 이루는 것이다.

불은 인간들에게 아주 분명한 심층심리학적 영향을 끼친다. 이 영향은 거꾸로 된 현실인 TV에서 더욱 심하다. 불은 우리의 내적 깊숙한 곳에서 급작스런 공포에 사로잡힌 도피반응을 일으킨다. 따라서 사람들은 무시무시한 불기둥이 지구 위에, 끊임없이 직접 우리에게 일어날 것이라고 믿을 수밖에 없다. 그리고 결국 그 모든 것이 '우리'의 책임이라고 믿게 된다.

▌포퓰리즘화된 학문

수세기 동안 학문은 자유롭고 자율적인 정신의 공간으로 여겨졌다. 학문이 보편주의적 세계 인식의 요구에 영향을 받고 있었던 고대에는 사원과 신탁소가 지식의 성스러운 공간으로서 기능했다.

중세 때는 수도원이 그랬다. 그곳에서는 세속적인 영향에 방해받지 않고 지식이 생산되고 배가될 수 있었다. 계몽주의 시대는 학문에 실험과

28

논리적 유도를 가져다주었다.

　이런 방법으로 인식의 과정이 투명해졌다. 말하자면 실험실에 있는 발명가나 발견자들을 생각할 수 있다. 에디슨, 보쉬, 테슬라, 큐리와 같은 이름들이 이러한 연구의 자유를 누린 사람들이다. 이때에는 상업적 관심은 뒷전이었다. 다니엘 켈먼 교수는 자신의 책《세계 측량(Die Vermessung der Welt)》에서 계몽주의의 호기심과 역설로 늘 새로운 목표를 향해 추진한 학자들의 전형적인 유형을 서술했다.

　그렇지만 글로벌한 지식세계에서는 학문과 학자의 지위가 근본적으로 변화된다. 학자는 이제 힘겹게 혼자 싸우지 않고 복합적인 국제적 협력에 의지한다. 학자가 지식의 생산을 위해 필요한 테크놀로지는 터무니없이 값비싸진다. 적당한 유전자 실험실 하나를 1,000만 달러 이하에는 가질 수 없다.

　학문이 조직되고 구조화되는 대학연구소들은 갈수록 철저하게 지식이 평가의 대상으로 변질되어가는 글로벌한 경쟁구도에 이르렀다. 투자자, 스폰서, 고객들은 가능하면 지체 없이 뭔가를 보여주기를 원한다.

　수년 동안 줄기세포 연구결과를 조작했던 한국의 유전자 연구가 황우석의 경우와 물리학자 러시 테일야르칸의 논쟁의 여지가 있는 '저온 핵융합' 은 이와 같은 여론의 생산욕구를 보여주는 단적인 예다. 연구소와 학술지에서 조작이 계속 발생되는 것은 우연이 아니다. 이는 학문이 보여주는 새로운 '생산방식' 인 것이다.

　이러한 환경 속에서 우리 시대의 큰 경고들은 이제 대어를 낚을 수 있는 엄청난 미끼처럼 작용한다. 기후연구가 그에 대한 확실한 예를 보여준다. 원래는 기상학에 속했던 이 분야는 수십 년 동안 오히려 소외된 분야였다. 기껏해야 군부대가 연구 프로젝트에 관심을 가졌고, 그 외에 기상학자는 기인(奇人)으로 여겨졌다(기상학자=늘 틀리면서도 꿋꿋하게 예보를 하는 사람). 가장 좋아봤자 일기예보에서의 엔터테이너로서 자신의 가시적 경력을 기대할 수밖에 없었다.

처음에는 오존층 그리고 결국엔 '지구 온난화'가 기상학자들을 부엌데기 신세에서 구해냈다. 이제는 모두가 이 분야에 돈을 투자하고 벌어들인다. 보험회사, 정부, 유엔, 개발조직, 미디어 등이 남극대륙에서의 얼음 천공작업, 위성 프로그램, 야심적인 컴퓨터 시뮬레이션을 위해 엄청난 돈을 지출한다. 기후경제학은 끝없이 위력을 발휘한다.

미디어에 의해 강화되는 경고들은 야심차고 언변에 뛰어난 학자들에게 학문이라는 좁은 공간에서 빠져나올 수 있는 기회를 제공한다. 교수직이 있었던 곳에 이제는 추가로 토크쇼의 자리가 손짓한다. 식료품 스캔들, 기후에 의한 재난, 전쟁의 갈등 아니면 사회적 위기 등 모든 종류의 경고가 말재주 있는 일선 전문가들을 키워내는 것이다.

이들은 이제 연속적으로 책을 펴내기 시작하고 '슈퍼 전문가'로 발전한다. 그 대열 속에 작가, 영화제작자, 시인, 평론가, 음악가들이 함께한다. 롤랜드 에머리히는 기후에 관한 충격적인 작품 《투모로우(The Day After Tomorrow)》로 자신의 생애에서 가장 성공적인 영화를 만들었다. 프랑크 셰칭은 '악인들에 맞서 지구가 싸운다'는 보편적 정서의 환경 속에서 베스트셀러 작가가 되었다. 그의 작품은 바다 속 생물체들이 '기생 인간'에 맞서 전력을 다해 싸우는 내용이다.

물론 언젠가 선동적인 알라미즘이 하강 곡선을 그리면, 그러한 자리들은 더 이상 여유가 없을 것이다. 그러면 제2의, 오히려 역겨운 행위가 시작될 것이다. 전문가들 사이의 싸움이 바로 그것이다.

▌지식인들의 이면

지식인의 모습은 문화마다 서로 다른 기능과 전통들을 갖고 있다. 극동 지역에서는 기껏해야 자유사상가로 여겨져서 일자리나 생활을 걱정해야만 한다. 동유럽에서의 지식인들은 스타이거나 대통령이다. 앵글로색슨계 국가에서는 지식인 대부분이 미디어에서 엔터테이너의 형태를 띤다. 지식인을 특별히 진지하게 받아들이지 않기 때문이다. 그에게서 즐거움을 얻고 싶어 할 뿐이다. 우디 앨런은 유럽에서만 지식인으로 여겨지고, 미국에서는 오히려 영화배우 버스터 키톤이나 그루초 막스와 별로 다르지 않은 우스꽝스러운 기인으로 여겨진다.

독일뿐 아니라 특히 프랑스에서도 지식인은 대단한 존경을 받는 순수 직업인으로 활동한다. 지식인들은 대부분 (고상하게 말해서) '현실에 거의 종속되지 않는' 특정 세계관을 보여주는 총지휘관이다. 그렇기 때문에 칸트는 순수이성에 대립되는 개념으로 '실천이성'이라는 개념을 만들어냈다. 보리스 코초우바이는 『노보(Novo)』지에 다음과 같이 기고했다.

그 사이에 지식인들은 가장 분명하게 자신만의 관심을 가진 집단이 되었다. 오늘날 귀족과 시민, 사용자와 고용인, 빈자와 부자 사이의 경계는 더 이상 없다. 매우 중요한 모든 사안에 대해서 지식인층과 민중은 정반대의 입장을 취하고 있다. 사회에서 지식인들과 '그밖의 사람들' 사이의 분열이 우리 시대의 가장 중요한 추세다.

지식인들은 감정적으로든, 예리하게 단순화시키든, 아니면 그저 이데올로기적인 고집을 부리든 간에 자신의 생각을 주장해도 된다. 그들에게 중요한 것은 끊임없이 도덕적 반란을 탐내는 미디어 여론에 대해서 도덕적 견해를 피력하는 등대로서의 역할을 수행하는 것이다.

사르트르는 공산주의자, 심지어 스탈린주의자였다. 그렇지만 그는 성스러운 인물로 남았다. 귄터 그라스는 수년 동안 자신이 친위대원이었다는 사실을 숨길 수 있었다. 그리고 동시에 도덕적 디바(Diva)의 전형인 척할 수 있었다. 기민당원(독일의 대표적인 보수정당으로서 현재 사민당과 연정을 구성하고 있다―옮긴이)인 하이너 가이슬러와 노베르트 블륌은 늘 한결같이 전형적인 급진적 좌익성향으로 신자유주의를 지속적으로 비난해도 된다. 실제로 정당행사가 그르치게 되더라도 보는 사람이 지루해하거나 그것이 잘못된 것인지 확실히 모른다.

그 이유를 중유럽의 독특한 정신사에서 찾을 수 있다. 국가중심적인 중유럽 사회의 맥락 속에서 지식인은 당국에 맞서 저항해온 길고 힘들었던 정신사를 갖고 있다. 이러한 명성을 갖고 지식인들은 두려움과 불안을 만들어내는 포퓰리즘(대중영합주의)적 산업과 흔적 없이 슬쩍 결합할 수 있었다. '그에 반대했던' 사람은 자동적으로 귀족처럼 고상한 사람이 되기 때문이었다.

오늘날 지능적인 '쇼킹 산업(대중들이 혐오스러워하거나 분노하는 사안과 관련된 것을 생산하는 산업-옮긴이)' 중에 똑똑한 우두머리 수사슴이 풀을 뜯어먹지 않은 곳은 거의 없다. 멸종에서부터 관계의 와해, 사회적 냉정함 그리고 끔찍한 시간적 부족(모든 것이 갈수록 더 빨라진다. 우리는 더 이상 여유가 없다)에 이르기까지 이 모든 것을 위해 아이디어의 대가는 꽤 괜찮은 돈을 받고 생각해낸다. 그는 우리의 속내를 들여다보고 우리의 양심 가책으로부터 명성을 얻는 것이다. 지식인들은 희생제물이 요구되는 여러 제의(祭儀)를 위해 아이디어를 내는 도사들이다. 그들은 부정적인 것을 사상적으로 세련되게 변화시키는 자들이다.

▍알라미즘적 스승

30년 전에 제임스 러브록은 '가이아 가설'을 생각해냈다. 그는 이 가설에서 지구를 서로 연관되어 있는 자립적 생명체로서 묘사했다. 로마클럽(1968년 4월 서유럽의 정계·재계·학계의 지도급 인사가 이탈리아 로마에서 결성한 국제적인 미래 연구기관-옮긴이) 및 나사(NASA)와 협력한 것이 그를 유명하게 만들었다. 2006년 이제 86세가 된 그는 새로운 책을 갖고 여론 시장에 나타났다. 적시에 '가이아의 복수(Die Rache Gaias)'라는 특급 제목을 갖고!

이 환경보호주의자는 결국 종말론자임을 드러낸다. 러브록에 따르면 생명체인 지구를 보호하기에는 이미 너무 늦어버렸다. 인간은 지구 표면에 생긴 곰팡이와 노균병처럼 큰 질병임이 입증되었다. 금세기가 끝날 때까지 수십억 명의 인간이 죽게 될 것이고, 생활은 극지방의 만년설에서나 겨우 가능할 것이다. 말하자면 지구는 꼬챙이에 꿰어져 그릴에서 구워질 것이다.

중국인들과 미국인들에게 책임이 있다. 그들은 더 이상 바로잡을 수 없는 기생충 같은 생활방식으로 지구를 높은 열을 가진 경련의 상태로 만들어놓았기 때문이다. 러브록의 조언은 다음과 같다.

"단념하라. 가장 자식을 많이 나을 수 있는 시민들을 구하라. 인류의 지식은 자기 테이프에 기록하라. 이별을 고하라!"

당연히 러브록은 수많은 마이크와 TV 카메라 앞에 서게 되었다. 그리고 기자들은 모두 같은 질문을 했다.

"정말로 인류가 멸망한다고 믿습니까?"

"꼭 그렇지는 않죠."

러브록은 이렇게 대답하면서 매력적으로 미소를 지었다. 그는 이러한 역할에 가장 어울리는 사람이다. 콘월의 전원적인 시골에 사는 백발의 선량한 교수, 그런데 이제 그가 공식적으로 부인의 부인을 한 것이다. 원래 자신은 결코 비관주의자가 아니고 희망이 있다고 말이다. 인간은 정신적인 능력이 있기 때문에 비록 상황이 아주 나빠진다 할지라도 인류는 참회와 환원을 통해서 그 상황을 개선시킬 수 있다는 것이다.

"제물이 조달되어야 한다!"

"결코 충분하지 못하다!"

러브록은 우리의 심장을 도려내고 싶어 하는 마야(Maya)의 제사장이 아니다. 그에게는 그것이 전혀 필요하지 않다. 그는 '정신적 자본주의' 안에서 언제든지 흑요석 칼보다 훨씬 더 예리한 외과적 기구를 사용할 수 있기 때문이다. 그는 종교적인 전형적 형상들의 모든 소품을 이용하지만, 그것들을 계몽주의적인 것으로 나타낼 수 있다. 그는 미소를 지으며 가장 높은 곳에 앉아서 우리를 비난할 수 있을 것이다.

"너희 모두는 가련한 죄인들이지만, 내가 너희를 용서하노라!"

기본적으로 그는 사람들을 경멸한다. 언외(言外)의 속뜻을 보면 그들이 환경을 이성적으로 다루기에는 너무 어리석기 때문이다. 그러나 바로 이와 같이 과소평가하는 제스처로 말미암아 그는 정신적 혼란 상태에 빠진 대학생들과 세상에 실망한 50대 여교사들을 매료시키고 있다. 그는 낡고 훌륭한 이단종교의 방식에 따라 그들 자신이 어쩌면 세상을 구원할 수 있는 엘리트들이라고 종용하기 때문이다.

아주 오래된 이단종교적인 술책이다. 그렇지만 여전히 계속 먹혀들어가고 있다. 특히 독일 역사에 있어서 두려움의 예언자들은 늘 최고의 능력을 발휘하여 명성을 얻을 수 있었다. 한편에는 독일철학의 낭만주의적·존재론적 전통(하이데거, "세상에 존재하는 모든 것이 근심거리다")이 있었고, 또 다른 한편에는 두려움에 떨게 한 가장 사악했던 일에 무한한 정당성을 부여한 자기 역사 속의 잔혹했던 재앙들이 있었다.

1960년대 반핵운동의 지도자 중 한 사람이었던 귄터 안더스는 정확히 자신의 미래의 직무를 다음과 같이 설명하고 있다.

우리는 우리의 두려움을 확장시켜야 한다. 두려움에 대해 두려워하지 말라. 두려움을 감당할 용기를 가져라. 두렵게 만들 용기도 가져라. 너 자신처럼 너의 이웃들을 두려움에 떨게 하라.

▎정정의 불가능성

1945년 7월 8일, 멕시코에서 발간되는 지역신문 『로즈웰데일리레코드(Roswell Daily Record)』는 1면에 흥미로운 기사를 실었다.

"로즈웰 지역의 한 목장에서 비행접시 발견!"

물론 이 기사는 다음날 허위로 드러났고 신문은 정확히 정정기사도 냈다. 그렇지만 이미 너무 늦었다. 그때는 심지어 외계인들 이야기가 갈망되던 시기였다. 불과 한 달 뒤에 히로시마에 원자폭탄이 터졌다. 이 폭탄은 로즈웰에서 멀지 않은 애리조나 사막에서 극비리에 진행된 프로젝트를 통해 발명된 것이었다. 냉전이 예고되었다. 로켓, UFO, 섬광 등 히스테리를 유발시키는 천계(天界)의 현상들과 관련이 있는 모든 것이 중추신경을 자극했다.

오늘날 '로즈웰 해프닝'은 수없이 많은 UFO이론과 음모론 정립의 전설(셀 수 없을 정도로 많은 영화와 만화에서 인용)일 뿐만 아니라 돈벌이가 되는 인기 있는 관광 상품이다. 멕시코 국경의 전 지역을 따라 합법적인 'UFO 산업'이 번성하고 있다. UFO 카지노, UFO 버거, 에일리언 핫도그, UFO 모텔 등.

정정이라는 것은 언젠가 뒤에 작게 인쇄되어 나타나는 진실이다. 누구도 그것을 인지하지 못하고 또 더 이상 인지하려고도 하지 않는 곳에 나타난다. 반면에 팩토이드(집요한, 하지만 잘못된 우리 세계상의 '연속적 개그들')는 꾸준히 독자적인 생명력을 유지하는데, 그 이유는 그것 주위에 경제적 공생자들의 장(場)이 형성되기 때문이다. 아래는 틀림없이 간과하고 읽었을 정정의 몇 가지 예다.

- 이복 자식은 생각하는 것보다 훨씬 적다 : 2005년 미디어에서는 계속 반복해서 대략 아이들 4명 중 1명은 공식적인 아버지에게서 난 자식이 아니라고 했다. 친자 확인을 담당했던 해당 유전자 연구소들이 현혹시키는 사업을 했던 것이다. 그래서 많은 부부 사이에 불안한 의구심이 생겼다. 그러나 2005년 정확하고 과학적 근거가 있는 브리기테의 연구 결과에 따르면 유럽에서는 평균적으로 아이들 중 3.7퍼센트만이 법적 아버지에게서 난 자식이 아니다.

- 40세 전후의 여성들이 배우자를 잘 찾는다 : 1980년대 『뉴스위크(Newsweek)』 표지기사에서 40세의 여성이 매력적인 배우자를 얻을 기회는 테러리스트에 의해 죽게 될 가능성보다 높지 않다고 주장

했다. 그 이후로 이 명제는 끝없이 자주 반복되어왔다. 그래서 모든 결혼정보회사, 관계개선 치료사 및 문화비평가들은 자신들의 사업을 위해서 이 팩토이드를 이용하고 있다. 실제로는 중년의 여성들이 배우자를 무척 잘 찾고 있다. 요즘 트렌드는 오히려 40세의 나이에 '결혼' 하는 추세다.

- **기도는 질병을 막는 데 도움이 되지 않는다** : 2005년 기도와 같은 신실한 종교적 행위들이 치료효과가 있다는 연구결과들이 퍼졌다. 이 보도기사들은 당시 '종교가 컴백을 체험하고 있다!' 라는 담론 속에서 완벽하게 맞아 떨어졌다. 사전 연구를 통해서 이 효과를 추측했던 듀크대학교의 연구자들은 본 연구를 마친 후에 정정을 해야 했다. 테스트를 해본 모든 '정신적 방법들' 이 주요 질병에 있어서 더 좋거나 빠른 치유에 도움이 되지 않았기 때문이다.

- **친환경적인 측면에서 지역 식품이 수입 식품보다 훨씬 더 안 좋을 수 있다** : 생태분류학자인 엘마르 슐리히의 연구에 따르면 아르헨티나 산(産) 쇠고기나 뉴질랜드 산 양고기가 국내산 고기보다 '친환경적이지 못한' 것으로 밝혀졌다. 아르헨티나와 뉴질랜드에서는 소떼와 양떼를 정확히 제대로 된 생활공간 속에서 오랫동안 기른다. 육류생산의 생산성이 유럽보다 몇 배가 더 높다. 농축사료나 가공사료를 먹이지 않기 때문이다. 지구 반 바퀴를 도는 운송임에도 불구하고 에너지 효율을 고려할 때 훨씬 유리하다.

왜 우리는 이와 같은 모든 정정과 미묘한 부분들을 간과했을까? 아니면 처음부터 전혀 인지하지 못했을까?

아주 간단하다. 치유의 기도, 외로운 40세 파워 여성들, 좋지 않은 수입 고기 또는 이복자식 등의 이야기들은 파티와 담소로, 즉 도덕적인 대중소설과 이데올로기적 우화로 훌륭하게 이용될 수 있었기 때문이다. 이런 이야기들은 특정 판단(또는 선입견)을 심화시켰고, 특정 생각과 도덕적 경향을 보여주었으며, 그때 우리 자신을 가능한 좋게 보이게 했다. 말하자면 이 이야기들은 하나의 각본을 만든 것이었다.

바로 그렇기에 우리는 인간인 것이다. 우리는 늘 현실이라는 커다란 선물상자 안에서 우리 자신과 어울리는 것을 찾는다. 그런 다음에는 다른 사실적 국면이 발생해도 수정하는 것을 잊는 것이다. 이에 대해 특히 기뻐할 사람은 당연히 오늘날 최대 경제 분야인 두려움을 생산해내는 영업에 종사하는 사람일 것이다.

다윈의 악몽

영화 「다윈의 악몽(Darwins Alptraum)」은 쇼킹문화로서 기념비적인 작품이며, 도덕적·이데올로기적 알라미즘의 전략을 이상적으로 보여준예다. 이 영화는 다큐멘터리 영화와 관련된 모든 상을 받았으며, 모든 신문의 문화면에서 한 목소리로 높게 평가되었고, 현실묘사에 있어서 새로운 차원을 보여주었다고 칭송되었다. 영화는 빅토리아 호수의 농어에 관한 이야기를 하고 있다. 농어는 진미 품목으로 수출 히트상품이며 아프리카 동부의 빅토리아 호숫가에 있는 양식장에서 산업적으로 양식된다.

이 영화에서는 모든 것이 상당히 왜곡된 채 전후관계가 설명되어 있다. 빅토리아 호수의 생태는 이미 1920년대에 곤경에 처했던 것이지 나일 강의 농어가 처음으로 그렇게 만든 것은 아니었다. 나일 강의 농어는 주변의 다른 많은 호수에서도 보인다. 그 호수에는 예나 지금이나 200종의 농어류가 살고 있는데, 이 물고기는 지속적인 진화의 어려움에 처해 있는 것으로 보이고 그럼으로써 빠른 속도로 변이되고 있다. 적응 진화의 한 예다.

매춘부들이 그 호숫가에 온 것은 러시아 조종사들 때문이 아니라 물고기 공장에서 멀지 않은 도시, 게이타에 있는 황금 산업 때문이다. 물고기 산업은 그 지역에서 오히려 보잘것없는 산업이다. 이밖에도 영화는 왜곡된 관련성들로 가득하다. 현혹시키는 장면들이 나타난다. 모두가 검은 세력들의 거대하고 완벽한 음모인 것이다.

괴벨의 정치선전 영화보다 훨씬 더 세련되지는 못하지만 「다윈의 악몽」은 상실감을 느끼게 하는 정치선전적인 작품이다. 물론 이 영화는 '좋은 일'을 옹호한다. 하지만 악마적 맥락 속에서 오늘날 알라미즘의 어젠다에 있는 것 모두를 섬세한 잠재의식적 상징들과 연결시키고 있다.

괴물(큰 물고기)-착취와 예속-성매매-세계화-멸종-환경오염-빈곤-질병-제3세계의 착취.

이 영화는 두려움을 세뇌시키는 훌륭한 본보기다. 차가운 이성의 부드러운 목소리로는 그 두려움에 대한 해독제를 찾기가 쉽지 않다.

연관 지어 만들어낸 것들이 달콤한 독처럼 혼란을 일으키는 모순투성이인 현실의 단면들보다 훨씬 더 유혹적인 이유는 무엇 때문일까? 우리가 가상의 연관성 속에 이렇게 중독되어 거리낌 없이 빠져드는 이유는 왜일까? 우리들 대신 그 영화의 모순과 의외성으로 현실 모험을 감행할 수 있을까?

02

알라미즘의 심리학

히스테리는 초자연적인 힘이다.
다가올 모든 재앙들을 미리 예감하고
세상을 복잡하게 만들고 자아를 경멸하게 함으로써
그 재앙들을 위해 헌신한다.
이것은 미래의 화(禍) 외에 다른 어떤 것을 위한 여유가 없다.
이것은 미래의 화가 다가오는 것을
지하철에서 옆자리에 앉은 사람의
방귀소리에서도 엿들을 수 있다.

-로빈 뎃체

▌전형을 찾는 뇌

인간과 동물을 구분하는 기준이 있다면, 그것은 미래에 대한 두려움의 유무다. 수백만 마리의 돼지, 닭, 양들은 자신들의 우리에 즐겁게 앉아서 (물론 나는 닭과 돼지가 '즐거워' 하지 않는다는 사실을 알고 있지만) 무심히 살아가는 반면, 우리는 우리 자신이 죽어야만 한다는 것을 알고 있다.

이것이 우리를 편치 않게 한다. 인간의 뇌는 수십만 년 동안 진화하면서 전형을 인식해내고 미래에 대해서 말할 수 있도록 연관 짓는 '임무'를 받았다. '무엇이 나를 향해 다가오는가?' 인간은 특별히 빨리 달릴 수도 없고 갑옷이나 독침 또는 잎을 갉아먹는 개미처럼 위장술을 사용하지도 못하기 때문에, 개인뿐만 아니라 인류 전체의 생존문제는 이 질문의 답에 달려 있다.

슈테판 클라인은 자신의 책《행복의 공식(Die Glücksformel)》에서 "두려움, 슬픔 그리고 분노는 우리 선조들이 수풀에서 들려오는 바스락 소리에도 살찐 사냥감을 내버려둔 채 자신들을 안전한 곳으로 피신시키게 했다"라고 쓰고 있다.

우리의 선조인 사냥꾼과 채집가는 매우 훌륭한 전형의 인식자들이었다. 그들이 활동하던 주변환경이 그들에게 친화적이지 못했기 때문이다. 호모 하빌리스(Homo habilis, 150~200만 년 전에 아프리카 사하라 사막 이남에 살다가 멸종된 초기 인류)에서, 기술로 무장한 오늘날의 잡식 동물이 되기까지 우리는 길고 험난한 변화의 길을 달려왔다.

초식 동물(수만 년 동안 인간은 견과류와 뿌리 및 다른 식물성 단백질을 먹었다)로부터 육식 동물(여러 인간 집단들은 오늘날까지도 거의 고기로만 식사를 한다)을 거쳐 잡식 동물이 되면서 인간은 현대 문명사회에서 체중의 문제를 안게 되었다. 진화적으로 음식물의 과잉공급을 대비하지 못했기 때문이다.

인간의 진화역사에서 중심 주제는 '인지 능력'이다. 이는 인간이 빠르게 적응할 수 있게 해주었다. 우리 인간은 역사적으로 재앙과 그의 결과로 생긴 식량부족 때문에 끊임없이 고통을 받았다. 그래서 우리는 늘 그와 같은 무기력함에 맞서 주술적 힘을 동원하려고 했다.

이때 우리를 도와준 전문가들이 있었다. 옛날 수렵과 채집문화 속의 무속인들이다. 농경생활 형태에서는 '치료사', 고도의 문화권에서는 '성직자'가 그들이었다. 이와 같은 전문가들의 기능은 부단히 두려움을 내쫓고 더 높은 힘을 가진 것들과 상징적으로 연결시키는 것이었다. 정서적 동물인 인간의 실제적 무기력함을 덜어주기도 했다.

우리는 오늘날의 종말론적 주술사들에게서 이와 같은 샤머니즘적 문화유산과 다른 점을 발견하지 못한다. 여전히 이들은 현혹시키는 시선과 요란법석으로 우리를 깊은 혼수상태에 빠뜨리고, 여전히 어두운 힘을 진정시키도록 우리에게서 제사를 원한다.

예를 들면 '쓰레기 분류'가 그것이다. 아니면 '지속적 영향력'과 '환경오염'에 대한 주술적 공식이나 예배의식들이 담긴 성스러운 책들을 지속적으로 읽기 등.

▌구분의 전문가들

세인트앤드류스대학교의 알렉스 메소디 교수는 한 연구에서 피실험자들에게 4개의 다른 텍스트를 읽도록 했다. 그러고 나서 기억하고 있는 것을 적게 했다. 그 다음 첫 번째 실험대상자가 두 번째 사람에게 적은 것을 읽어주었고, 이어서 계속 다음 사람에게 그렇게 했다. 일종의 귓속말로 하는 이야기 전달 게임 같은 것이다.

마지막에는 겨우 노골적인 종류의 이야기들만 남았다. 파경, 사기, 살인, 절도와 때려죽임. 게임을 한 사람들의 선택적인 뇌의 활동은 다른 모든 것들, 즉 모든 미세한 부분들을 그냥 가려낸 것이었다.

미디어의 알라미즘도 이와 같은 '창끝 인지'라는 인지적 모형에 기초하고 있다. 우리는 노골적으로 구별되거나 구분될 것처럼 보이는 것을 최종적으로 인지한다. 우리의 뇌는 주변환경을 '강한 신호'에 따라 지속적으로 탐지한다. 노란 자동차를 사고 싶어 하는 사람들처럼 우리는 곳곳에서 갑자기 노란 자동차들을 보게 된다.

인지과학 분야에서 저명한 하버드대학교의 데이빗 퍼킨스 교수에 따르면 "대부분의 착각은 우리 논리의 잘못에 기인하는 것이 아니라 일방적인 인지 때문"이다. 그럼으로써 일종의 특정 인지적 기대심리인 '고정된 사고방식'이 항구적으로 생겨난다. 우리는 이것을 갖고 주변환경의 신호를 구분하고 여과한다. 우리는 우리가 기대하는 것을 인지하는 것이다.

어느 날 실제로 에일리언이 지구에 온다면, 그들은 우리의 눈에 띄지 않고 길을 따라 즐거운 마음으로 떠다닐 수 있을지도 모른다(이 생각이 SF 영화에 가장 큰 영감을 주었다). 왜냐하면 인식할 수 있는 전형에 빠져버린 뇌는 그들을 자기가 알고 있는 것과 전혀 관련짓지 못할 수 있기 때문이다. 그들은 단순히 무시될지도 모르는 것이다. 아니면 그들을 '가을낙엽'이나 '쓰레기'로 기호화할지도 모른다.

그렇지만 에일리언이 우리에게 무엇인가(흰색 푸들이나 날아가는 케이크라고 하자)를 상기시키면, 우리는 제법 빨리 소리를 지르며 지역 파출소나 군사령부에 전화를 할 것이다.

뇌는 양가감정(兩價感情, 서로 반대되는 감정의 병존을 뜻한다-옮긴이)
을 싫어한다. 뇌가 만들어진 이유가 바로 그 때문이다. 위험 해소. 그러나
우리의 세상은 불분명한 현상들로 가득하다. 모든 것이 지독하게 복합적
이다. 예컨대 여성 아니면 남성, 정확히 말해서 여성과 남성, 경제적 관계,
국제정치환경, 이것들은 끔찍할 정도로 복합적인 주제다. 우리는 이 주제
를 갖고 매우 단순화시켜서 철저히 연구하는 것을 제일 좋아한다.

날씨, 우리 은행계좌에서 생기는 끔찍한 사건들, 이 모든 것들을 어떻
게 설명할 수 있겠는가? 무엇인가 더 큰 것, 더 신비한 것, 무시무시한 것
이 그 뒤에 숨어 있는 것이 틀림없다.

알라미즘은 바로 이 점에 있어서 비생산적인 핵심을 드러낸다. 상호의
존적인 글로벌세계인 21세기에 우리는 갈수록 복잡해지는 시스템들을 이
해하고 조정하는 법을 배워야만 한다. 그러나 극단화라는 엄청난 경향을
가진 알라미즘은 정반대 방향으로 영향을 끼치고 있다. 알라미즘은 우리
의 사고와 감정을 더욱 어리석고, 일차원적이며, 유치하게 만들고 있는
것이다.

▌관련짓기의 대가

나의 아군이자 정신적 형제인 디어크 막사이너와 미하엘 미어쉬는 이
와 같은 뇌의 연쇄편지 찾기를 훌륭하게 설명했다.

이들이 의아하게 생각했듯이 현재 지구온난화가 책임을 지지 않아도 될

만한 것이 거의 없다. 여기에 표제어 순서대로 발췌해서 약간 소개한다.

녹조현상, 불안상태, 천식, 멸종(특히 개구리, 코끼리, 쥐며느리, 연어, 무당벌레), 인구 감소, 인구 증가, 콜레라, 가뭄, 빙하 시대, 산사태, (하락하는) 부동산 가격, (상승하는) 부동산 가격, 피부암, 꽃가루 천식, (북극곰의) 동족호식, 대규모 소요, 이민, 모기에 의한 고통, 만년설이 녹아내림, 만년설이 증가함, 꽃가루에 의한 고통, 해파리에 의한 고통, 강우 감소, 강우 증가, 스키장 리프트 사고에 의한 죽음, 낙석, 상승하는 바나나 가격, 테러리즘, 포도 농장주의 죽음, 숲의 감소, 숲의 증가, 세상의 파멸…….

두 사람은 이것을 과장된 것으로 여기는 것일까? 아래는 기후와 관련된 많은 보도들 중에서 무작위로 뽑아낸 보도로 2006년 초 『포커스(Focus)』 온라인판에 게재되었다.

세계보건기구(WHO)의 보고에 따르면 기후 온난화는 유럽인들의 건강에 엄청난 영향을 끼치고 있다. 기온이 높아질수록 병원체들도 식품 속에 더 많이 들어있다는 것이다. 그래서 기온이 1도 상승할 때마다 살모넬라균으로 1주일 이상 장질환을 앓고 있는 사람들의 수가 5~10퍼센트까지 올라간다고 한다.

모든 것은 관련성을 필요로 한다. 기사마다 그 기사를 쓰기 위한 근거가 필요한 것이다. 만일 없다면, 다시 한번 말하지만 우리가 근거를 만들어내면 된다.

음모를 향한 동경

2003년 7월에 행해진 설문조사에서 독일인들에게 21세기의 대표적 사건인 9·11 테러의 경과와 배경에 대해 잘 알고 있다고 생각하는지 물었다. 70퍼센트가 '그렇다'고 대답했다. 그리고 30세 이하의 31퍼센트는 동시에 다음과 같은 질문에도 '그렇다'고 대답했다.

"당신은 미국 정부가 9·11 테러를 자신들이 지시했을 수도 있다고 믿습니까?"

음모론은 악의 없이 시작되지만 진짜 괴물로 자라날 수 있다. 'CIA-부시' 음모론은 그 사이에 이미 미국 내에서조차 파다하게 퍼졌고, 끊임없이 새롭게 청소년적인 팝 히스테리(Pop Hysterie, 청소년들이 대중음악 가수를 좋아해 열광하며 고함을 지르는 현상-옮긴이)를 만들어내고 있다.

처음에 음모론은 대부분 해명의 필요성, 즉 무엇인가를 이해할 수 있게 해줘야 한다는 내적 압력에서 시작된다. "알레르기 증가, 서구화가 원인", 한 민영 TV 방송의 웹사이트에 게재된 제목에서 대표적으로 나타난다. 알레르기는 근질근질하게 우리를 괴롭힌다. 그런데 우리는 그의 증가 원인을 설명할 수가 없다. 그러면 우리는 알레르기를 연관관계 속에 놓는다. 위생보건 상태가 실제로 알레르기 발생률과 상관성을 갖고 있는 것처럼 보이는 것이다. 서구사회의 많은 사람들이 알레르기를 갖고 있다. 전형에 중독되어 있는 우리의 뇌는 다시 안정을 찾는다. 질병이란 것이 '어떤 식으로든' 문명의 병이라는 것을 우리가 이미 늘 알고 있지 않았던가?

아무 문제가 안 되고, 그것이 바로 우리를 인간답게 만들어주는 것이라고 말할지 모른다. 그러나 다음과 같은 연관성들은 어떻게 설명하겠는가?

- 검은 피부색을 가진 모든 사람들이 범죄의 원인이다.
- 우리가 죄인이기 때문에, 지구가 우리에게 폭염을 보내는 것이다.
- 유대인들이 경제를 파괴한다.

똑같은 연관성의 논리다. 그러나 (현재) 우리의 문화적 맥락 속에서 두 번째 것만은 주장해도 된다. 그것은 정책적 정확성의 원리다. 그러나 이러한 상관성들 각각에 대해서 '서구화' 라는 주제만큼이나 많은 근거들을 델 수 있다. 특정 지역에서의 출생률이 학(鶴)의 숫자와 관계가 있다(독일에는 학이 아기를 데리고 온다는 민담이 있다—옮긴이)는 것과 다를 바 없다. 경제위기가 발생했을 때, 실제로 국제적인 많은 은행들이 유대인 소유였다. 또한 흑인들 중에 가난한 사람들이 더 많이 있다. 그래서 그것이 자연적으로 범죄율을 높인다. 맞는 말 아닌가?

이때 필사적으로 전형을 찾는 우리의 뇌는 끊임없이 인과관계를 요구한다.

"저기에서 울부짖고 있는 것이 죄인이라고 나에게 말해라(우리가 그 죄인을 쏘아 죽이면, 모든 게 잘 될 것이다)!"

라스브로더 카일과 스벤 켈러호프는《소문이 역사를 만든다(Gerüchte machen Geschichte)》라는 책에서 '소문 – 유행병'의 과정을 분석했다.

예로 제1차 대전 때의 '뤼티히(양민학살의 근거로서 독일군에게 부역했던 자칭 벨기에 게릴라 대원들)의 만행'이나 RAF 테러리스트들이 자식들 모두를 자주 불법적 전투에 내모는 '격리 및 살인적 고문'을 들 수 있다. 음모론은 바로 정치적으로 연약한 시대에 증오, 살인 및 살해를 하게 하는 재료를 제공한다. 음모론은 이 책의 주제인 알라미즘과는 어쩌면 동일한 것이 아닐 수도 있다. 그러나 본질에 있어서는 유사하다.

회고의 오류

전에는 모든 게 더 나았다. 자연은 훼손되지 않았고, 혼인관계도 건전했으며, 자녀들은 더 잘 양육되었고, 겨울에는 정상적으로 눈이 내렸다. 대체로 더 조용하고 신중하게 그리고 덜 극단적으로 진행되었다. 정말로?

다시 한번 사고의 실험을 해보자. 최대한 진지하게 아래 두 질문에 답해보라.

• 당신의 마을, 도시, 지역, 나라의 생활환경이 현재보다 더 나았던 때

는 언제였는가?

아니면 더 간단히 말해서,

• 당신이 치과의사에게 가는 것이 현재보다 더 좋았던 때는 정확히 몇 년도, 언제였는가?

이에 답을 함으로써 우리는 근본적으로 매우 간단하게 다음과 같은 사실을 인식할 수 있다. 우리 기억력은 기억의 바다로부터 계속해서 더 편안한 것들을 선별해낸다. 당시의 아픔은 잊어버리고, 현재의 고통을 가장 현실적으로 느끼는 것이다. 그럼으로써 장기간의 비교에서는 언제나 과거가 이기는 것이다.

우리가 그렇게 행동하는 이유는 무엇일까?

심리학자 바루흐 피쉬호프는 1975년 카네기멜론대학교에서 회고의 오류에 대해 처음으로 체계적인 연구를 했다. 물론 변형된 다른 방식으로. 그는 우리가 뒤돌아보며 스스로 약삭빠른 척하려는 인간 심리의 양상을 연구했다. 우리는 항상 사전에 '모든 것을 이미 알고 있었다'고 생각한다. 주식 시장이 붕괴하면, 미국이 이라크에서 실패하면, 한 정당이 이기거나 지면, 실제보다 훨씬 더 많은 사람들이 오래전에 이것을 알고 있었노라고 자신을 계속 속이는 것이다.

처음에는 이러한 메커니즘이 지극히 평범하다. 이는 우리의 주변환경을 통제하고 싶어 하는 우리의 갈망에 기인한다(성공적인 예상이란 일종의 통제행위와 다르지 않다). 그러나 이러한 메커니즘의 확장된 기능 중에 과거의 문제는 축소하고 현재의 문제는 더 크게 보이게 하는, 앞뒤가 바뀐 망원경처럼 작용하는 것도 있다. 그래서 알라미즘 논쟁을 구성하는 '복고주의'에 대한 많은 부분이 설명될 수 있다.

이 현상은 우리가 늙어간다는 단순한 사실로 분명히 알 수 있다. 전(前)이라고 하는 것은 항상 우리가 사물을 처음으로 경이롭게 체험했던 때였다. 우리가 (대개) 성관계를 더 많이 가졌던 때였다. 그리고 많은 점에 있어서 '더 흥분되었던' 때였다. 말하자면 뇌 속에서 기억능력뿐만 아니라 인지집중력을 높이는 더 많은 도파민(dopamine, 뇌신경 세포의 흥분 전달에 중요한 구실을 하는 호르몬-옮긴이)을 쏟아 부었던 때였다.

복고주의적인 인지의 왜곡 현상은 정신적 예방의학의 맥락에서도 의미를 갖는다. 뇌는 기억의 공고화를 담당하는 뇌의 부분인 해마에서 개인의 생존을 돕는 일련의 기능을 따라 인지를 구성한다. 이것이 인간이 큰 재앙이나 끔찍한 전쟁을 겪은 뒤에도 긴장병적인 마비상태로 빠지지 않는 이유다.

긍정적 기억들은 우리에게 '반복행위'를 하도록 동기를 준다. 이는 우리가 '좋은 상태'를 다시 만들려고 노력한다는 것을 말한다. 그렇기 때문에 적당한 복고주의는 뇌와 그에 '예속된 것들'에게 탁월한 동인이 될 수도 있다.

▌엘리베이터 효과

과거, 이는 오늘날에는 '문제'로 보이는 많은 것들이 아직 존재하지 않았거나 아니면 전혀 다르게 해석되었던 시기이기도 하다. 예를 들면 교육에 관한 논쟁이 그것이다. 지난 몇 년 동안 '갈수록 어리석어지는 학생들'이란 노래에 화답하지 않을 사람이 누가 있겠는가? 이는 스캔들 아닌가? 학생들이 쓰고 계산하는 능력이 없다니!

이 분야를 조금 더 객관적으로 연구하는 사람은 우리가 지금 현재의 배를 과거의 사과와 비교하고 또 미래에 대한 오류의 바나나를 만들어내고 있다는 사실을 언젠가는 알게 될 것이다.

- 각 연령집단의 지능지수는 전쟁 이후로 계속 상승하고 있다. 소위 '플린효과(Flynn Effect, 시간의 흐름에 따른 지능지수의 증가현상-옮긴이)'가 대부분의 나라에 대해 이 사실을 보여주고 있다.
- 성인의 읽기 능력은 실제로 모든 나라에서 젊은 연령집단의 그것보다 뚜렷하게 낮은 수준이다. 이는 교육수준이 세대가 지날수록 상승하고 있다는 것을 말한다.

그럼에도 불구하고 우리는 왜 (실제로 모든 문화와 모든 시대에) 우리 아이들이 어리석다고 생각(아니, 우리의 아이들이 아니라 다른 사람들의 아이들)하는 것일까? 여기에는 자기를 지나치게 높이려는 욕구 및 교육의 수요와 관련해서 변화된 관점이 작용하고 있다.

오늘날 우리의 생활 및 직업세계는 산업사회에서 지식사회로 넘어가는 엄청난 과도기에 있다. 이는 젊은 직장인들로부터 전혀 다른 것을 요구한다. 전에는 작업장에서 종신직을 얻기 위해 당연히 수년 동안 철제품에 줄질을 하고 작업장을 쓸고 맥주를 가져와야 했던 도제나 '신참 견습공' 과정이 이제 더 이상 없다.

토마스 마이어는 '참담한 교육현실'에 관해 "직업 교육에 있어서 오늘날의 지원자들은 1년차 또는 2년차가 끝났을 때 예전만큼 할 수 있는 능력을 갖추고 있어야 한다"고 『노이에취리허 차이퉁(Neue Züricher Zeitung)』을 통해 주장했다.

물론 획일적인 이주배경(예컨대 경제적·교육적으로 하위계층이 많이 사는 지역)을 가진 도시들, 타락한 환경 그리고 교육과 거리가 먼 하위문화 속에 문제의 초점이 있다. 그러나 이런 것은 언제나 있었다. 단지 '그 당시'에는 그것이 사회적으로 문제가 되지 않았을 뿐이다.

전에는 학교교육도 받지 못하고 보조 노동자로 울부짖다가 군대에 가거나 바다로 나갔던, 이런 저런 골목 출신의 프롤레타리아가 오늘날에는 문제아들이다. 전에는 특수학교에서 다루기 힘든 학생으로 언젠가는 감옥으로 갈 수밖에 없었던 사람들이 오늘날에는 미디어에 등장하는 크로이츠베르크(베를린의 옛 이름-옮긴이) 변두리 지역의 싸움꾼들이다. 전에 이주민들은 어차피 학교교육을 받을 필요가 없었는데(결국 다시 본국으로 돌아가거나 곧바로 공장의 컨베이어벨트로 갔기 때문에), 오늘날에는 그들을 엄청난 통합문제로 보는 것이다.

복합적인 사회와 경제체제로의 변화는 실제로 문제를 발생시킨다. 우리가 전에는 '내버려둘' 수 있었던 것들이 오늘날에는 악의 현상들로 '표시되어' 있다. 거꾸로 말하면 모든 것이 전에 더 나았다는 말인가? 아니다. 발전은 있는 법이고 또 이 발전은 우리에게 행동하고 새롭게 주목하도록 강요하고 있다는 의미다.

"요구의 엘리베이터가 위로 올라가는 동안, 엘리베이터 승객의 시각에서 세상은 아래로 내려간다."

오도 마르크바르트가 한 말이다. 그리고 이는 우리가 세상을 끊임없이 나쁘게 말하는 메커니즘의 핵심을 뜻한다. 미디어가 날마다 생산해내는 대부분의 예상들, 갈수록 많아지는 징치선진주의들, '안 좋은 것들을 늘어놓는' 주장들이 정확히 이에 해당된다. 그리고 복고주의적이고 전형을 탐닉하며 처벌을 열망하는 우리의 뇌에 너무나 자주 속아 넘어간다.

▎남은 해악의 명제

인간은 정상적인 자극-반응 기계다. 예를 들어 우리가 기막히게 맛있는 음식을 먹는 것과 같이 어떤 새로운 경험을 하게 되면, 이것은 우리 신경계에서 쾌락에 관련된 일련의 단계적 반응을 초래한다. 다음번에는 상응하는 시냅스(synapse, 신경세포의 연접부−옮긴이)가 이미 평균치에 도달해 있기 때문에 우리는 조금 더 높은 수치가 필요하게 된다. 그리고 동시에 우리는 우리의 기대치를 한 단계 더 높인다.

이는 요리의 제국에서만 통용되는 것이 아니라 바로 문화적·문명적 규범들에도 해당된다. 100년 전에 공공연하게 자녀들을 완력으로 '양육했던' 사람은 공적인 합의에 따라 사회적으로 인정된 행동을 한 것이었다. 100년 전에 살쳤던 사람은 잘 살고 있음을 보여주는 존경받는 사람들로 통했다. 남성의 80퍼센트가 담배를 피웠던(흡연이 잘 살고 있다는 표시로 통했기 때문) 일상문화에서는, 좁은 공간에서 옆에 있는 사람들의 폐까지 담배연기로 가득 채웠던 사람조차 지극히 정상적인 사람이었다.

그러나 건강비용 자체가 파산의 위협을 받고 기대수명이 증가하면서 건강유지를 위해 더 많은 것을 행해야 하는 사회에서는 흡연자가 갑자기 문밖으로 밀려나가거나 공항에서 볼 수 있듯이 유리로 된 작은 우리 안에 갇혀있게 된다. 가엾게도!

미디어가 날마다 우리를 기쁘게 해주는 대학생들의 선물상자 속에 손을 넣어보자. 아래는 『보훔(Bochum)』지 기사의 내용이다.

독일 대학생들 정서상으로 이목을 끌어
독일 대학생 중 20퍼센트 이상이 중독증적 행동, 거식증, 우울증을 보인다. 대학생 매거진 『유니쿰(UNICUM)』이 9월호에서 이를 보도했다. 특히 술의 영향이 놀랍다고 한다. 16퍼센트는 이미 한 번은 밤새 술 마시고 늦은 적이 있고, 20퍼센트는 강의에 가지 못했다고 한다.

16퍼센트? '맙소사!' 라고 외치고 싶을 것이다. '1968년 격동의 나날들이었던 그 당시는 어땠을 것이라고 생각하는가? 아니면 '그 이전, 여대생들이 2퍼센트 이하였고 술 퍼마시는 각양각색의 남성클럽들이 독일의 대학교를 지배했을 때는?'

『함부르크(Hamburg)』의 기사에서 좋은 예를 발견할 수 있다.

독일 아이들 2명 중 1명은 학교 때문에 받는 스트레스의 징후를 분명히 보여주고 있다. 이것은 DAK(독일의 건강보험 회사—옮긴이)와 『포커스슐레(Focus Schule)』지의 의뢰로 시행한 100명의 학부모 설문 결과로 나왔다. 이에 따르면 학생의 60퍼센트가 집중력 약화 및 신경쇠약으로 고통당하고 있고, 47퍼센트는 복통이나 두통을 보인다고 한다. 부모들은 이와 같은 구호의 신호들을 진지하게 받아들여야 하지만, 그렇다고 과민하게 받아들여서는 안 된다고 보도했다.

우리는 학교에서 얼마나 자주 '스트레스'를 받았는가! 단지 그에 해당하는 단어가 없었을 뿐. 그리고 전에는 아이가 학교에서 스트레스를 받는지 어머니와 아버지에게 물어본 사람이 있었는가?

오도 마르크바르트가 그의 저서 《미래는 유래가 필요하다(Zukunft braucht Herkunft)》에서 정확히 설명하고 있다.

문화 발전이 정말 성공적이고 해악이 정말 배제된 곳에서는 그 문화 발전으로 감격해하는 경우는 드물다. 오히려 당연한 것으로 여기기 때문이다. 그리고 관심은 아직 남아 있는 해악에 집중된다.

이때 남아 있는 것들을 성가시게 여기는 현상이 계속 증가되는 법칙이 나타난다. 세상에서 부정적인 것이 더 많이 사라질수록 부정적인 것은 더욱 불쾌해질 것이다. 바로 부정적인 것이 적어지기 때문이다. 갈수록 적어지는 해악들은 부정적으로 더 가치가 있게 마련이다.

전에도 여름철 폭염에 노인들이 죽었다. 그것은 당연한 것이다. 허약해진 유기체들은 이제 더위에 저항력이 약해지기 때문이다. 그러나 '남은 해악의 사회' 에서는 이 사실로부터 '수천 명의 희생자는 아니더라도 수백 명' 의 희생자를 만들고 있다.

보도, 스캔들, 결국에는 '세계적 온난화', 신자유주의적 양로원, 가치상실, 그리고 외로움과 연관시켜야만 하는 음모. 음모는 이렇게 우리의 뇌 속에 '코드화' 된다. 이는 '신뢰의 밈(meme, 영국의 생물학자 도킨스가 만들어낸 용어로, 생물체의 유전자처럼 재현 모방을 되풀이하며 이어가는 사회관습이나 문화를 뜻함—옮긴이)' 으로 바뀌는 것을 말한다. 그런 다음에는 '관례적인 지식' 의 규범 속에 편입되는 것이다.

그런 점에서 우리 뇌의 '수요 체계들' 과 공생하고 있는 현대의 미디어 문화는 문제를 생성하는 기계와 다를 바 없다. 현대의 미디어 문화는 한 가지 유일한 목적만을 추구한다. 중요하지 않은 상태를 중요한 것으로, 말하자면 '문제' 로 변화시키고 그럼으로써 집중할 수 있는 자원으로 변화시킨다.

▍ 희생숭배와 자아중심적인 반항심리

런던대학교의 행동심리학자 안토니아 해밀턴 교수가 2004년에 흥미로운 사회실험을 준비했다. 그녀는 여러 집단의 사람들에게 그냥 상자만을 들게 했다. 같은 부피와 무게를 가진 중간 크기의 종이상자들이었다.

실험 대상자들은 각각 자신의 상자를 높이 들고 나서 그 무게를 비교적 잘 그리고 사실에 가깝게 예측할 수 있었다. 그러나 그들이 다른 사람들과 한 공간 안에 있지 않았을 때는 한결같이 자신의 상자 무게는 무겁게 예측했고 다른 사람들의 상자 무게는 가볍게 예측했다.

우리 인간의 뇌는 소위 '반사 뉴런'을 소유하고 있다. 이는 끊임없이 우리의 행위를 다른 사람들의 행위와 맞추어 조정하는 기능을 한다. "우리의 뇌는 행위를 비교하는 데 철저히 훈련되어 있다"라고 안토니아 해밀턴은 설명한다.

"이것은 사회적 상황 속에서 우리에게 유익을 주지만, 우리의 판단력도 왜곡시킨다."

독일인들에게 세계와 자연의 상태에 대해 물으면, 설문 때마다 항상 같은 대답을 듣게 된다.

"안 좋다. 아주 안 좋다. 극도로 안 좋다!"

그러나 개인적인 영역에 접근할수록 더욱 긍정적인 판단을 내린다.

"우리가 살고 있는 지역은 환경의 질이 매우 좋다."

"우리 가족은 계속 물질적으로 더 나아지고 있다."

"나 자신은 정말 행복하다."

놀랍게도 정반대의 결과를 보여주는 설문도 있다. 질문을 조금 바꾸기만 하면 된다.

"당신은 매우 특별히 사회적 불의, 폭염, 세금 상승, 경제불황에 고통받고 있다고 생각합니까?"

"네, 분명히 그래요! 이웃 사람은 에어컨도 갖고 있고 훨씬 더 훌륭한 세무사도 알고 있어요. 이는 너무 불공평한 거죠!"

우리는 자신을 불행한 정황의 희생자로 보기를 좋아한다. 그렇게 주장함으로써 도덕적으로 유리하다고 판단하기 때문이다. 우는 아이가 젖을 받아먹는 것과 같은 이치이다. '정의의 물음'과 관련해서 일반적 여론이 갈수록 더욱 히스테리적인 양상을 띨수록 이러한 예상은 항상 맞는 것은 아니지만 갈수록 자주 맞아 떨어진다.

물론 우리는 순전히 희생자로서만 있고 싶어 하지 않는다. 그래서 우리는 속임수를 쓴다. 그리고 두 세계로부터 각기 가장 좋은 것을 요구하는 것이다. 상황과 기회주의적 경우에 따라 우리는 희생자 행세를 하기도 하고 힘센 사람 행세를 하기도 한다(사춘기에 접어든 자녀가 있는 사람은 이런 효과를 관찰할 수 있다). 작가인 스벤 힐렌캄프는 『차이트(Zeit)』지에서 이를 분명하게 설명했다.

항의성 유권자(투표를 통해서 자신의 정치적 견해를 표출하려는 유권자-옮긴이)는 신분상으로는 싼 것만을 구입하는 사람과 다를 바 없다. 시민으로서 우리는 사회주의자들이다. 오래된 사회복지 관련 성과들의 옹호자.

반면에 고객으로서는 신자유주의적 시장을 대변하는 과격주의자들이다. 싼 것이 우리 마음에 드는 것이다. 19유로에 바르셀로나를 가겠다고? 이중인격이라도 그렇게 저렴했던 적은 결코 없었다!

몰락의 이야기들은 이와 같은 환경 속에서 중요한 역할을 한다. 그것들은 세상에 대한 우리의 이중적 감정을 기막히게 연출할 수 있는 '스토리', 즉 무대세트인 것이다. 불가피하게 몰락해가는 세상을 만들어내면서 우리는(아직 손상을 입지 않은 자들로서) 행복하게 예외의 상황(세상은 파멸 속에 있지만, 내 아우디 자동차는 너무 멋지게 보인다)에서 살든지, 아니면 구세주와 같은 태도를 통해서 사회적으로 높은 명망을 얻는 순교자의 상황 속(귄터 그라스가 대표적)에서 살든지 둘 중 하나다.

파스칼 브루크너는 자신의 책《나는 고통받는다, 고로 존재한다(Ich leide, also bin ich)》에서 다음과 같이 말하고 있다.

오늘을 살고 있는 개인은 극단적일 정도로 자신의 독립성을 생각하면서 동시에 구호와 원조를 요구하는 한편, 자유사상가와 유아라는 이중적 형상을 서로 연결시키고 싶어 하고, 비타협주의와 쉴 새 없는 요구라는 이중적 언어를 사용하는 역설적인 존재다.

이와 똑같은 근거를 갖고 수많은 종교적 저술들도 고통과 그 고통의 증가를 주제로 다루고 있다. 무엇보다도 기독교는 쾌락에서 고통으로의 코드 변화를 다루고 있는데, 태곳적 피의 상징과 그의 결과인 구원으로만 가득 차 있다.

그러나 유대인들의 통곡의 벽이나 파괴자인 시바(Shiva, 힌두교의 주신, 파괴의 신-옮긴이)를 위한 축제 역시 개인적 존재를 높이려는 요구가 있었을 때 인간들이 강렬하게 표현했던 기념물들이다.

▌단어의 뇌

결국 우리는 단어에 흠뻑 반한 존재들이다. 생태문화적 진화는 우리에게 하나의 특정 능력을 갖게 해주었는데, 그것은 우리가 주변환경과 음성학적으로 연결되어 있다는 것이다. 성경에서 다음과 같이 말하는 것은 이유가 없는 것이 아니다.

"태초에 말씀이 있었노라!"

소리의 관점에서 오늘날의 두려움들에 주목해보자.

'삼림의 파괴', '방사능에 의한 죽음', '광우병', '조류독감', '기후 재앙', '미세 먼지', '고령화', '문화 사이의 전쟁', '세대 사이의 전쟁', '신자유주의적 세계화', '신 빈곤층' 등.

이런 단어 모두는 듣기 좋은 소리들을 갖고 있다. '엄마'와 '아빠' 이후로 특히 인간의 뇌에 긍정적 인상을 남기는 미운(尾韻)과 두운(頭韻)들이다. 특정 단어들은 다른 단어들보다 훨씬 '쉽게' 우리 뇌에 부딪힌다. 그

단어들은 우리 시냅스에 정보를 '사실로' 저장시키는 정신적 환각상태가 되도록 해준다.

단어 없이는 실제가 아니다. 단어들이 실제를 만든다.

▌숫자의 마술

숫자도 말처럼 자기만의 마술, 즉 완전한 신비론을 지니고 있다. 무엇보다도 수비학(數秘學, 수에 숨겨진 신비를 연구하는 학문-옮긴이)과 카발라(Kabbalah, 숫자풀이를 중심으로 하는 히브리 신비철학-옮긴이)에서도 잘 나타난다. 만일 능숙하게 곡예를 부린다면, 그것이 말도 안 되는 소리라 할지라도 숫자로 모든 것을 보여줄 수 있다.

『벨트(Welt)』지의 종말론자들 중 한 사람인 요한 미하엘 뮐러는 그 신문에 '어린이는 미래다'라는 낙관주의적 제목으로 기고했다.

"이미 우리 국민이 최적의 연령구조는 아니지만 현재의 상태를 유지하기 위해서라도 독일은 1억 8,800만 명이라는 정말로 믿지 못할 노동이주자의 수가 필요할지도 모른다!"

한번 계산해보기 바란다. 실제로 그것은 어떤 식으로든 '맞는' 말이다. 어떤 통계학자가 복잡한 방법으로 증명해 보였다. 그럼에도 불구하고 그것은 여전히 말도 안 되는 소리다. 그러나 무엇보다도 한 가지 의미는 있다. '외국인들'에 대한 두려움을 이용하고 극대화시킴으로써 유리하게 경고의 자세를 취하는 것이다. 그 핵심에는 '우리'가 자녀를 더 많이 낳지 않으면 '우리'는 멸종할 것이라는 종족주의적인 자기주장이 있다.

▌낭만적 가설

독일의 많은 청소년들처럼 나도 초기 청소년시절을 잠재적인 세계 속에 깊이 잠겨 보냈다. 금과 보석들이 있는 불가사의한 그랜드캐니언의 카우보이, 인디언 그리고 끝없는 사바나의 세계였다. 이상할 만큼 육감적인 지형이다. 이곳은 괴팍한 아웃사이더로 작센 지방에 살았고, 오늘날 알려져 있듯이 복장과 무기를 우상 섬기듯 했으며, 자연스럽지 못한 동성애자였던 한 남자의 허구적인 아메리카였다.

카를 마이는 1842년 작센 지방 에른스트탈의 가난한 집안에서 태어났다. 그는 그 시대의 아웃사이더였다. 이때는 먼 세계를 꿈꾸었지만 여러 가지로 이동에 제약이 있어서 주로 고향에 머물 수밖에 없었던 시대였다. 이 괴짜가 3만 쪽이 넘는 100편 이상의 소설로 우리에게 어떤 세계를 창조해주었는가? 그의 소설들에서는 더럽고, 잔인하고, 씻지 않고, 탐욕스럽게 이득과 금을 추구하는 검은 남자들이 떼를 지어 말을 타고 달렸다. 힘없는 순수한 몇몇 인디언 종족들은 이런 거친 초기 자본주의자들에 대항해 싸우지만 역부족이었다. 온통 그의 소설에서는 정확히 묘사된 디자이너, 가죽 의상을 입은 2가지 남성적인 원형적 인물상이 나타났다. 여성들은 노루 같이 연약하고 신성한 간호사로만 등장했다.

실제로 여기에서는 심층심리학적으로 풍부한 보물을 발견할 수 있다.

올드 쉐터핸드는 이상화된 아버지상으로서 궁지에 처해있을 때 언제나 제때에 구해주고, 언제나 기적의 무기로 악당들을 총으로 쏴서 죽인다(독일의 많은 사내아이들이 아버지에게서 체험했던 것과는 반대다). 낭만화된 야만인, 반문명적 경계인 그리고 신비주의자인 빈네투(Winnetou, 카를 마이의 소설에 나오는 인디언-옮긴이)는 항상 산에서 내려오고 그곳으로 사라져버렸다. 그의 길은 어쩔 수 없이 희생되는 웅장하게 연출된 영웅적 몰락으로 끝나야만 했다.

여기에는 낭만주의적 전통을 가진 3가지 요소들이 함께 흐르고 있다.

첫 번째 요소는 전형적인 독일 자연낭만주의에서 나온 것이다. 카를 마이는 언제나 풍경을 '손대지 않은' 것, '사람의 손으로 더럽혀지지 않은' 것으로 묘사한다. 인간들이 온갖 '불법'을 자행하는 조화로운 원시상태로서의 풍경이다.

두 번째 요소는 경제의 원죄를 주제로 다루고 있다. 소유와 재산을 추구하는 것이 '오염'으로 묘사된다. 그것이 '영혼들'을 사로잡아 정서적으로 변화시키기 때문이다. 돈이 타락하지 않은 자연인들에게서 그들의 품위를 빼앗아가는 것이다. 오늘날까지 중부 유럽에서 감지될 수 있는 주류인 반 미국주의와 반 경제주의는 이 이야기가 아직 계속되고 있음을 보여준다.

세 번째 요소는 실존적 체험문화 속에 있다. 그것의 중심에는 세상의 악에 시달리고 있는, 그리고 감정이입에 입각해 너무 높여진 인간이 있다. 인간이 자기 자신에 '가장 침잠할' 때는 언제일까? 맞다. 멸망해갈 때다.

브루노 간츠는 벙커 안의 히틀러를 통해서 그의 인간적인 모습을 보여 주었다. 이것은 일종의 고정관념일 수 있다. 그렇지만 니벨룽겐에서부터 카를 마이를 거쳐 나치제국에 이르기까지 늘 일치했다. 인디언 놀이는 독일에서 매우 진지하게 받아들여졌다. 혹독할 정도로 진지하게.

그 사이 중산층 일부를 계속해서 장악해왔던 알라미즘적 사고 속에 이러한 전통이 어떻게 오늘날까지 살아 숨 쉬고 있는지 인식하는 것은 어렵지 않다. '자연적인 것'은 바로 종교적인 방식으로 미화되고, '기술적으로 소외된 것'은 마력적인 힘이 부여되며, 합리적이고 신중하게 검토하는 것은 멸시된다. 전자 스모그, 식품 첨가물, 전자 미디어의 마력적 힘에 이르기까지 유독성 물질, 오염 등은 도처에 적의를 품고 숨어서 기다린다.

그와 반대로 (예를 들면 동종요법, 점성술, 풍수지리 같은) 신비한 체계들은 주저 없이 '학문'으로 인정된다. 그렇기 때문에 독일과 오스트리아(스위스의 독일어 사용 지역은 제한적으로 이에 속한다)는 '유전자 변이를 하지 않은' 식품을 살 수 있는 유일한 국가들이다(다른 어떤 곳에서는 무기물이 인간의 소화기에 해롭다고 알고 있다).

이와 같은 문화적 기반들을 아는 것이 중요하다. 그것들이 최근 우리의 패닉 신드롬의 바탕이 되고 있기 때문이다. 또한 역사적 뿌리를 이해하는 것도 도움이 많이 된다.

독일은 언제나 숲의 나라였다. 그 숲들은 먹을 것과 보호를 보장해주었지만, 또한 위협도 되었다. 숲이 많은 지형적 특징이 작은 시골풍의 지방 단위의 분리주의를 가져왔다. 독일은 19세기에 시민혁명의 기회를 '놓쳤고', 그렇기 때문에 시인과 철학자들은 은유적으로 말해서 '숲으로' 자신들을 숨겼다. 문명에 대한 적대감은 실패한 개혁 때문에 생겨난 것이었고, 이상주의적 에너지가 영적으로 내면적인 공간에 집중했기 때문이다.

다른 두려움의 문화들과의 차이도 이런 식으로 설명된다. 예를 들어 미국에서는 자연낭만주의가 아주 다르게 형성된다. 한편으로는 정복 의지와 영웅적 싸움으로서, 다른 한편으로는 황야의 장엄함에 대한 존경이 그것이다. 미국인의 이와 같은 황야에 대한 이중적 태도를 알렉시스 드 토크빌은 그의 책에 묘사했고, 헨리 데이빗 소로의 《월든(Walden)》에서조차 자연은 결코 목가적 풍경이 아니라 사람들이 자기 고유의 자율권을 포기해야만 하는 낯선 영역으로 묘사되고 있다.

그렇기 때문에 미국적 경고들은 오히려 편집증적 경향을 보인다. 자연을 오히려 인위적인 것, 형성할 수 있는 것으로 생각하는 일본에서도 마찬가지다. 선(禪) 정원, 꽃꽂이, 분재를 생각하면 된다. 이미 초기 산업화 시대 때 영국에서는 자연개념이 풍경을 이상적으로 만들어가는 것으로 변화되었다(영국인들은 독일의 숲을 음산하고 두려움을 불러일으키는 것으로 느낀다. 그들에게 '자연'은 종류가 다양한 정원풍경 중의 하나다).

또한 모든 사회는 전형적인 영웅이나 승리자의 신화들을 만들어낸다. 미국인들에게 기병대 신화는 여전히 살아있는 유산이다. 오늘날까지 일본과 중국에서는 영웅적인 경제나 기술 분야에서 나타나고 있는 자기 헌신의 전통이 계속 살아있다.

프랑스인들은 혁명 이후에 이상주의적 에너지를 발전을 위한 담론으로 변화시킬 수 있었다. 그렇기 때문에 오늘날에도 프랑스에서는 기술력과 이성의 힘에 대한 깊은 신뢰가 존재하고 있다.

앵글로 색슨의 문화는 늘 상업에 의존해 있었다. 선박항해를 하는 민족으로 성장해왔기 때문이다. 그래서 중부유럽의 '삼림 이데올로기' 보다는 합리주의, 실용적 이성, 경험주의 등과 같은 요소들에 훨씬 더 깊은 근거를 두고 있다.

이상주의, 자연낭만주의, 그리고 체험적 실존주의 등을 합치면 알라미즘이 악의적으로 활동할 수 있는 이상적인 배양토가 제공된다. 낭만주의적 영웅들은 문제를 해결하는 것이 아니라, 자신들의 에너지를 잘못 파악하고 있는 몰락에서 늘 얻는다. 말하자면 낭만주의적 요소는 항구적으로 좌절감을 고조시키는 메커니즘을 만들어내는 것이다.

부정적 또는 종말론적 세계상은 실망한 낭만주의적 요소들에서 많은 부분이 공급되고 있다. 어느 곳에서나 훌륭하게 조화된 모습을 보기보다는 보잘것없는 일상과 문제들만 보기 때문에 실망스런 심정으로 세상에서부터 등을 돌리게 된다. 그리고 세상을 구원할 수 없는 것으로 선언한다.

그렇지만 세상이 정말 멸망할 수밖에 없는 것인가! 낭만주의적인 척하는 자는 언젠가는 필연적으로 '정서적 테러리스트' 로 변한다. 그러한 자는 세상이 정상적이고 떠들썩하지 않을수록 더욱 철저하게 엄청난 미혹과 음모를 꾸민다. 그 이유를 다시 한번 요약해서 말하자면 이렇다.

• 자연은 성스럽고 조화롭기 때문이다.

- 인간은 악하기 때문이다(초현실적인 능력을 발휘하지 못하는 한).
- 돈(경제)은 '차갑고' 부패한 것이기 때문이다.
- 징벌이 따를 것이기 때문이다.

▌ 패닉상태의 뇌

2005년 12월 셀코브스크의 한 학교에 역병이 발생했다. 전 학년 학생들에게 급속도로 퍼진 증상은 끔찍한 것이었다. 마비, 메스꺼움과 구토, 호흡곤란. 위험한 바이러스 아니면 강력한 독가스 살포가 문제인 듯했다. 전염병은 빠르게 다른 학교들에도 덮쳤고, 미디어에서는 이와 같은 상황을 긴장감 넘치게 보도했다. 여러 추측성 설명들이 난무했다.

"러시아인들의 독가스 실험, 생물학적 무기, 민족주의적 테러리스트들에 의한 독가스 살포!"

셀코브스크는 잔인한 전쟁으로 인해 정신적·육체적으로 황폐화된 나라인 체첸에 있다. 그러나 셀코브스크의 학교는 전쟁의 영향을 거의 받지 않고 있다. 수년 전부터 수업은 정상적으로 이뤄지고, 납치나 그 밖의 어떤 폭력도 주변에서 일어나지 않았다.

비슷한 역병들이 다른 지역들에서도 극도의 긴장감 속에 나타났다. 마케도니아에서는 알바니아인들이 많이 살고 있는 지역의 학생들에게서 중독 증세를 보이는 역병이 발생했다. 그리고 마케도니아 당국은 전혀 알려지지 않은 병으로 발표했다. 소아전문의, 독극물 전문가, 전염병 전문가

등으로 구성된 독립적인 국제적 팀이 몇 주 동안 연구했고, 실험실에서 실험과 피검사를 했으며, 병원들을 조사했고, 가족과 교사들을 인터뷰했다. 그 결과 그 지역의 상황을 원인으로 추측할 수 있는 고도의 스트레스성 증상이 보고되었다. 이 보고서는 그곳의 두 집단에 의해 강력하게 부인되었다. 알바니아인들은 계속해서 독극물을 문제 삼았고, 마케도니아인들은 그 나라에 갈등이 있었을 것이라는 추측을 강력하게 부인했다.

두려움과 심리적 스트레스는 위협적이고 실제로 육체적 증상들이 생기는 폭넓은 편집증적 히스테리를 가져올 수 있다. 미국에서 탄저 공격 이후에 수천 명의 미국인들이 피에서 1나노그램의 인자도 확인되지 않았는데도 머리에 탄저 증세와 비슷하게 나타났던 독가스 현상으로 병원에 입원했다. 1987년 브라질에서 방사능 사고 이후에 12만 명이 방사선 질환의 증상(발진, 구토, 설사)으로 입원했다. 그 중 겨우 250명만이 실제로 방사선에 노출된 사람들이었다.

뇌 연구의 특수 분야인 신경외상학은 알라미즘적 히스테리가 어떻게 기능하는지 또 다른 시사점을 우리에게 제시한다. 무엇보다 젊은 나이에 부상이나 심한 고통(일종의 정신적 외상과 같은)을 겪으면, 신경학적으로 고통이나 공포의 감정이 뇌에 '전달'된다. 고통의 기억, 말하자면 하나의 신경학적 스크립트가 생기는 것이다.

이런 식으로 세대를 넘어 사회 전체에 '두려움의 코드화'가 일어날 수 있다. 사회는 거대한 차원을 가진 기피의 신드롬을 발전시킬 수 있다. 원체험을 피하는 것보다 더 높은 욕구는 없다. 트라우마를 가진 개인과 집단은 매번 똑같은 이야기를 하는 고장 난 축음기처럼 약간만 변화된 상태로 동시에 행동한다.

알라미즘이 독일에서 특별히 만연되고 있는 이유를 정확히 설명할 수 있다. 시사평론가인 리하르트 헤어칭거(Richard Herzinger)는 '독일적 두려움'의 현상과 관련해서 '거꾸로 된 애도행위'를 언급했다. 우리는 미래에 대해 두려워함으로써 과거를 안타깝게 여기는 것이다. 나치의 야만적인 문명파괴, 이는 전면적인 가치의 상실과 복지상태의 상실이기도 했지만 이런 식으로 계속 후대에까지 영향을 끼치고 있다.

민주주의, 법치국가, 경제질서는 깨지기 쉽고, 언제든지 단절될 수 있으며, '애초부터 없었던' 것으로 생각할 여지를 지닌다. 정치인들은 근본적으로 부패한 사람들이고 경제는 완전히 썩은 것으로 여기고 있다. 그래서 외국의 저널리스트들이 언제나 놀랍다는 듯이 묘사하고 있는 부조리한 이미지가 생겨난다. 안정적으로 활짝 핀 복지국가에서 국민들은 지속적으로 위기를 겪고 있는 척한다는 것이다. 절대적 궁핍과 종국적인 경제위기에 직면한 것처럼 말이다.

집단적 트라우마는 회복될 수 있는가? 어느 정도 가볍게 다음과 같이 말할 수 있다. 충분히 '환기'를 시키면 적어도 도움은 될 것이다. 1980년대 독일인들이 발전시켰던 공공의 논쟁문화가 장려될 수 있다. 수없이 흥분시켰던 담론들, 의견의 상충들과 화해, 열심과 고백들이 있는 논쟁문화다. 트라우마 환자들은 자신의 마비 상태를 '극복'할 수 있는 2가지 가능성이 있다. 이해하기, 의식하기와 같은 소파에서의 '담론', 아니면 '직접

부딪히기'가 그것이다. 거미가 무서운 사람은 거미를 없애야 한다. 비행이 무서운 사람은 많이 비행기를 타야 한다. 아니면 조종사가 되든지.

히스테리 질병에 대한 경험은 두려움을 유발시키는 것이 존재하지 않는다는 것을 '환자들'에게 확실한 권위를 갖고 분명하게 알려줄 때 그 증상들이 빨리 사라진다는 것을 보여준다. 이때 연관관계가 없는 다른 곳에서 파견된 중립적인 사람들이 도움이 된다(체첸 독극물 사건은 실제로 외국 의사 팀에 의해 멈춰졌다).

그러나 우리 시대의 알라미즘적 소문들은 누가 정정할 것인가? 우리의 손을 잡고 다음과 같이 우리를 안심시켜줄 중립적 권위자는 누구일까?

모든 게 오케이!
나쁘게 끝나지 않을 거야.
세상은 앞으로도 지속될 거야.

▎정치적 알라미즘, 배양시설로서의 정치

1990년 4월 25일 정신착란에 사로잡힌 한 여성이 정치인 오스카 라퐁텐을 선거집회에서 칼로 찌른 사건은, 독일의 위대한 정치적 재능을 가진 사람 중 한 사람이었던 그의 앞길을 막아버렸다.

라퐁텐은 21세기의 도전에 직면해서 사회민주주의 전통을 이끌어나갈 소위 '손자들'에 속한 인물이었다. 그는 낡은 좌익−우익의 틀을 깨트리는 사고방식인, 소위 '제3의 길'을 주창한 정치인이었다. 그는 그 도전이 전통적인 계급문제의 저편에 있는 것이라 알고 있었다. 프롤레타리아 계층이 줄고 산업사회가 지식경제로 변화됨으로써 '사회적 문제'가 새롭게 정의되어야 했다. 무엇보다도 교육, 정보, 테크놀로지의 이용에 관한 문제. 더욱 지적인 사회제도 내에서의 자기책임, 창조성, 개혁의 문제.

라퐁텐은 이와 같은 점에 호기심을 갖고 실험해보고 싶은 마음을 가졌던 인물이었다. 한마디로 미래의 정치가였다. 1990년대 후반 사회민주주의 지도부에서 가장 지적인 인물(슈뢰더와 샤르핑도 있었다)로서 그의 정치적 재능은 언변의 강점을 감성 및 사고의 기획력과 연결시키는 능력에 있었다.

그는 노조를 비판했고, 분배의 기계로 전락해 경직되어버린 복지사회국가의 상처에 손을 댔으며, 정신적으로 감정적으로 열정적인 연설을 했다. 1998년 그는 일종의 쿠데타로 무미건조했던 샤르핑을 당의장직에서 물러나게 했다. 사민당(SPD)이 앞으로 잘될 것이라고 사람들은 생각했다.

그러나 우리가 오늘날 알고 있듯이 역사는 다르게 진행되었다. 라퐁텐은 얼마 뒤에 불만을 표시하며 적록(사민당과 녹색당의 연정) 내각에서 물러나 자르란트의 자택에 칩거했다. 그곳에서 3년 동안 복수의 계획을 꾀했다. 그러고 나서 그는 무모하게 새로운 사회주의 전통의 정당을 창당한 다음 그의 가장 중요한 관심사인 적록 연정의 재집권을 저지하는 것을 실현시켰다.

'오스카를 만들다!'

이는 귄터 그라스의 영화 『양철북(Blechtrommel)』에서 주인공 오스카 마체라트가 병적으로 북을 치는 모습을 연상시킨다. 이미 라퐁텐의 몸매에서 이 남자가 겪었던 나르시시즘적 깊은 상처가 감지된다. 그의 붉은 얼굴, 언제나 둥글둥글한 몸매를 갖고 절도 있게 움직이는 동작, 무뚝뚝하게 처벌을 내세우는 위협과 책임전가를 목표로 하는 정치적 수사력("너희들 모두는 신자유주의적 세계화의 주범이다!"), 이 모든 것이 자기 속에 갇힌 트라우마의 이야기다(동시에 트라우마는 이데올로기들의 원래 출처를 알려준다. 이데올로기는 트라우마로 인해 통제가 상실된 결과와 다르지 않은 것이다).

라퐁텐의 정치적 후퇴라는 이 비극적 예는 독일의 정치 제도가 알라미즘적 바탕을 지닌 이데올로기적인 법정처럼 지난 수년 동안 얼마나 퇴행적으로 발전했는지를 전형적으로 보여주고 있다. 방청객, 말하자면 국민은 번갈아가며 채찍질을 당하고, 떠밀리고, 욕먹고, 저주를 받았다. 이와 같은 언변은 늘 12시 5분 전이었다. 결국 정치는 어두운 그림자를 드리운 교육의 장이 되었다. 한마디로 공포의 정치.

푸념은 대략 다음과 같았다.

'우리' 는 부지런했다. 그러나 지금은 게으르다. 우리가 그릇된 가치관을 갖고 있기 때문에 중국인들이 우리를 추월할 것이고 이슬람이 급속도의 인구증가를 통해 유린할 것이다. 국가는 파산하고, 독일의 혁신력은 무너진다. 급진적 개혁이 이뤄져야만 한다. 피, 땀, 그리고 눈물!

미국식의 신자유주의적 자본주의는 우리의 피를 빨아먹을 것이다. 그리고 매일 대표이사들은 더 많은 돈을 챙기게 될 것이다!

독일 정치의 이와 같은 알라미즘화(우익이든 좌익이든 똑같이 성공했다)는 2005년 불의의 종말을 체험했다. 유권자들은 결정을 유보했고 거대 정당들 중 어느 한 곳에도 분명하게 정권을 부여하지 않았다. 그 결과는 오늘날까지 지속되고 있는 정치적 카타르시스이자 이상하게 온화한 진공 상태를 남긴 내홍(內訌)이었다.

더욱이 미래를 위한, 좌우라는 사고의 틀을 쓸어 없애버려야만 하는 지식사회로의 변화를 위한 말이 여전히 없다. 그러나 적어도 정치적 싸구려 포퓰리즘은 '거절' 당했다. 이는 하나의 엄청난 발전임에 분명하다.

03

알라미즘의 영향

비관주의자는 더 이상 안 좋아질 수 없을 만큼
모든 것이 이미 안 좋다고 주장한다.
이에 대한 낙관주의자의 대답은,
"오, 천만에요!"

-블라디미르 부코브스키

▌ 비관주의의 짧은 찬가

그래 좋다. 지금 사람들은 알라미즘이 그 전문가들이나 선동자들에게는 유익하다고 말할 수 있을 것이다. 때로 알라미즘의 미디어적 형식이나 정치적 형식에 있어서는 역겹고, 내용에 있어서는 상당히 거슬리기는 하지만 말이다. 그런데 알라미즘이 위험하다고 하는 이유는 무엇일까?

시행착오라는 구성요소를 통해서 최대의 유익한 효과를 내는 지나친 감정의 메커니즘이 오히려 문제가 아닐까? 예를 들어 '광우병'은 걱정했던 것보다 적은 희생자가 나왔다.

그러나 프라이온(prion, 광우병을 일으킨다고 생각되는 감염성 단백질 입자-옮긴이)에 대한 공포는 우리로 하여금 식품생산에 대해 더 심각하게 고민하도록 만들지 않았는가? '삼림의 파괴'는 미디어 역사에 있어서 가장 큰 사기 중의 하나로서 입증되었다. 그러면 자동차의 매연 정화장치와 대기오염 방지 준수 규제의 시행은 이와 같은 히스테리와 관계가 없었다는 말인가?

더 나은 것을 얻기 위해 가장 안 좋은 경우를 고려해 가능한 철저하게 연출해내야만 하는 것일까?

미국의 심리학자 수전 시거스트롬은 250명과 장기간의 연구 끝에 비관주의의 유익한 면을 알아냈다. 주관적인 삶의 감정 및 삶의 질과 관련해서는 낙관주의자들이 더 좋았다.

그렇지만 삶의 위기에 있어서는 비관주의자들이 더 쉽게 대처할 수 있었다. 자기의 통제를 벗어나는 어려움을 겪을 때에는 비관주의가 부담을 덜어주는 것으로 입증되었다. 그들은 행복과 삶에 대해 많은 기대를 하지 않았기 때문에 더 이상 채워질 수 없는 욕구를 쉽게 포기할 수 있었던 것이다.

동기부여 훈련 분야의 이단아인 신경심리학자 폴 피어솔이 비슷한 논제를 갖고 있다. 그는 자신의 저서들을 통해 '긍정적 망상'과 '희망의 문학'에 반대하여 싸운다. 피어솔은 '너는 해낼 거야!'라는 이데올로기가 심각한 부작용이 있음을 증명했다. 의지력과 바른 생각으로 모든 것을 이룰 수 있다고 주장하는 곳에는 '성공의 테러'가 발생한다. 이는 심리적으로나 사회 전체적으로 생산적이지 못한 것이다.

이와 반대로 체념은 약이 되고 도움이 될 수 있다. 그리고 심지어 새로운 인생관을 열어줄 수도 있다. 우리 모두는 삶의 경험을 통해 그것을 알고 있다. '포기하는 것'은 하나의 고귀한 예술이다.

'신체에 대해 걱정하는 사람들'에 대한 최근의 연구들도 비관주의적 태도의 긍정적 기능을 증명하고 있다. 우울증 환자들이 '어떻게든 잘되겠지'라고 생각하는 사람들보다 더 일찍 의사에게 간다. 밤에 땀으로 범벅이 되어 깨는 사람이 심장병이나 폐암을 걱정하기 때문에 훨씬 더 적게 담배를 핀다. 그리고 더 오래 산다.

이것을 진화론적 심리학의 인식들과 연결시켜보자. 유목민적인 사냥꾼과 채집자로서의 인간이 진화에 의해 '가장 안 좋은 경우(식인종 이웃, 홍수, 화산 폭발, 가뭄 등)'에 적응해왔다면, 위험을 과장하는 것은 인간 뇌의 불가피한 행동양식이 아닐까?

▎무감각 효과

우리가 여기에서 제시할 수 있는 첫 번째 반증은 결코 새로운 것은 아니지만 중요한 것이다. 그것은 바로 무감각 효과다. 누군가가 어느 마을에서 계속해서 화재경보를 울리면, 진짜 화재가 났을 때에도 그것에 주의를 기울이는 사람은 더 이상 없을 것이다.

미디어의 알라미즘은 이러한 면에서 이미 엄청난 피해를 입혔다. 많은 사람들이 그 사이에 무엇이든 신뢰하지 않게 된 것이다. 모든 미디어 보도에 대해서 무관심한 태도를 보일 뿐이다.

"어차피 맞지 않잖아!"

그렇지만 무감각은 우리가 보편적인 세계관으로서 더욱 자주 보게 될 행태의 전단계일 뿐이다. 미디어는 합법적으로 냉소를 키울 수 있다.

독일 담론의 주매체인 『슈피겔(Der Spiegel)』은 가끔 숨 막힐 정도로 냉소적인 차가움으로 특징되는 세계관을 수년 넘게 보급했다. 실제로 그 사이에 당혹스럽게 할뿐만 아니라 미래에 대해 생각하게 하고 방향이나 건설적인 목표를 가진 놀랄 만한 이야기들도 있었지만 근본적으로 『슈피겔』은 부정적인 것을 찾는 데 미친 태도를 보인다. 사람들은 이러한 보도 방향을 '비판적 저널리즘'과 쉽게 혼동할 수 있다.

한때는 배후를 생각하는 비판적 신문이었던 『타츠(Taz)』도 오늘날에는 오히려 종말론적 주류와 속물의 기관지로서, 냉소적이고 아는 체하는 자 아도취자들을 위한 언론으로 발전했다. 기본 경향은 다음과 같다.

다른 모든 사람은 어차피 바보들이고, 세상은 똥 한 무더기다. 하지만 우리는 잘 알고 있다!

게다가 미하엘 루취키는 2003년 『쥐트도이체차이퉁(Süddeutsche Zeitung)』에서 다음과 같이 쓰고 있다.

지적 방식으로서의 회의는 다음과 같이 그 기능을 변화시킨다. 현대 세계의 출현과 함께 회의는 계몽에 기여했다. 종교적 확신을 무너뜨리고 개인, 허락된 경험, 그때까지 받아들여지지 않았던 인식들에게 힘을 주었기 때문이다.

그러나 새로운 형태로서의 회의는 새로운 경험과 인식들을 허용하지 않는다. 이 회의는 '이 아이도 성폭행을 당했다', '생명공학은 야만 상태가 되고 있다', '부시 일가는 자신들의 석유사업에 이라크를 끌어들이려는 것이다' 라는 믿음의 확신을 지키는 데 기여한다. 계몽의 변증법으로 말하자면 이것은 미신으로의 급격한 전환을 의미했다.

▌자기만족식 예언

두 번째 알라미즘적 소문의 폐해는 우리 태도에 대한 피드백에 있다. 우리가 부정적 사실을 믿게 되면, 우리는 또한 그 사실을 반복해서 계속 확인하는 반응을 보인다.

2006년 여름에 실시된 노동 시장과 직업연구를 위한 연구소(IAB)의 설문조사에 따르면, 높은 연령층의 구직자가 좋은 기회를 얻는다고 한다. 그 사이에 경제 분야에서는 경험적 지식이 절대적으로 높이 평가받게 된 것이다. 독일의 1만 6,000개 업체에서 거의 50퍼센트에 가깝게 나이가 더 많은 구직자가 일자리를 얻었다.

그러나 모든 토크쇼, 술집에서의 모든 대화, 빵집에서의 모든 잡담 등에서는 계속 반복해서 다음과 같은 말을 들을 수 있다.

네가 쉰 살이라면 고철이다. 신자유주의적인 터보자본주의에서는 젊은이들, 극단적으로 말해 능력을 발휘할 준비가 된 사람들이 필요할 뿐이다. 너는 기회가 없다!

그렇기 때문에 일자리의 60퍼센트는 50세 이상의 사람들이 전혀 지원하지 않았던 것이다.

▌정보의 희생자들

1976년 7월 10일 이탈리아 북부 세베소에서 호프만-라로쉬 화학그룹의 자회사인 익메사 공장의 보일러가 폭발했다. 유기 염소화학의 가장 심각한 독극물 중의 하나인 다이옥신이 유출되었다. 이는 미디어가 아무리 강조해도 지치지 않을 만한 '슈퍼 독극물'이었다. 그 당시에는 일반적으로 그랬듯 공장의 소유주들은 소름끼칠 정도로 당연히 아무렇지도 않다는 반응을 보였다.

그런데 당시 그리 오래되지 않았던 환경운동은 효시, 즉 그 이후 몇 년 동안 모든 사람의 의식 속에 파고 들어갔던 하나의 '기록'을 남겼다.

"세베소 사태는 어디에서나 일어날 수 있다"라는 환경보호운동 탄생의 구호를 당시에 어디서나 들을 수 있었다. 염산으로 기형이 된 소녀들의 얼굴을 산업오염의 단면으로 보여주었다. 수백 년 아니 수천 년 동안 그 오염은 계속될 것이라고 했다. 이탈리아 북부 전체를 강타하고 수없이 많은 세대들의 유전자는 돌연변이가 될 것이라고도 덧붙였다.

곧 반세기가 지나게 되는 오늘날 이 사건의 결과는 어떻게 나타나는가? 장기간 동안의 결과를 잘 기록해놓은 사고는 거의 없다. 유출되고 나서 얼마 안 되어 어느 한 지역의 땅을 개발해서 거주자들을 이주시켰으며, 땅은 40센티미터 깊이로 팠다. 수천 명의 사람들이 장기간에 걸쳐 의학적 진단을 받았다. 그 결과 한 건의 사망도 없었다.

치료는 되었지만 부분적으로 흉터가 남은 400건의 피부손상 기록만이 있었다. 림프종과 백혈병이 부수적으로 몇 사람에게서 나타났다. 그렇지만 다이옥신으로 고통받았던 사람들의 사망자 수는 통계적으로 늘어나지는 않았다. 낙태된 태아의 조사(그 지역의 많은 여성들이 당시에 기형의 두려움 때문에 태아를 낙태시켰다)에서는 유전적인 손상 사례가 확인되지 않았다.

세베소 주변의 지역에서는 오늘날 다이옥신의 흔적을 더 이상 찾아볼 수 없다. 그리고 이러한 슈퍼 독극물을 만들어낼 만한 화학시설도 더 이상 존재하지 않는다(다음에 나온 기사에서는 "세베소 30년 후"라는 회의의 결과들이 소개되었다).

이 사고의 필연적 결과로서의 손실은 완전히 다른 곳에 있었다. 바로 '제3세계'였다. 염소화학은 그 사고로 말미암아 완전히 신용을 잃어버렸다. 염소화학에서는 또 하나의 성분이 나오는데, 그것은 해충퇴치에 많은 효과가 있는 DDT였다. 습지 지역은 DDT로 말라리아를 매우 효과적으로 퇴치할 수 있다.

제2차 대전 이후에도 유럽에는 말라리아가 있었다. 다만 문제는 말라리아가 사진을 잘 받는 모티프가 아니라는 것이다. 염산으로 상한 얼굴 사진들이 훨씬 더 효과를 발휘한다. 말라리아에 걸린 사람은 야위어가며 천천히 죽는다.

DDT는 1979년 독일에서 금지되었고 그 이후로는 국제적으로도 추방되었다. 그 사이에 아프리카의 많은 구호조직들이 수많은 말라리아 질병을 이유로 다시 사용할 것을 요구했지만, 환경보호단체들이 지속적으로 저지하고 있다. 2006년 여름 남아프리카 공화국의 보건장관은 2000년 이후 말라리아 감염자 수가 88퍼센트, 말라리아로 인한 사망자 수는 86퍼센트로 감소했다고 발표했다. 2000년에 남아프리카 공화국은 DDT 금지를 폐지했다. 영어권의 수많은 미디어들이 즉시 이 주제를 다루었던 반면, 이 사실을 보도한 독일어권 저널리스트는 지금까지 한 명도 없다.

세베소는 많은 사람들에게 심각한 건강문제를 야기했다. 이것만으로도 이미 충분히 끔찍한 일이다. 그러나 더 끔찍한 것은 개발도상국의 수백만 명의 목숨을 앗아갔다는 것이다. 제도화된 환경 알라미즘 때문에.

미국의 스릴러 작가 마이클 크라이튼은 아마도 가장 신랄하게 환경철저주의를 비판했던 사람일 것이다. 그는 《공포의 국가(A State of Fear)》에서 환경보호자론들 스스로 자초한 재앙을 통해 지구를 구하려는, 널리 확산된 가미가제식 테러리즘을 묘사하고 있다. 인터넷으로 행한 연설에서 그는 이 대담한 시나리오에 대한 근거를 제시한다.

체르노빌 지역 주민에게 가장 큰 피해의 원인은 왜곡되었거나 잘못된 정보 때문이었다. 이 사람들은 방사능 때문에 피해를 입은 것이 아니라 잘못된 보도 때문에 테러를 당한 것이다. 그것이 무엇을 의미하는지 우리는 생각해볼 필요가 있다. 우리는 방사능에 대해 엄격하게 통제할 것을 정당하게 요구한다.

그것이 심각하게 건강을 해칠 수 있기 때문이다. 그러나 체르노빌의 예는 잘못된 정보가 방사능만큼이나 엄청나게 건강을 위협할 수 있다는 것을 보여준다. 방사능이 위험하지 않다고 말하는 것이 아니다. 이것으로 체르노빌이 심각한 사고가 아니었다고 말하는 것은 더더욱 아니다.

크라이튼은 체르노빌 사고 이후의 영향 결과에 대한 2005년 UN보고서를 자료로 이 연설을 작성했다. 그 보고서에서는 다음과 같이 말하고 있다.

체르노빌 사고가 사람들의 건강에 끼친 가장 큰 부정적 영향은 부족한 정보들로 인한 심리적 문제에 있었다. 이는 건강과 관련된 부정적인 행동유형, 자신의 수명이 짧아질 것이라는 믿음, 소극성 그리고 무조건 당국에 의존하는 성향으로 뚜렷하게 드러났다.

사고를 직접적으로 겪지 않았지만, 그 이후에 이주를 했거나 빠져나간 수십만 명은 오늘날까지 우울증, 악몽, 정신적 외상으로 고통받고 있다. 자신들이 생명에 위험할 정도로 방사능에 노출되었고 끔찍한 중환으로 오래 앓을 것이라고 확신했기 때문에, 많은 수가 알코올 중독에 빠졌고 교육을 받지 않았으며 자신의 직장에 사표를 제출했다. 자살한 사람만 수천 명에 이르렀는데, 이들 중 심각할 정도의 방사선 장애로 고생했던 사람은 거의 없었다.

알라미즘은 이 점에서 자신의 흠 없는 도덕적인 면을 상실하고 잔인한 어두운 면을 드러낸다. 알라미즘적인 과정에서 정보에 희생당한 사람들은 도처에서 발견된다. 결코 해가 되지 않는 특수한 경우라고 말할 수 없는 것이다.

• **아동성폭행** : 독일 동부 작은 도시 노이룹핀의 여검사인 가브리엘 고르돈은 아동 성폭행의 증가에 대해 집중적으로 조사하고 있었다. 그 수는 무서울 정도였고 '경보'를 울릴 만했다. 실제 사고 건수가 증가했기 때문이 아니다.

노이룹핀 지역에서 총 200건의 고소 중 20건만이 기소되었고, 170건은 기소중지되었으며, 10건의 경우에는 의도적인 잘못된 진술로 인해 검찰이 거꾸로 피고를 수사했다. 독일에서는 지난 10년 동안에만 재판 과정에서 부모의 무죄가 입증된 5건의 큰 재판이 있었다. 기소된 사람들은 생활 기반을 잃어버렸고, 무죄임에도 수감되었으며, 엄청난 혐의를 받은 것이 수천 건에 이른다.

이단적 성격을 가진 구호단체들의 히스테리적 '전염성 노이로제'가 증폭되었고, 한동안 사람들은 각 가정마다 파렴치한 행위를 저지르려고 하는 폭행범이 살고 있다는 느낌을 가졌다. 1990년대 말 만연했던 아동 성폭행 중 많은 건수들이 불합리하게 과장되었다는 것은 오늘날 잘 알려져 있다. 그런데도 오스트리아의 한 구호단체는 2006년에도 수개월 동안 ORF(오스트리아의 공영방송-옮긴이)에서 '여자아이 4명 중 1명, 남자아이 6명 중 1명꼴로 성폭행을 당한다'며 엉뚱하게 과장해서 선전했다.

- **예방접종경고** : 무엇보다도 의학 분야에서 경고하고 있는 소문들은 수천, 아니 수백만 명에게 장기간에 걸친 후유증을 남길 수 있다. 심지어 인류의 미래를 결정지을 수도 있다. 예를 들어 예방접종과 관련된 경고들은. 홍역 예방접종은 자폐증을 일으킨다고 미디어를 통해 보도되었다. 오늘날 벌써 유럽의 여러 나라에서는 면역 상태가 많이 악화되었다. 그 결과 홍역, 홍진, 성홍열 같은 '심각한' 소아질병들이 다시 생기고 있다. 죽거나 장애가 되는 수천 명의 어린이들뿐만 아니라 어른들에게서 나타나는 심각한 폐해들도 그 결과다.

- **경제경고** : 이러한 경제경고들은 많은 차원에서 숙명적인 결과를 가져올 수 있다. 히스테리적인 여론과 함께 환경에 관한 소문들은 회사 전체를 날려버리기도 하지만, 일반적인 히스테리들도 숙명적인 결과를 보여준다.

예컨대 오늘날 국민의 50퍼센트가 여전히 믿고 있는 '오이로=토

이로(유로화의 도입으로 물가가 비싸졌다는 말－옮긴이)' 라는 공식은
감지할 수 있을 만큼 소비행위를 막고 있으며 저렴한 것을 찾아 옮겨
다니는 구입행태를 보여준다. 경기의 위기들이 '경제가 나빠지고 있
다' 라는 믿음에서 생기는 것은 드문 일이 아니다. 완벽한 피드백 순
환인 것이다.

▌트라우마의 코드화

미국인들은 욕심 많고 무책임한 환경파괴자들이다. 그리고 당연한 것
이지만 (감성적이고 순결한 인디언 내지 유럽인들과는 반대로) 완전히 천박
하고 문화가 없는 사람들이다. 이런 생각은 중부 유럽의 여론 속에 광범
위하게 정착되어왔다.

오늘날에도 많은 사람들에게서 회자되고 있다. 그 뿌리는 문화적, 신분
적 오만함을 가진 오랜 역사 속에서 찾을 수 있다. 나치즘이 그 극단적 모
습을 보여주었다. 이런 비판의 내용들이 얼마나 '정당한' 것인지는 제쳐
두자(남을 비방하는 비판은 결코 정당한 것이 못되고 공격적 정신자세의 표
현일 뿐이다).

우리는 그 비판의 기능을 살펴보자. 내가 미국을 전쟁만 일삼는 나라로
미워하게 되면, 그 다음에는 무엇을 부정할 수 있을까? 예를 들어 전쟁을
수행할 수밖에 없는 필연성 같은 것. 그런데 바로 이것이 문제다.

유럽인들은 지난 수십 년 전에 바로 코앞에서 집단학살이 시도되었던

두 번의 전쟁을 체험했다. 특히 독일인들은 자신들의 역사에서 한 가지 방법밖에 없었던 책임 있는 행동을 했어야 했다. 민족학살은 무슨 일이 있어도 막아야 한다. 책임이란 분명하게 "아니오"라고 말하는 것을 의미한다. 그리고 그 말을 정치적으로 실행하는 것이다.

그렇지만 제2차 대전으로 인한 트라우마는 독일의 여론을 이데올로기적으로 치장한 구조적 평화주의로 코드화시켰다. '결코 다시는 전쟁이 일어나서는 안 된다' 라는 자명한 평화운동의 공식이 오늘날 독일에서 대부분의 국민들이 함께 부르는 작은 정체성의 찬가가 되었다.

빌프레도 파레토가 옳게 지적했듯이 이론들은 가장 잘못된 것일 수도 있지만 매우 유용할 수도 있다. 반미적 평화주의 이론이 그러한 유용성을 제시한다. 이 이론은 크고 어려우며 실제로 고통스러운, 다음과 같은 21세기의 질문에 대해서 우리를 지켜주기 때문이다.

"글로벌세계에서 다른 사람들의 삶을 위해서 어떻게 자신의 책임을 완수할 수 있을까?"

위험 원인과 방지를 연구하는 루츠 니만 교수는 수많은 연구에서 인간들이 위험을 '효과적인' 것으로 여기고 있음을 보여주었다. 그래서 예를 들면 방사선 위험이 지나치게 과대평가되는 것이다. 반면에 일상적 2가지 해독인 흡연과 알코올이 가져올 수 있는 폐해들은 소수점 이하의 수로 과소평가되고 있다.

알라미즘은 열차의 차량기지처럼 두려움을 정리 배열하는 기능을 한다. 우리는 직접적인, 실제로 '정당한' 두려움을 멀리 있는, 부풀려진 위험으로 대체한다. 그러고 나면 우리는 벌써 다시 편안함을 느낀다. 미국인과 핵에너지를 인류의 재앙으로 낙인찍는 것이 미래의 에너지문제와 안전문제를 책임 있게 판단하는 것보다 훨씬 더 쉬운 일이다. 보건문제를 다루는 정치인들을 부패한 돼지들로 여기는 것이 (다시 한번 말하지만) 담배를 끊고 건강식을 먹으며 충분히 운동을 하는 것보다 훨씬 편안하다!

▌ 감옥을 장식하다

"새것을 창조하려는 사람은 옛것을 이용하는 사람들 모두와 적대적 관계다."

마키아벨리의 이 말은 알라미즘의 네 번째 체계적 효과를 설명해준다. 나는 그 효과를 '감옥을 장식하다'로 부르고 싶다. 실업에 대한 두려움이예다. 평생토록 구직행위에 매달려야 하는 독일에서는 이 두려움이 특히 크다.

직장을 상실하는 것은 해당된 사람에게는 분명히 힘든 일이라 하지 않을 수 없다. 하지만 그것이 새로운 것도 아니고 부정적인 것도 아니다. 산업혁명이 시작된 이후로 '일터들'은 꽃처럼 활짝 피었다가 지기도 한다. 분업화된 생산은 늘 새롭게 조직되고 또 그럼으로써 더 생산적으로 변하기 때문이다.

우리의 직업세계는 모두가 영리활동을 하던 사회에서 '다수의 노동사회'로 변하고 있다. 창조적인 일을 하는 자영업자들의 수가 많아지고 있다. 지식을 담보로 하는 노동환경은 일자리 및 서비스업 수요에 있어서 새로운 형태들을 계속 만들어내고 있다. 그래서 새로운 직업형태, 틈새 시장, 새로운 활동 분야가 생겨난다. 전체적 노동체계 속에서 목표성취 및 자기실현을 할 수 있는 자유의 기회가 지속적으로 많아지고 있다.

그럼에도 불구하고 직장 상실에 대한 두려움이 사회 전체적인 담론 공간 속에 가득 차 있다면, 새로운 것을 바라볼 여유는 더 이상 없어진다. 가능성을 바라볼 시야가 판자로 가려져 있기 때문이다. 안전을 위해서 언제나 자유에 반하는 결정을 하게 되는 것이다.

예전에 누구든지 아직 각자의 평생직장을 갖고 있었을 그때가 모든 면에서 더 좋았다. 그래서 평생직장을 위해서라면 우리는 지금 무엇이든 다 하는 것이다.

임금손실도 감수한다.
우리의 권리도 포기한다.
우리의 할머니까지도 판다.
중요한 점은 2020년까지 직장을 보장받는 것.

두려움의 이름 속에서는 옛 권리를 수호하는 사람들이 의도하는 것과는 정확히 반대되는 것을 얻게 된다. 각 개인에게 불안감이 커지는 것이다. 해결책(변화된 자의식, 자원으로써의 인적 자본을 다루는 다른 방법, 새로운 사고방식)을 모르기 때문이다.

그래서 우리는 세계화에 대한 두려움 앞에서 부들부들 떨며 낡은 민족 국가적인 사고에 매달리고 있는 것이다. 마치 민족국가가 역사적으로 언제나 축복을 주었던 것처럼. 생명공학에 대한 두려움 앞에서는 소작농 시절의 농업을 미화시킨다.

이것은 남성과 여성들을 유일하게 한 곳에 묶어두고 여성들을 평생 동안 저장경제를 담당하는 사람으로 강요했던 생산형태다. '가치관의 몰락'이라는 정치적 선전 속에서 우리는 무엇보다도 남성들에게 장점이 있는 것으로 증명된 가족상을 지켜내려고 한다. 그러나 결혼이 제 기능을 발휘했던 '그 당시'에도 현실은 결코 그렇지 않았다.

모든 판단의 척도로서 두려움을 받아들이면 우리는 과거의 쇠사슬에 묶여 있게 된다.

두려움은 보수적으로 만든다.
두려움은 미래를 저지한다.

▌ 발전의 상실

"의심은 학문의 시작이다. 아무것도 의심하지 않는 자는 아무것도 시험해보지 않는다. 아무것도 시험해보지 않는 자는 아무것도 발견하지 못한다. 아무것도 발견하지 못하는 자는 눈먼 자이고 또 눈먼 자로 남는다"라고 테이야르 드 샤르뎅은 썼다.

2004년 반(反) 알라미스트인 비요른 롬보르그는 흥미로운 실험을 기획했다. 그는 여러 나라의 학자들과 정책입안자들, 노벨상 수상자들과 조직 이론가들을 코펜하겐으로 초대했다. 세계적으로 위험을 조장하는 것과 관련해서 그들과 함께 회의를 하기 위해서였다. 주제는 다음과 같았다.

"세계 공동체는 글로벌화된 생활환경을 개선하기 위해서 어떻게 한정된 수단들을 가능한 합리적이고 적합하게 이용할 수 있을까?"

롬보르그는 이 실험이 도발적이길 바랐는데 역시 그랬다. 위원회는 만장일치로 지구온난화의 저지를 위해 수십억 달러가 사용되는 것보다 개발도상국들의 가장 심각하고 치명적인 질병의 퇴치를 위해 수십억 달러가 사용되는 것이 더 좋다는 결론에 도달했다. 이것은 환경을 위한 절대적 요구와 경제적으로 신중하게 검토하는 객관적 사고방식과의 대결양상을 가져왔다. 그리고 도덕적 행위에도 분배의 갈등이 있다는 것을 보여주었다.

두려움의 제국과 공공연하게 좋은 관계를 맺고 있는 언론은 즉각적으로 거의 한 목소리가 되어 롬보르그에게 비난을 퍼부었다. 그는 대학 위원회로부터 '비학문적'이라고 비난받았고 신문들은 그의 자질을 혹평했다. 환경운동은 그에게 일종의 가택연금을 선고했다. 믿을 수 없는 공격들이 들끓었다. 증오의 편지들, 거친 모욕들, 몇몇 알라미즘 운동의 이데올로기 이론가들은 거리낌 없이 솔직하게 터놓고 말했다.

광우병 테스트를 위해서 독일에서만 2000년부터 2003년까지 35억 유로가 지출되었다. 그러나 이 질병으로 독일에서 사망한 사람은 한 사람도 없었다. 조류독감의 퇴치를 위해 수백만 유로어치의 약들을 쌓아놓았거나 아니면 곧 예방차원에서 소비되었다. 이것이 정당한가? 이것이 윤리적인가? 사람들이 이런 질문을 해도 되는 것인가?

대답은 '해야만' 한다는 것이다. 모든 문명적 발전, 진보라고 하는 것은 대체로 위험들을 성공적으로 신중하게 검토해서 결정한 결과이다. 이때 결핍된 부분들이 늘 문제가 된다. 실수와 과오는 피할 수 없다. 하지만 수정될 수는 있다. 적어도 우리를 둘러싸고 있는 시스템을 절대적으로 생각하지 않는다면 그리고 자연을 징벌로 바꿔 정의한다면.

위험의 특정 측면을 분명히 지나치게 강조하는 그의 입장으로 볼 때 알라미즘은 어떤 식으로든 모든 발전을 장기간 저해할 수 있다. 알라미즘의 최대 염원은 타협과 균형, 그리고 매우 중요한 지속력을 가진 문명사회의 섬세한 조직망을 파괴하는 것이다. 알라미즘적인 실존주의는 근본적으로 정치적 분별력을 없애고 그 자리에 적나라한 경악만을 대신 갖다놓는 힘을 갖고 있다. 알라미즘은 포퓰리즘, 즉 21세기에 실제로 정치적 위험을 만들어내는 배양소다.

알라미즘은 미래를 위한 여러 정치적 논의들을 실질적으로 불가능하게 한다. 전형적인 예가 외국인 통합문제다. 2006년 초 베를린의 주요 학교들이 학교에서 학생들 사이에 서로 좀 더 잘 이해할 수 있도록 독일어를 '학교언어'로 선언했을 때, '비판적 여론'은 통상적인 파시즘 소동으로 반응했다. 이민 가정의 배경을 가진 대부분의 학생들에게서 환영받았던 그 합의가 민족주의적인 강제조치라고 비난받은 것이었다.

또 다른 예는 네덜란드에서 외국인 통합논의의 맥락 속에서 발생했던 히스테리다. 이는 하나의 '윤리적인 패닉'으로, 이 때문에 결국에는 모든 규범들을 잃어버릴 우려가 있었다.

알라미즘은 결국에는 늘 (종교적이든, 정치적이든, 아니면 세계관적이든) 숭고한 요구 뒤에 자신을 숨길 수 있는 특권체제를 가져온다. 알라미즘은 부유 계층의 호화롭고 안락한 생활규범을 생존의 문제로 표를 바꿔 달아서 공격할 수 없게 만들 수 있다.

모든 것이 친환경적인 비오톱(biotop, 야생동물이 서식하고 이동하는 데 도움이 되는 다양한 인공적·자연적 생태 지역―옮긴이)이 되어야 하며, 유기비료만 주고 손으로만 만들어져야 한다. 그렇지 않으면 곧바로 멸망할 우려가 있는 것이다.

파스칼 브루크너는 《나는 고통받는다, 고로 존재한다》에서 중요한 문장을 썼다.

아무런 고통도 받지 않으면서 안 좋은 것처럼 행동하는 것이 스캔들인 이유는 무엇일까? 그로 인해 정말로 가난한 사람들의 자리를 차지하기 때문이다.

그렇기 때문에 무해할 것이라는 초기의 예측은 진실로 판명되지 않았다. 권력 핵심부의 공적인 담론들에서 힘을 얻은 종말론적인 속물근성의 태도는 매우 위험한 것이다. 알라미즘적 포장지 위에 굵은 글씨로 분명하게 적은 경고문을 읽을 수 있어야 한다.

위험을 과장하거나, 극적으로 만들거나, 아니면 왜곡해서 연관을 짓는 사람이 정신적·정치적으로 위험스럽게 발전되어 가는 것에 책임을 져야 한다.

흡연과 마찬가지로 여기에서도 한계치는 없다. '약간의 알라미즘'도 다른 사람들에게는 완전 마취상태만큼이나 해가 될 수 있는 것이다. 그리고 마약밀매처럼 그것을 전달하는 자도 공동의 책임이 있다. 그래서 우리는 덧붙여 말하고자 한다.

남의 말을 되풀이하고 무비판적으로 불확실한 소문을 퍼뜨림으로써 부정적인 전형이나 왜곡된 공포 분위기를 함께 확산시키는 사람 또한 미래의 손실에 대해 책임을 져야 한다.

비관주의적 스크립트

요약해보자. 알라미즘적 파장을 일으키는 7단계가 있다.

1. 태곳적 두려움을 찾는다.
2. 낭만주의적 모습을 가진 허수아비를 세운다.

3. 죄책감을 구축한다.

4. 대체할 것들을 궁리한다(예컨대 생명공학에 관한 논쟁, 바이오 식품).

5. 감옥을 장식한다.

6. 인지를 코드화한다.

7. 주제를 쏟아 붓는다.

나는 이와 같은 알라미즘적 연쇄반등들을 '스크립트'라 부르고 싶다. 이는 미래에 대한 두려움의 인과관계적인 연결고리들로서, 우리의 뇌에 고착되어 장시간 '진실'로 자리를 잡는다. 이런 스크립트는 다음과 같은 원천에서 비롯된다.

- **인류의 문화유산 기초가 되는 태곳적 두려움들** : 두려움 조성의 '무대그림'을 보여주는 풍부한 인물, 상징, 그림들의 자료가 여기에서 발견된다.

- **죄, 속죄, 카타르시스에 대한 우리의 욕구** : 이것들은 모든 문화적 맥락체계 속, 특히 종교들 속에 깔려 있다.

- **1960~70년대 이데올로기적 가설들** : 이것들은 오늘날까지 계속되고 있으며 한 세대(또는 반 세대)에 경제적 수입과 해석의 권력을 마련해주었다.

- **직선적 사고방식들** : 우리는 과정들을 순전히 기계적·직선적으로 해석하고 살아있는 체계로 인지하지 않음으로써 그 과정들을 짧고

덜 복잡하게 인지한다.

이제 PART 2에서는 더 상세하게 알라미즘적인 각각의 '동화들'에 전념할 것이다. 동화는 일반적으로 '비(非)진실적'이다. 하지만 그렇기 때문에 '동화'라고 이름 붙인 것은 아니다(지구온난화는 사실이다. 세계화도 마찬가지다).

이 각각의 이야기들 속에 알라미스트들의 경고의 소리에 대항하기 위해서 우리가 암호를 풀어내야만 할 상징적인 내용이 숨겨져 있기 때문이다.

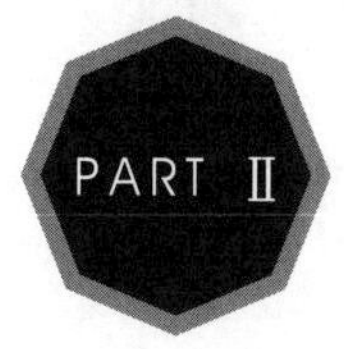

미래에 대한 두려움의 스크립트

04

'사악한 세계화'에 관한 동화

세계화, 이것은 간과할 수 없는 것으로서,
'제3세계'를 파괴시키고 유럽의 문명을 위협한다.
오늘날 세계화는 전쟁보다도 더 많은 사람들의 목숨을 앗아간다.

−조제 보베

▌제3세계의 성장

다카공항에 도착하면 즉시 '제3세계'의 분위기를 느끼게 된다. 정신없이 산더미처럼 쌓인 가방들, 차도르를 두른 소녀들을 데리고 있는 대가족들이 오르간 파이프처럼 늘어서 있다. 곳곳에 벽에 바른 회반죽이 부서져 떨어져나가고, 희고 빨간 플라스틱 테이프가 너덜너덜 걸려있다. 붕괴 위험이나 물 피해로 인해 건물 한 부분의 출입이 차단되었기 때문이다. 이곳은 걸인, 강도, 사기꾼들 천지다. 경찰도 없고, 세관원도 없다. 그들의 업무에 대해 보수를 지급하지 않아도 될 것 같다. 전 세계적으로 빈곤한 곳에 온 것을 환영.

생존의 압박은 길거리에서 계속된다. 자동차, 오토바이, 인력거, 자전거 사이의 권력싸움이 아직 오랫동안 끝나지 않은 정신없는 교통 상황. 욕을 퍼붓는 택시 운전사들과 군중들. 길은 글로벌 섬유 산업의 노동착취 공장들인 창문 없는 수많은 건물들과 나란히 뻗어 있다.

폭동이 일어날 것 같은 분위기다. 많은 건물이 현수막과 표어들로 뒤덮여 있다. 몇몇 건물 앞에서는 노동자들이 데모를 하고, 쓰레기통들이 불타고 있다. 실제로 2006년 한해 동안 무장한 노조원들과 소요를 막는 경찰 사이의 시가전이 광란의 소용돌이로 몰아갔다. 경찰은 탱크로 몰아붙이며 망설임 없이 총을 사용한다. 혼돈과 부패, 비참한 나라, 그리고 동시에 엄청나게 생명력이 넘치는 나라.

방글라데시는 전 세계의 복지순위에 있어서 가장 낮은 국가 중 하나다. 그렇지만 이 나라가 모범이 되는 점이 있다. 그것은 UN의 밀레니엄 목표들 중의 하나인, 2015년까지 수백만에 달하는 빈곤층을 절반으로 줄이는 것을 쉽게 달성할 국가라는 것이다. 최고 빈곤층이 차지하는 비율(1일 1달러 미만의 소득)이 지난 10년 동안 40퍼센트에서 25퍼센트로 눈에 띄게 떨어졌다. 이는 물론 여전히 엄청나게 많은 수치다. 하지만 방글라데시의 수백만 명이 매년 참담한 상태를 뒤로 하고 미약하나마 복지의 세계로 한 걸음 내딛고 있다.

방글라데시, 이 나라는 20~30년 전만 해도 지금과는 다른 땅이었다. 1947년 동(東)파키스탄으로 인도에서 분리되어 1971년 독립국가가 된 이 나라는 전염병, 해일, 지진으로 고통을 받았으며 개발을 담당하는 정치인들은 '절망'이라는 악몽에 빠져 있었다. 좁은 공간에서 소름끼칠 정도로 높은 출생률, 기후적으로 극단적인 조건, 부패한 정부, 불안정한 민주주의, 언급할 만한 산업이나 천연자원의 부재, 이 모든 것은 자동적으로 맬서스 이론적인 기아의 재앙을 초래할 것 같았다. 역시 그 재앙은 어김없었다. 1970년대 초 100만 명 이상의 방글라데시인들이 기아로 죽었다. 정부는 2만 명이 희생되었다고 발표했다.

오늘날 방글라데시는 비관주의를 반박할 수 있게 되었다. 국민총생산이 지속적으로 최소 4퍼센트씩 성장했고 더욱이 세기 전환기 이후에는 그 성장률이 6퍼센트 이상으로 가속화되었다. 경제학자들의 판단에 따르면 방글라데시는 부패 없이 9퍼센트의 성장률을 보이는 중국이나 인도를 쉽게 넘어설 수 있을 것으로 보고 있다. 대외무역의 수익은 2005년에 17퍼센트 증가했다.

가장 놀라운 것은 출산율이다. 임신 가능한 여성 1명이 낳은 자녀의 수가 도시에서는 2.2명, 농촌에서는 2.5명으로 급격하게 줄었다. 1970년에는 평균 6명이었다.

어떻게 이럴 수 있을까? 상승기류의 출발점은 소위 마이크로 뱅킹이었다. 이는 개인 및 회사에 대한 신용대출로, 20년 전부터 혁신적 동업조합 전통에서 생긴 신용대출조합의 일종인 그래민(Grameen) 은행이 내주는 것이다. 특히 농촌의 여성들은 직조기를 이용한 작은 사업이나 소매업 등을 하는 데 이 신용대출을 이용한다.

이러한 경험을 바탕으로 마침내 그래민폰(Grameen Phone)과 '전화를 가진 여성들'이 붐을 이뤘다. 여성들이 휴대폰을 갖기 위해 소액대출을 이용하고 있다. 이들은 사용료를 받고 자신의 휴대폰을 다른 사람들에게 빌려준다. 그래서 5만 여 벽촌 마을들의 전화연결이 가능해졌다.

그러나 가장 가난한 사람들의 기본 경제를 지탱해주고 장려해주는 그래민 은행의 '선한' 자본만 있는 것이 아니다. '사악한' 외국 자본도 있다. 국경 없는 '신자유주의적' 자본주의도 한 부분을 차지하고 있다. 방글라데시는 민감한 섬유 산업의 역동성으로 대대적인 이익을 보고 있다. 지난 수년간 중국 내에서 임금이 심하게 상승했기 때문에, 생산자본이 아직까지는 값싼 임금의 방글라데시나 베트남으로 옮겼던 것이다.

많은 여성들이 공장 등에서 일했기 때문에 출산율이 낮아졌고 피임도구의 사용이 증가했다. 열세 살의 나이에 어쩔 수 없이 결혼을 해야 했던 소녀들은 더 이상 그럴 필요가 없게 되었고, 도시로 나가 미미하지만 돈을 벌었다. 이제는 부모가 딸들에게 학교교육을 시키는 것 역시 가치가 있었다. 이는 또 다시 출산율을 계속 낮추게 했다.

이 나라에 대한 두 번째 관찰에서는 인지의 요소를 바꿔놓는다. 섬유공장 주변에서 일어나는 '소요'는 어쩌면 정치적 불안정성의 표현이 아니라, 고용된 자로서 인간이 최소한 권리를 위해 투쟁하는 과정에서 생기는 동반현상이다. 유럽에서 19세기와 20세기에 계급투쟁이 있었던 것처럼. 여기에서도 임금을 올리고, 공장 내부를 더 깨끗하게, 노동시간을 더 인간적으로 만들기 위한 신호인 것이다.

언젠가는 자본의 행렬이 계속 더 낮은 임금을 가진 더 가난한 나라로 (시베리아, 아프리카) 옮겨간다 할지라도 더 이상 복지, 교육, 자의식 그리고 민주주의를 없애서는 안 된다.

양극화된 세계

우리는 어떤 사고체계로 세계를 받아들일까? 현재와 미래, 가난과 복지를 측정하는 저울은 무엇으로 검증될까?

우리의 세계상은 20세기 후반부, 즉 냉전에서 생겨난 것이다. '미국의 점령지구'에서 경제, 민주주의, 그리고 복지의 폭발적인 힘이 발생되었다. 지구상에서 볼 수 없었던 이목을 끌기에 가장 훌륭한 복지발전이 서독 지역에서 시작되었다. 다른 사회주의적 점령지구에서는 거의 50년 동안 한스 마그누스 엔첸스베르거가 '저개발의 최고 형태'라고 불렀던 것이 지배하고 있었다. 관료주의적 최고위층이 사회를 질식시켰던 암울한 정지상태이다.

갈등의 선(線), 그러나 수천 년 동안 문화와 지역들을 묶어주었던 정신적 파이프라인이기도 했던 연결선들이 하룻밤 사이에 끊어져버렸다. 종교는 정치적 이데올로기로 대체되었다.

1960년대에 성장한 사람이라면 이런 과정이 얼마나 불안정하게 진행되었는지를 기억할 수 있을 것이다. '서방(西方)'이 이기리라는 확신은 수십 년이라는 긴 시간 동안 없었다. 또한 서방이라는 것이 무엇이었는가도 처음에는 불분명했다. 1950년에는 지구상에 겨우 18개의 민주국가만이 있었다. 경제 번영이 한창 진행될 때였던 1970년에는 서유럽에도 6명의 독재자가 존재했다. 눈이 보이지 않도록 코팅이 된 선글라스를 끼고 고문을 하는 비밀경찰을 가진 장군들이 우리가 휴가를 가는 남부유럽의 국가들을 통치하고 있었다. 이제 세계는 단칼에 나뉘어졌다.

'제1세계'
핵가족, 장수, 좋은 교육, 복지

———————————————

'제3세계'
대가족, 단명, 교육의 부재, 쓰라린 빈곤

그 사이인 중립 지대에서는 양 블록이 대치하고 있는 국경선의 위치가 계속해서 바뀌었다. 이곳에서는 피비린내 나는 살인적인 내전이 오랫동안 지속되었고 민족 전체가 무자비하게 이용당했다. 물론 경제적 풍요로움을 누리고 있던 주요 국가의 국민들은 그 사실을 거의 알지 못했다. 베트남 전쟁이나 쿠바사태처럼 초강대국들이 직접 서로 부딪힐 때만 이런 갈등이 여론의 인지 대상이 되었다.

우리는 지도 그리는 법을 다음과 같이 배웠다.

"우리는 안에 있다. 다른 사람들은 밖에 있다. 우리의 경제가 발전할 수 있으려면 다른 이들이 밖에 있어야만 한다. 다른 이들이 값을 지불한다."

이런 식으로 우리는 정치적으로 생각하고 느끼는 법을 배웠다. 그리고 이런 식으로 우리의 뇌는 집요하게 계속 기능을 한다.

▌ 양극화의 예외들

아프리카에서 가장 부유한 사람들인 '바포켕(Bafokeng)'을 아는가? 아마 모를 것이다. 우리의 세계지도 좌표에 바포켕이 있을 리 없기 때문이다. '흑인'이라는 단어는 당신에게 오로지 '빈곤'만을 연상시킬 수 있을 뿐이다. '백금'은 어느 경우든 비참함과 가장 잔인한 약탈을 염려케 하는 악마적인 자원들 중 하나다. 그렇지만 바포켕은 바로 이것으로 부자가 되었다.

바포켕은 30만 명에 달하는 민족으로서 대부분은 남아프리카 공화국의 대도시인 요하네스버그 주변의 반경 100킬로미터 안에 살고 있다. 그곳 거주지에는 단정한 단독주택, 잘 관리된 정원을 가진 빌라 그리고 깨끗한 학교가 있다. 거의 미국의 교외 소도시와 흡사하다. 다만 질서가 더 있어 보일 뿐이다.

바포켕에는 왕이 있다. 하지만 손가락에 다이아몬드를 끼거나 긴 리무진을 타고 집에 표범가죽으로 된 소파를 들여놓은 폭군은 아니다. 35세의 크고시 레루오 몰로트레기는 양복을 입고, 도요타 자동차를 타며, 사업가로서 자기 사람들의 일을 돌본다.

종족이 그 지역 백금 광산의 소유권(백금 광산에는 인도나 남아프리카 공화국의 다른 지역에서 온 노동자들이 일하고 있다)을 갖고 있기 때문에 그는 돈을 재분배하는 일을 해야만 한다. 그렇지만 돈이 자기 가족의 주머니로 들어가는 일은 없다. 인프라를 구축하고 학교와 스포츠에 투자된다.

바포켕의 수도인 포켕에는 수용인원 3만 명의 깨끗한 최신식 경기장이 있다. 요하네스버그 주민들도 이 경기장을 자주 애용한다. 이 수도에는 현재 미래지향적 전문분야의 가공 산업을 하는 많은 소규모 기업체들이 생기고 있다. 그리고 야심 찬 대학교도 있다.

크고시 레루오 몰로트레기가 "안녕하쇼, 유럽인들!"이라고 다정하게 인사하면서 TV에 아직까지 나타나지 않는 이유는 무엇 때문일까? 반면 우리가 모나코 왕실에 대해서는 모두 알고 있는 이유는 무엇일까? 우리가 가급적 알고 싶지 않은 것까지도 알고 있는 이유는?

답은 근본적으로 간단하다. 우리는 서랍 속을 정신없게 만들고 싶지 않은 것이다. 오히려 우리는 일반적으로는 세상의 불의에 대해서, 특별하게는 세계화의 불의에 대해서 소리 높여 분노하기를 좋아하는 것이다 (그럼으로써 곁들여 많은 돈을 벌 수 있으니까). 게다가 어느 누구도 경제적으로 풍요롭게 살고 있는 우리의 특권을 논란거리로 만들어서는 안 되는 것이다.

▮ 쇠락해가는 국가들과 숨겨진 승리자들

아직까지 우리의 별에 있는 모든 지역이 더 살기 좋아진 것은 아니다. 오히려 몇 지역은 분명하게 더 나빠졌다. 소말리아, 아프가니스탄, 콩고와 같은 '쇠락해가는 국가들'은 머리기사 제목이 되고 있으며, 그들의 혼란스런 사진들은 세계가 갈수록 더 안 좋아지고 있는 것으로 우리의 지각에 영향을 끼친다. 그러나 다음과 같은 의문점이 남는다.

"우리는 무엇을 기준으로 그런 생각을 하는 것일까?"

끝없는 노력 끝에 (그리고 UN의 착실한 원조로) 수십 년 독재와 소름끼치는 내전에서 회복한 가장 가난한 나라인 '시에라리온'에 대해 누가 보도를 하고 있는가? 아직까지 평화가 위협받고 공공기관들도 건실하지 못하지만, 간과할 수 없을 정도로 희망의 징표들이 많이 보인다. 시에라리온에 가는 사람은 에너지가 넘쳐 기대감에 충만한 사람들을 경험하게 될 것이다.

또한 가나는 온갖 전쟁과 여러 번의 악화된 상황에도 불구하고 '작은 아프리카의 기적'임을 보여주고 있다. 그리고 모리셔스는 지구상에서 가장 다문화적인 국가이면서 동시에 아프리카에서 가장 부유한 나라다.

20년 동안 냉전을 대표하는 내전을 겪으며 수백만 명의 희생자를 내고 10년 전에 내전이 종식된 앙골라와 모잠비크의 경제 성장이 지난 수년 동안 계속 10퍼센트의 기록을 넘었다는 사실을 누가 알고 있을까? 더욱이 2002년에 있었던 대규모 엘베 강 범람 후에 모잠비크에서 자선 콘서트가 개최되고 독일인들을 위해서 30만 달러를 보내주었다는 사실을 누가 알고 있을까?

아프리카 대륙 남쪽에 위치한 보츠와나의 1인당 연소득이 중간 정도라는 사실을 알고 있을까? 이 나라는 수십 년 전부터 안정적인 민주주의와 사려 깊은 행정력을 보여주고 있으며 지하자원(주로 다이아몬드)을 철저하게 현대화와 국민의 복지를 위해 사용했다. 1인당 연소득이 5,000달러다(전체 국민의 1/3이 에이즈 보균자임에도 불구한 수치다).

루안다에서는 전 사회가 일종의 '풀뿌리 정의'로 종족말살을 어떻게 감동적으로 이겨내고 있는지 누가 알까? 사하라에 위치하고 있으며 비참할 정도로 가난하지만 광범위하게 민주적으로 통치되고 있는 나라인 부르키나파소가 지난 10년 동안 초등학교 수를 300개에서 5,500개로 늘리는 데 성공했다는 사실을 알까?

과연 이런 사실들이 우리의 관심을 끌고 있는가?

군대가 없고 친환경적 농업과 공정무역으로 붐을 일으키는 나라인 코스타리카의 성공 스토리를 누가 기록했는가? 칠레의 경제성장을 누가 평가했으며, 볼리비아와 페루가 지난 몇 년 동안 발전과 함께 부분적으로나마 내전을 극복했다는 것을 누가 알고 있겠는가? 세계화를 통해 러시아 동부 지역인 시베리아의 예카테린부르그와 톰스크에 완전히 다른 기회들이 생김으로써 안정적인 경제적 붐이 일어났다는 것을 누가 아는가?

물론 인도와 중국이 엄청난 성장 과정 중에 있다는 것을 우리는 서서히 의식하고 있다. 하지만 이는 가난하고 전쟁으로 상처를 입은 베트남에게도 역시 (어쩌면 더 많이) 해당된다. 이 나라에는 오늘날 세상에서 가장 낙관적인 사람들이 살고 있으며, 이들은 과거의 적과 화해하기 시작했다.

마찬가지로 이는 인도네시아와 파키스탄에도 해당된다. 파키스탄은 지난 몇 년 동안 테러에도 불구하고 비교할 수 없을 만큼의 경제성장을 체험하고 있다. 멕시코와 브라질의 국민총생산이 지난 15년 만에 배가 되었다는 것을 우리는 의식하고 있는가?

100년 전까지만 해도 끔찍한 기아의 본고장이었던 나라가 지금 1인당 재산을 따져서 세상에서 가장 부유한 나라가 되었다. 그리고 이 나라는 20년 전까지만 해도 저개발국가였으며, 민요를 부르며 맥주를 마시는 농업국가로 여겨졌다. 바로 아일랜드다.

경제성장과 함께 비상하고 있는 '아시아의 호랑이' 한국은 불과 30년 전까지만 해도 1인당 국민소득이 평균 500달러였던 개발도상국이었다.

우리가 보려고 하는 것이 어쩌면 현재 진행 중인 세계화인지도 모른다. 그러나 이 과정은 늘 구미에 맞게만 작용하지 않는다. 이 과정은 놀랍게도 비동시적으로 일어날 수 있으며, 소동과 갈등까지도 내포하고 있다. 이 과정은 있는 힘껏 위로 발버둥치는 '향상지향적인' 수백만 명의 땀으로 이뤄지는 것이다. 마피아와 갱단, 뇌물과 폭력, 기생충 같은 인간들과 도박사들을 포함하기도 한다. 그렇지만 사람들이 기대하는 백만 배의 꾸준한 성장도 역시 포함된다.

100년 전, 150년 전, 심지어 50년 전의 우리처럼.

▌세계화의 뿌리

세계화, 오늘날 토크쇼마다 모든 악의 근원으로 불리고 있는 이 역사적 과정은 언제 시작되었는가? 세계화의 나이는 몇 살일까?

우리들 대부분은 약 3만 년 전에 호모 사피엔스가 (빙하 시대의 안개 속에서 비밀스럽게) 유럽에 나타나서 네안데르탈인과 다투었다고 배웠다. 인류의 역사는 근본적으로 짧고 신속하게 묘사되어 있다. 유럽인의 초점으로 신속하게 승리!

호모 사피엔스의 '전 단계 모델'로서 본질적으로 더 오래된 호모 하빌리스는 털이 있는 영장류로, 그의 얼굴은 고릴라처럼 긴 두개골을 연상시킨다. 그렇지만 이 '원숭이'는 직립보행을 하고, 초기 석기 시대의 첫 기본 기술들을 갖고 있었다. 원시적 도구를 생산하고 그것을 장기간 사용 (침팬지도 돌을 사용하지만 이들은 다시 곧 잊어버린다)한 것이다. 또한 언어라고 할 수 있는 첫 단초들을 이미 갖고 있었다.

호모 하빌리스는 약 100만 년 전에 '사바나스탄'이라는 대초원 지대에서 발전했다. 이 지역은 지구적으로 엄청난 냉각 과정 속에서 생겨난 곳이다. 그 당시에 북극 지방에서는 얼음층들이 많아지고 있었다. 아프리카 동부에서는 숲에 익숙해있던 영양들이 초지에 적응해야만 했다. 이동의 압박 속에 더 큰 뇌를 가진 새롭고 더 튼튼했던 영장류들은 두 발로 더 먼 거리를 갈 수 있었으며, 또 갈수록 부족해지는 식량을 지혜롭게 이용할 수 있음을 보여주었다.

이렇게 우리의 선조들은 기후의 재앙에서 성장했던 것이다. 그리고 약 90만 년 전에 새로운 식량을 찾아 지구 반 바퀴를 도는 첫 번째 이동을 했다. 두 번째 여행의 물결은 약 7만 년 전에 있었다.

말하자면 인간들은 처음부터 지구를 '세계화'한 셈이었다. 이미 전에도 인간들은 관계들을 찾아서 협상하고 교환하고 서로 정복했던 것이다. 그렇게 함으로써 서로 섞였다. 문화의 뒤섞임은 예외가 아니라 준칙이었다. 인간들이 정주하게 되자 바로 상이한 동인(動因)들과 생활양식들이 합해졌다. 문명이란 융합화와 다름 아니다. 로버트 라이트는 "문화란 다른 사람들이 배운 것을 익히는 방법이다. 다른 사람들이 지불해야 했던 비용을 지불하지 않고서"라고 설명한다.

오히려 고립된 '단일민족' 또는 '단일문화'가 멸종되거나 좌초되는 것은 우연이 아니다. 중미나 동남아시아(미얀마, 캄보디아)의 깊은 정글에 숨어 살았던 사원사회들은 변화하는 환경 조건에 지속적으로 잘 적응하지 못했다.

그에 비해서 무역상들, 선원들, 유목민들은 훨씬 더 성공적으로 적응했다. 예를 들어 해적 민족인 바이킹은 가장 최근의 연구에 따르면 이미 5세기경 아메리카 대륙의 해안을 발견했다고 한다. 중국의 정화 장군은 12세기에 거대한 함대를 이끌고 인도, 아라비아, 어쩌면 심지어 북아메리카의 해안으로 항해했다. 정확한 첫 대륙지도가 그의 참모부에서 나왔다.

100개의 제국을 지배한 칭기즈칸은 유라시아 대륙을 세계화시켰다. 그는 폴란드에서 블라디보스토크까지 통용되는 '기동력'을 실현했다. 며칠 만에 전 대륙을 빠르게 관통할 수 있었다. 베네치아의 마르코 폴로는 13세기 중반 그의 첫 '세계화를 위한 여행' 때 이 루트를 이용했다.

동시에 인류는 긴 역사 속에서 수없이 많은 변화를 만들어냈다. 베냉의 바툼부 족은 자식들을 내맡기고 복혼제로 살아서 실제적으로 안정된 어머니의 역할을 모른다. 아마존 지역의 구이아나 인디언들은 신도 내세도 갖고 있지 않다. 그들은 상징이나 기호 없이도 계속해서 잘 살아가고 있다. 일부다처제에 기초한 문화도 있고, 모계 전통으로 세워진 문화도 있으며,

심지어 근친상간의 관계 속에서 생존전략을 세운 문화도 있는 것이다.

말하자면 우리가 돌아가거나 지향해야 할 '순수한' 인류문화란 존재하지 않는다. 최근의 이데올로기 담론에서 재차 설파되듯이 '자연적인' 것이란 하나의 상상에 불과하다. 생물학적 진화처럼 문화적 진화도 늘 선택과 조합, 적응이라는 원칙에 따라 진행된다. 우리 아프리카 선조들의 부족 제의의 변형들이 오늘날 아시아에서 발견된다.

그리고 TV 갈라쇼에서도 볼 수 있는데, 이는 아메리카 대륙의 북서부 해안 지역의 인디언문화의 전통의례적인 '선물하기 축제'인 포틀래치(potlatch)와 다른 것이 아니다. 이 축제에서는 재산을 보란 듯이 나누어 준다. 기독교문화는 유대교문화에서 유래한 것이고, 유대교문화는 다시 1만 년 전, 즉 인간들이 역사에서 처음으로 수렵과 채집생활에서 토착생활로 바뀌었던 메소포타미아문화로 거슬러 올라갈 수 있다.

이집트의 건축에서부터 그리스·로마의 형식 언어, 베네치아와 뉴욕 스카이라인의 매력에 이르기까지 문화세계의 아름다움은 광대한 세계화 과정 덕분에 생겨난 것들이다. 문화, 사상, 동인 등이 서로 만났던 곳에서는 언제나 발전의 교두보가 생겨났다. 중세 시대의 이슬람과 서양의 교류, 중동의 다민족 도시, 르네상스 시대의 이탈리아가 그렇다.

여행은 기술을 형성하고 창조하며 시야를 넓혀준다. 그리고 세계화, 다시 말해 물질적·정신적·심리적 세계화의 근간이다. 여행이란 변화시키고 자극을 주며, 문화적·사회적 형식들을 '교배시키는' 것을 말한다. 그리고 이 과정은 아직 끝나지 않았다. 인간의 사회적·문화적 진화는 한창 진행 중이며, 세계화는 그 진화의 모터(motor)인 셈이다.

█ 경제적 풍요로움의 방법

어느 한 사람이 좋지 않게 지내면, 다른 사람은 잘 지낸다. 이런 식으로 우리의 머릿속에서는 직선적·이분법적인 논리가 작용한다. 이는 2가지 의미를 내포한다. 첫째, 세계화란 언제나 '다른 사람의 희생'으로만 될 수 있다. 둘째, 세계화는 다른 곳에서 그것이 성공할 때 우리의 경제적 풍요로움을 위협하게 된다.

단번에 그에 대한 증거를 분명하게 볼 수 있다. 최고의 기술적 발전을 소유한 국가들은 늘 후진국들을 예속시켜왔다. 유럽의 식민지배는 함대, 장비, 화력 등의 장점을 근거로 인도가 독립을 이뤘을 때인 20세기 중반까지 지속되었다. 그때까지 '제1세계'는 자신들의 우위가 추월당하지 않을 만큼 많은 부를 축적했다. 물론 그 이후로 '제국주의' 공식이라고 하는 맥도널드를 비롯한 다른 회사들의 지배도구들은 순화되었다. 하지만 여전히 한쪽 사람들에게만 좋을 뿐이다. 그 이유는 그들이 다른 사람들에게서 무엇인가를 빼앗아가기 때문이다.

동화같이 멋진 이야기 하나가 있다. 하지만 완전히 잘못된 이야기다.

모든 복지국가들이 갑자기 크고 시커먼 구멍 속에서 사라진다고 상상해보자. 그럼 '문제를 갖고 있던 국가들'이 더 좋아질까? 그동안 우리는 어떻게 경제적 번영이 생기는지에 대한 훨씬 많은 답을 갖고 있다. 오늘날 문화인류학, 진화론적 사회학, 지구생물학과 같은 신(新)융합학문들은 지구의 다른 지역에서 경제적 성장을 이루는 동안 왜 아프리카의 많은 지역에서는 여전히 종족 전쟁이 일어나고 있는지 우리가 이해할 수 있도록 도와준다.

제레드 다이아몬드는 그 기본 조건들을 밝히고 있다. 기후 상태, 땅의 성질 그리고 무엇보다 생물의 다양성이 그것들이다.

인간들로 하여금 처음으로 잉여와 식량비축을 가능하게 해주었던 신석기 시대의 혁명이 비옥한 큰 강의 범람 지대에서 일어난 것은 우연이 아니었다. 첫 고급 문명들이 재배식물, 유용식물 및 유용동물들이 가장 다양하게 있었던 곳에서 발전한 것도 우연이 아니었다. 안데스 산맥의 고급 문화들은 단지 두 종류의 유용동물(라마와 토끼)을 알고 있었을 뿐이며, 메소포타미아에서는 다섯 종류(소, 염소, 돼지, 양, 닭)를 알고 있었다. 메소포타미아는 세계 문명의 추 역할을 한 반면, 남아메리카의 제국들은 지도상에서 다시 사라져버렸다.

문화경제학자인 데이빗 랜즈는 자신의 저서 《국가의 복지와 빈곤(The Wealth and Poverty of Nations)》에서 문화 및 경제 모델에 관한 퍼즐 조각들을 첨부하고 있다. 기술의 발현과 관련해서 어떤 조건하에서 '단계별' 학습 과정들, 민주주의와 시장경제와 같은 개선된 사회제도들이 생겼는가? 예를 들어 영국이 18세기 말 이후로 산업혁명의 선두로 자리를 잡는 데 어떻게 성공했는가?

효율적인 행정, 세계시민적 엘리트, 자유롭지만 질서 있는 시장, 진보적인 법체계, 개인의 능력 그리고 협력의 가치를 칭송하는 가치체계로 그 것이 가능했다. 영국인들은 먼저 '새로운 것을 생각해내는 법'을 배웠다. 그리고 그 결과들을 특허권과 소유권을 갖고 경제적 힘으로 전환시키는 법을 배웠다.

미하엘 미테라우어는 그의 책《왜 유럽인가?(Warum Europa?)》에서 이러한 일련의 증거가 가진 허점들을 보완해주고 있다. '비'와 '결혼'이 라는 2개의 신비한 단어가 유럽이 역사적으로 복지에 있어서 앞선 이유 를 설명한다. 그에 따르면 유럽은 비가 오랫동안 지속적으로 적당히 내리 고 '좋은' 지형을 가진 유일한 대륙이다. 그렇기 때문에 계속해서 흐르는 시내나 강을 가진 중급의 차별화된 산악지형의 특징을 갖고 있고, 그런 시내나 강가에는 상대적으로 일정한 유속을 통해서 물레방아들을 세울 수 있었다. 이것이 산업혁명을 위한 조건이었다는 의미다.

유럽에서는 역사적으로 먼저 기독교의 틀 속에서 부모 두 사람이 가정 경제와 농사의 중심에 있는 '결혼'의 원리가 적용되어 경제적으로 활동 중인 세대에게 책임이 인정되고 부과된다.

발전의 논리를 위하여 그러한 문화 모델의 중요성을 결코 과대평가할 수 없다. 동아시아뿐 아니라 아프리카의 사회구조는 오늘날까지 조상 숭 배의 특징이 있다. 죽은 뒤에도 선조들은 가계와 인생세계에 자리 잡고 있으면서 지침을 주기도 하며 대가를 요구하기까지 한다. 그들은 현세의 공간을 차지하고 있는 셈이다. 그들이 미래와 각종 변화를 방해하고 있는 것이다.

■ 아프리카의 밤

아프리카는 그곳 사람들이 노예가 되었고 식민지화되었기 때문에 패배한 대륙이 아니다. 시스템으로서 존재할 수 있기 위해서는 번영할 때마다 필요한 중요한 사회적·문화적 변화들이 있는데 아프리카에서는 그것들이 일어나지 않았기 때문이다.

아프리카는 오히려 풍요롭고 천연자원이 풍부하다. 하지만 극단적인 기후를 가진 대륙이기도 하다. 중남미에 있는 마야처럼 극단적인 가뭄에 이어서 습한 시기가 오고 아니면 참을 수 없는 무더위는 움직이는 것조차 힘들게 한다. 그렇기 때문에 정착 농경문화가 매우 어렵게 발전될 수밖에 없었다. 농경 생산방식은 예측할 수 있는 기후현상, 문화적 기술들을 통해 이용될 수 있는 자연의 리듬을 필요로 한다. 그리고 농경 생산방식으로만 잉여분을 창출할 수 있다. 이 잉여분이 일의 분화, 도시건설, 안정적인 사회제도 등 사회의 복합적 발전을 가져오는 것이다.

이 때문에 아프리카는 종족사회에서 농경사회로의 '첫 번째 문명의 과도기'를 부분적으로만 완수할 수 있었다. 그래서 사회적 제도, 삼권분립, 시민 질서 등을 갖춘 산업민족국가로의 두 번째 과도기 또한 성공할 수 없었던 것이다. 수렵 및 채집문화라는 문화 모델이 지배적으로 남게 되었다. 이런 문화는 신비스런 마법과 씨족제도, 윤회적인 세계 모델과 제의적 세계질서가 특징적이다.

오늘날까지 아프리카에서는 마술사 계급이 강력한 정치적 힘을 형성하고 있다. 얼마 전 로버트 무가베 대통령이 집권하고 있는 짐바브웨에서

(1899년 영국에 의해서 공포된) 마법금지가 폐지된 것은 우연이 아니다. '마술문화'에서는 지배와 통제가 훨씬 더 쉽게 이뤄질 수 있다. 다른 사람, 성공한 사람, 심지어 가족을 떠난 사람이 마법에 걸린 사람으로 여겨지고 아프리카문화의 관점에서 가장 영향력 있는 나쁜 저주를 받게 된다. 예를 들어 내전 이후 많은 도시에서 부랑아가 되어버린 고아들이 '부모를 먹어' 버린 '위험한 마술사'로 여겨지는 것은 드문 일이 아니다.

여전히 혈족, 즉 대가족적인 씨족 모임이 유일한 사회적 기준틀이다. 그 결과 개인적 능력을 수행하는 사람이면 누구나 자기 일의 열매를 언제나 씨족 모임에 가져가야만 하는 것이다.

스위스의 인류학자 다비트 징거는 이와 같은 사회적·문화적 현상에 대한 에세이에서 버스 터미널 주변에 있는 공중전화를 관리하는, 그래서 그럭저럭 살고 있는 (또는 살 수 있을 것 같은) 코트디브와르라는 청년을 묘사하고 있다.

어느날 그는 내가 연결 버스 편을 기다리고 있을 때 "원래는 아무것도 하지 않는 것이 일하는 것보다 더 나아요"라고 말했다.

"왜지?"

내가 물었다.

"똑같기 때문이에요. 매일 열 사람이 나에게 돈을 빌리러 와요. 또 다른 열 사람은 외상으로 전화하러 오죠. 그들은 내가 허락할 때까지 나에게 말을 붙여요. 서랍에 현금이 있거든요. 나는 가진 게 없다고 말할 수 없어요."

　개인주의화된 서구사회에 자주 볼 수 있는 것(시기심과 질투의 문화)이 아프리카의 씨족 사회 이후의 문화에 만연되어 있다. 그리고 안전을 약속했던 대가족적 피난처가 이제 다른, 즉 발전을 저해하는 면이 되고 있는 것이다. 아프리카의 원시종교들은 개인과 주변환경 사이, 정신세계와 상상의 세계 사이를 구분하지 않는다. 그렇기 때문에 학습 과정, 문화적 변화, 새로운 발견 등이 발생할 가능성이 거의 없다.

　물론 식민화되었던 역사도 아프리카 인들이 자주 파괴적이거나 의기소침한 자기묘사를 하는 정신적 흔적을 남겼다. 그러나 많은 국가에서는 이미 1세기 전에 식민화가 끝났다. 그런데도 비슷한 문제점들이 그곳에서 여전히 나타나고 있다. 그렇기 때문에 오늘날 많은 지식인들은 아프리카에서도 전통적인 문화와 역사가 끝났다고 주장하고 있다.

　"사람들이 굶주리고 있다. 그래서 우리는 그들에게 돈, 헌옷, 식량을 준다"는 구호 아래 수십 년 동안 죄책감에서 벗어나려고 했다. '본래' 아프리카에 대해 관심이 없었다. 우리의 본심은 오히려 깨끗한 양심이었던 것이다.

　최근 영국의 『메일온선데이(Mail on Sunday)』지는 아프리카의 기아에 대한 밥 겔도프의 캠페인에 대해 음흉한 제목을 붙였다.

　"노쇠한 록 스타들이 아프리카의 굶주린 아이들을 구할 수 있을까?"

▋ 제3세계의 복수

영상들은 인상적인데 오래된 것이다. 전조등 불빛 속에서 밤에 반쯤 벗은, 반짝이는 검은 몸체들이 부잔교(浮棧橋) 위에 던져진다. 불법으로 국경을 넘은 아프리카인들, 허기와 갈증으로 거의 죽을 것 같은 상태, 붙잡힌 자들의 눈빛에는 또다시 시도할 것 같은 결연함.

"그들이 오고 있다. 그들이 우리에게 차고 넘칠 것이다. '제3세계' 의 복수다!"

아프리카의 난민들 역시 세계화의 당연한 산물이고, 세계를 포괄하는 미디어 현실의 결과이다. 그 미디어의 현실들이 가장 외진 마을에서조차 다양한 TV의 유혹에 빠지게 한다. 결국 그들은 현실(사람들이 그 현실 속에서 성장했고, 그 현실로 인해 고통을 겪고 있는) 밖에서는 아직 가능할 수도 있을 '다른 것' 에 대한 지식의 결과인 것이다.

경제적 풍요로움은 늘 떠나고, 이민가고, 나중에 다시 돌아오는 '스토리' 이기도 했다. 오늘날 2억 명이 자신들의 행복(적어도 약간의 풍요)을 얻기 위해 이곳저곳으로 이동 중이다. 64억 중의 2억 명(세계난민위원회에 따르면 전쟁난민들의 수는 반면에 줄었다고 한다)이다. 이 숫자가 정말 '많은' 것인가? 알라미스트들이 우리를 믿게 할 만큼 그 숫자가 끔찍할 정도로 많은 것인가?

사람들이 이민을 메타 층위에서 그리고 장기적인 결과로 바라본다면, 그것은 언제나 원-윈 게임이다. 이주자들의 변화의 결심 속에 숨어 있는 에너지가 활용될 수 있다면, 그들을 받는 나라에는 도움이 된다. 왜냐하

면 언제나 활발하고, 굶주리고, 현명하고, 성취욕이 있는 이주자들이 오
기 때문이다. 이들은 이주를 받아들이는 나라에 귀중한 존재들이다. 그곳
에서는 아무도 하지 않으려는 일들을 그들이 하고 있기 때문이며, 또한
그들이 특정 신지식과 능력들을 가져오기 때문이다.

유럽 민주주의 성공의 역사는 이민의 역사와 다르지 않다. 얼마 안 된
과거의 역사에서만 보더라도 그렇다. 산업혁명 초기에는 동유럽에서, 세
계대전 이후에는 남유럽에서 이민을 왔다. 거의 유럽 인구의 절반을 받아
들인 미국으로의 이민이 없었더라면 19세기 후반 유럽의 인구 상황은 견
디지 못하고 폭발했을 것이다.

이주자들은 그들의 고국에도 도움이 된다. '굶주린 사람들'이 세상으
로 나가게 되면, 고국에서는 많은 것들이 변화되기 때문이다. 외국으로
간 사람들이 돈과 새로운 생각들을 보내준다. 그들이 2~3세대 후에 저축
한 돈과 사상, 에너지를 갖고 고국을 발전시키기 위해 언젠가 돌아오게
되면 새로운 것, 즉 변증법적 의미의 합(合)이 생기는 것이다.

국민경제의 물질적 기초가 이와 같은 역동성 위에 기반을 두고 있는 나
라들이 있다. 필리핀 출신의 이주민들은 도처에서 그들의 고국으로 매년
62억 달러를 송금한다. 청소부, 간호사, 노인복지사 등으로 전 세계적으
로 자립해 있는 살아있는 경제인 것이다.

우리는 '빈곤의 이주민들'에 대해 두려워하기보다는 성공적인 역사의
모델을 어떻게 다시 반복할 수 있을까를 고민해야 한다. 이 점에 있어서 우
리는 수많은 잘못된 이미지들과 좋지 못한 습관들을 버려야만 할 것이다.

우리에게서 얻을 수 있으며 절실하게 필요로 하는 저임금의 일을(노인 복지 분야, '인적 서비스' 분야, 농업 분야) 우리 고유의 노동 모델의 보호라는 명목하에 못하게 하는 것이 정말 양심적인 것일까?

"그것이 결국 우리의 노동자들에게 도움이 되는 것일까? 경제적으로 현명한 것일까? 그것이 성장을 가져올까?"

복지란 사람들이 나눠주는 케이크가 아니다. 말 그대로 복지는 역동적인 시스템으로, 이는 늘 새로운 도전, 새로운 윈-윈 추진력을 필요로 한다. 오스트리아의 선거전에서 한 극우정당의 표어가 "외국인의 유입 대신에 사회복지국가!"였다. 극우주의자들만이 그렇게 생각하지 않는다. 하지만 바로 이와 같은 대안이 장기적으로 우리에게서 둘 모두를 빼앗아갈지도 모른다.

▋ 세계화의 진실

세계화는 보편적인 '영원한' 과정으로, 그 근원은 인류 역사 속에 깊이 뿌리박고 있는 초월적 힘이다.

그 과정을 방해하거나 적어도 상대화시키는 것만으로도 치명적인 결과를 가져올 수 있다. 왜냐하면 이 과정은 인류의 문화 속에 있는 복합적인 진화와 가장 밀접하게 연관되어 있기 때문이다. 또한 그로 인해 갈수록 더 많은 사람들에게 물질적 풍요로움과 자유권을 획득할 수 있게 해주는 발전의 지속성과도 연관되어 있다.

세계화는 경제적 현상으로만 생각할 수 없다. 그것은 더 많은 차원을 지니고 있다.

- 테크놀로지의 이용이 세계화되고 있다. '개발도상국' 의 사람들은 의료 서비스 및 통신 기술을 더 빠르게 받아들이고 있다. 잠비아의 무역상들은 은행 업무를 위해 휴대전화를 이용하고, 세네갈의 농부들은 곡물의 가격을 알아보기 위해, 남아프리카 공화국의 보건직에서 일하는 사람들은 질병에 관한 데이터에 더 빨리 접근하기 위해 휴대전화를 이용하고 있다. 이는 100년 전 옛 산업국가들에 나타났던 발전 가능성보다 훨씬 역동적인 것이다.

- 진척이 더디고 온통 비판을 받고 있는 과정 속에서도, 풍요로움의 전형이 세계화되고 있다. 사람들은 특권이라고도 말할 수 있을지 모른다. 예를 들면 자녀수의 감소, 여성의 권리, 영리 활동을 하는 사람들의 증가, 세계화는 그 본질에 있어서 미래, 즉 인권 및 이를 관철시킬 수 있는 보편성에 관한 하나의 담론이다.

- 문화적 기호 시스템 역시 세계화되고 있다. 문화비관주의자들이 가정하듯이, 이는 결코 '문화적 죽(粥)' 의 상태가 되지 않을 것이다. 오히려 새로운 다양성과 풍요로운 창조성을 보여줄 것이다. 세계 음악과 '퓨전 음식' 들이 그 예다. 전 세계 문화들이 새로운 풍요로움을 만들어내고 주위의 문화들에는 글로벌 시장으로의 접근을 가능하게 해주듯이 말이다. 발리우드는 장기적으로 할리우드를 이길 것이다. 그리고 이 2개로부터 언젠가는 또다시 완전히 새로운 다른 무언가

가 생겨나게 될 것이다.

세계화는 모든 것이 자동적으로 진척되는 초자연적인 힘이 아니다. 그것은 확실한 규칙에 따라 전개되어야 한다. 그리고 그 규칙의 유효성이 행정적으로도 관철될 수 있어야 한다.

세계화는 이에 참여하고 있는 모든 이들에게 엄청난 변화의 과정을 요구한다. 이는 소유권과 민주적 제도의 영향권 속으로 들어가도록 강요받고 또 그러한 문화 모델에 적응해야만 하는 '제3세계'의 사회에 해당되는 말이다. 하지만 바로 이러한 이유 때문에 특권을 부여받은 유럽의 후발 산업국가들도 이에 해당된다.

자본 흐름의 이동으로부터 부정적이거나 제로섬 상황이 되지 않도록 유럽에서는 어쩌면 원하는 것보다 더 빨리 전통적인 산업 모델을 포기해야 할지도 모른다. 산업 일자리가 동아시아로 이동하는 동안 우리는 우리의 구조조정을 추구해야만 한다. 우리가 세계화로 인해 '집에서' 밀려나가는 것이 아니라, '계단을 밟고 위로 올라가야' 한다. 정신, 지식, 디자인, 복합적인 창조적 일 등의 힘들이 경기 규칙을 결정하는 지식 경제 속으로.

이를 위해 우리는 노력해야 할 것이다, 지독하게. 이는 당연한 것이다.

05

'빈곤과 부유'에 관한 동화

나는 결코 가난했던 것이 아니라, 망했을 뿐이었다.
가난하다는 것은 정신적 상태고, 망했다는 것은 일시적인 불운이다.

—마이크 토드

스위스의 빈곤

푸른 고원의 방목지와 장식을 한 스위스 작은 도시들에서의 2005년 여름. 우중충한 구름이 전원적인 풍경을 어둡게 만든다. 스위스 신문들은 그때 마침 스위스에 멈추지 않고 확산되고 있던 '새로운 빈곤'에 대해 서로 이기려는 듯이 앞 다투어 보도했다.

"불길하게도, 가난한 시민들의 숫자가 늘고 있다!"

"스위스에도 근로 빈곤층이!"

"스캔들, 갈수록 많은 사람들이 풍요롭지 않게 살고 있다!"

"100만 명의 가난한 스위스 사람들!"

"빈곤과 부유, 양쪽의 가윗날은 갈수록 더 많이 벌어진다!"

수년 동안 그 사실을 의심했다. 그런데 이제 신자유주의적 터보자본주의가 지금까지 유복한 자들의 섬으로만 알려졌던 나라에도 그 끔찍한 얼굴을 드러냈다. 어떤 의미에 있어서 '복지사회시민'이라는 개념이 그 나라에서 나온 것이었는데.

빈곤의 경고가 나오기까지 무슨 일이 있었는가? 먼저 우리는 빈곤을 정의하는 통계적 방법을 알아야 한다. EU에서는 빈곤의 경계가 1인당 평균 소득의 60퍼센트로 정의한다. 스위스에서는 그것이 조금 다르게 계산된다. 소득의 피라미드에서 하위 20퍼센트를 취해서 그 사람들로부터 평균을 조사한다. 그 평균 이하의 사람이 가난한 사람인 것이다.

2005년 가을의 자세한 수치는 다음과 같다. 세금과 사회간접세를 공제한 후 2,450스위스프랑(약 1,635유로) 이하의 월소득을 가진 사람이 가난한 것으로 여겨졌다. 2,450스위스프랑, 이는 책상 위에 펼쳐놓을 수 있을 만큼의 금액이다. 4인 기준으로 월 4,450스위스프랑(약 3,000유로)의 가계를 가진 가정이 가난한 것으로 평가된 것이다. 더욱이 집안 설비와 안정자산은 별개다.

스위스 사회복지제도의 가장 영향력 있는 기관 중의 하나인 카리타스가 "100만 명의 가난한 스위스 사람들!"이라는 기사 제목을 대대적으로 미디어에 발표했다. 카리타스는 '사회복지적인 생존 보장'에 대한 법령 도입을 위해 캠페인을 계획했다. 이를 위해 카리타스는 미디어의 후원이 절실하게 필요했다. 배경이 된 것은 스위스 지방 기초단체에서 전개되고 있는 상황이었다. 스위스에서 사회복지를 위한 지출을 담당하는, 서로 심각한 조세 경쟁 속에 놓여 있는 많은 지방 자치단체들은 갈수록 더 많이 공무원을 찾아오는 대상자들 때문에 사회복지 보조금이 빠듯해졌다. 카리타스는 안정된 법망으로 이에 효과적으로 대응하려고 했다. 그래서 일종의 측면보호로서 알라미즘적인 미디어 캠페인을 전개한 것이었다.

지금 나는 부유한 스위스에도 빈곤이 있다는 것을 논쟁하려는 것이 아니다(어쩌면 스위스가 복지국가로서 가장 절실한 도움만을 필요로 하는 이웃국가보다 더 힘들게 견뎌내고 있는지도 모른다). 그렇지만 이와 같은 기이한 논쟁은 빈곤 개념의 상대성을 보여준다. 그 개념은 이데올로기적 기능화를 위해서는 믿지 못할 정도로 취약하고, 역사의 진행 과정 속에서 변화한다.

1만 년 전에는, 얼마 안 되는 지배 계급을 제외하고는 이 지구상의 모든 인간들이 가난했다. 통치를 하고 있는 사람들조차도 오늘날 우리들이 말하는 복지개념의 의미로는 '불쌍한' 사람들이었다. 그들도 다른 사람들과 똑같이 치명적인 전염병에 시달려야 했다. 가장 유명한 의사들조차 만족할 만한 수술을 시행할 수 없었다. 마찬가지로 이동성도 매우 열악했다. 세계 제국들을 정복하거나 동족들을 방문하기 위해서는 몇 달 또는 몇 해가 필요했다.

우리 현대인들은, 비록 스위스에 두둑한 비밀계좌를 갖고 있다 할지라도, 모두 24세기의 우주선 엔터프라이즈호(미국 TV 시리즈 「스타트랙」에 나오는 우주선 - 옮긴이)의 승무원에 비하면 훨씬 가난하다. 그 우주선의 피카드 선장은 다음과 같이 말했다.

“우리는 지난 세기에 돈을 없애버렸다. 우리는 더 중요한 일을 해야만 했다!”

복지라는 것은 늘 새롭게 상대적인 빈곤을 낳는다. 한 나라가, 인간들의 한 집단이, 또는 지구가 유복해질수록 빈곤에 대한 통계적 그리고 '체험된' 최소한계치는 위로 옮겨갈 것이다. 이는 지속적으로 인간들 사이의 차이를 스캔들화하고 그것으로부터 어떤 방식으로든 꿀을 빨아먹는 새로운 단체들을 만들어낸다.

우리는 실제적 빈곤의 문제를 다루기에 앞서 이와 같은 빈곤의 상대성 이론을 이해해야 한다. 전대미문의 끔찍한 빈곤이 존재한다는 것은 논쟁의 여지가 없다. 그 빈곤이 어디를 향해 전개되고 있는가? 그 빈곤이 증가하고 있는가? 아니면 감소하고 있는가? 심지어 그 빈곤이 확대되고 있는가? 그 원인은 무엇인가?

오늘날 가장 혹독한 정치선전 중 하나는 이런 질문들에 불을 지피고 있다. 이와 같은 정신적 전쟁에서는 포로가 되는 사람이 아무도 없다. 여기에서 문제는 '저소득층들'이기 때문이다.

균형인지 불균형인지 판단하는 간단하고 비교적 확실한 수치가 있다. 바로 '지니 계수'이다. 이탈리아의 통계학자 코라도 지니에 의해 이름 붙여진 지니 계수는 최상위와 최하위 소득계층 사이의 관계를 측정한다. 0에서 1까지의 등급 또는 1에서 100까지의 퍼센트로 정해진다. 수치가 높으면 높을수록 불균형이 큰 것이다.

복지국가들의 지니 계수는 지난 몇 십 년 동안 거의 변하지 않았다. 북

유럽에 위치한 국가들의 경우 0.2, 그 밖의 다른 대부분의 복지국가의 경우 0.3 사이에 있다. 독일은 지난 몇 년 사이에 0.27에서 0.28로 소폭 상승했다. 오스트리아의 경우 0.24를 지속적으로 유지했다. 스웨덴과 노르웨이 같은 매우 '균형 잡힌 사회'는 조금 불균형해졌다(스웨덴은 -0.20에서 0.23으로 상승).

유럽에서 불균형 계수가 가장 심각하게 상승한 나라는 이탈리아였다(0.31에서 0.35로 상승했는데, 이는 저개발된 농업 중심의 남부 지역이 문제를 안고 있는 반면, 북이탈리아는 호경기를 이루는 것과 연관이 있다).

전통적으로 미국은 상대적으로 높은 지니 계수(0.34)를 갖고 있는데, 계속 소폭으로 증가하는 추세다. 캐나다와 같은 몇몇 국가에서는 지니 계수가 눈에 띄게 감소했다. 일본은 오랫동안 지속된 경제위기에도 불구하고 변하지 않은 상태로 유지되었다.

이 지니 계수는 우리가 '지구'에 어느 나라를 포함시키느냐에 따라 달라진다. 중국을 포함시킬 경우 세계 지니 계수는 2003년에 0.57에서 0.51로 확실히 감소한다. 상당한 경제상승을 하고 있는 중국을 제외하고 계산하면 계수는 약간 상승하게 된다.

▌빈곤의 패러독스

글로벌 불균형에 대해서 아마도 가장 자세하게 쓴 사람은 세계은행의 최고 경제인인 브랑코 밀라노비치다. 그의 책 《천양지차의 세계(Worlds

Apart)》를 자세히 읽어보면 우리는 다음과 같은 견해(처음에는 혼란스러운)에 도달하게 된다.

　가장 가난한 사람들과 가장 부유한 사람들 사이의 '절대적' 차이가 실제로 증가하고 있다는 것은 사실이다. 이러한 사실은 세계화의 역동성만으로도 설명된다. 세계화는 갈수록 크고 전 지구적인 시장을 창출한다. 이와 같은 거대 시장 속에서 각각의 기업이나 개인들은 갈수록 큰 경제적 촉진 효과를 볼 수 있다.

　빌 게이츠는 더 큰 부자가 된다. 그의 소프트웨어가 지구에서 가장 멀리 떨어진 곳까지 진출하고 있기 때문이다. 투자가들은 단순히 부자가 아니라 슈퍼 부자가 되고 있다. 파리나 뉴욕의 주식 시장뿐만 아니라, LA에서 싱가포르에 이르기까지 동시에 인터넷으로 거대한 세계 금융 시장에 정통하기 때문이다. 말하자면 약삭빠른 부자들은 전 지구를 자원으로 이용할 수 있기 때문에 더욱 부자가 되는 것이다.

　동시에 가난한 사람들 중에 가장 가난한 사람들이 살고 있는 국가들의 수는 약간 많아졌다. 그 중에는 지금까지 복지의 문턱을 넘어본 적이 없었던 나라들과 함께 1970~80년대에 '제2세계'로 분류되었지만 내전, 독재, 잘못된 정치, 고립의 과정 등을 통해서 몰락을 경험한 소위 '백래시(backlash) 국가들'도 있다. 예를 들면 1990년까지의 이란, 니카라과, 북한, 몇몇 구소련의 국가들, 아프리카의 국가들 중 절반이다.

　그러나 '파산한 국가들' 대부분이 매우 적은 인구를 갖고 있다는 사실을 아는 것이 중요하다. 아이티는 오늘날 세계에서 가장 가난한 국가에 속한다. 그런데 이 나라는 과거에도 다를 바 없었다. 하지만 아이티의 인구는, 우리 모두가 알고 있듯이 경제적 음악을 연주 중인 중국 인구의 1/100도 안 된다.

갈수록 더 많은 사람들이 더 부유해지고 있다는 것은 사실이다. 세계 인구의 2/5를 차지하고 있는 지구상의 인구가 많은 나라들에서는 현재 엄청난 새 중산층이 생겨나고 있다. 이들은 파산한 국가들의 복지손실분을 보상하고도 남는다. 인도의 중산층(1인당 약 5,000달러의 연소득)은 향후 몇 년 내에 1억 5,000만 가구 이상으로 증가할 것이다. 이는 전 유럽보다도 많은 것이다.

그렇지만 이러한 호경기의 과정은 멕시코, 베트남, 태국, 브라질, 인도네시아 같이 인구가 많은 국가들에서도 발견된다. 그리고 모든 비관적 예언을 무시하고 적지 않은 이슬람국가들에서도 나타난다(튀니지, 알제리, 이집트, 터키, 이란 등).

발전하는 많은 국가들에서 불균형이 증가하고 있는 것은 사실이다. 그러나 복지 향상의 첫 단계에서만 그렇다. 19세기 유럽의 초기 산업화에서처럼 변화 과정에 있어서 처음에는 '열등 계급'이 생기게 마련이다. 이들은 일반적으로 발전해가는 추세에 제때 동참하지 못하고 농업적 옛 생활기반을 빼앗긴다.

중국의 농부들은 유랑 노동자가 된다. 볼리비아의 인디오들은 거의 법률의 보호를 받지 못하는 농업 노동자가 된다. 물론 복지 과정이 견고해지면 이러한 불균형은 무엇보다도 보건 및 교육제도에서 나타나는 복지에 쏟아 붓는 과정, 개선된 인프라, 국가적으로 조직된 전이 과정 등을 통해서 다시 줄어든다.

그런 다음 언젠가는, 서부유럽에서 알 수 있듯이, '중산층이 많은' 전형적인 소득 분배가 생겨난다.

미래의 복지 모델

이와 같이 혼란스러운 '비동시성의 동시성'은 어떻게 존재할 수 있는가? 지난 반세기 동안의 세계의 복지 커브(또는 복지의 불룩한 배 모양의 상태)를 보여주는 그래프는 그것을 이해하는 데 도움이 될 것이다.

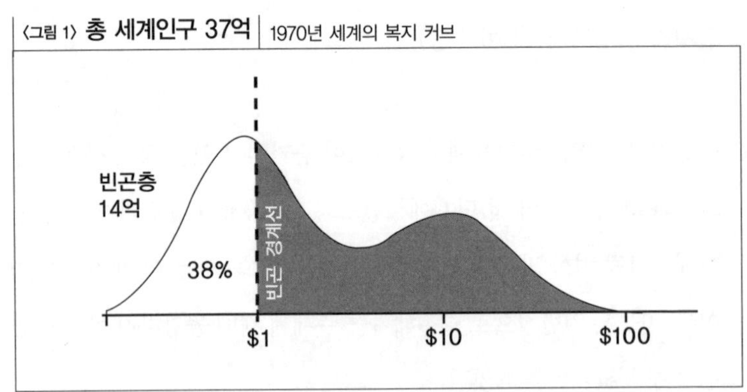

132

　1970년 세계의 복지 커브는 상대적으로 평평한 편이고 눈에 띄게 둘로 나뉘어 있다(〈그림 1〉 참조). 미국이나 서부 유럽에서 중간 정도의 월소득은 약 500달러다. 제3세계에서의 산업화 과정은 그 어떤 때보다도 좋았다. 말하자면 '아주 빈곤'하고 '아주 부유'한 것 사이의 차이를 분명하게 알 수 있다. 14억 명, 즉 당시 37억 인구 중에 38퍼센트가 하루에 1달러 이하의 비참한 상태에 놓여 있다.

　1990년 세계의 복지상태는 대대적으로 나아졌다. '최고점', 말하자면 대부분의 사람들이 있는 곡선 영역은 〈그림 2〉에서 볼 수 있듯이 이미 오른쪽, 빈곤의 경계 뒤편으로 밀려나 있다. 비참하게 가난한 사람들의 절대 수치는 변하지 않았다. 하지만 세계인구가 같은 시기에 53억으로 증가했기 때문에, 그들이 차지하고 있는 비율은 26퍼센트로 줄었다.

　철의 장막이 무너진 이후인 1990년대에는 세계화가 대대적으로 가속도

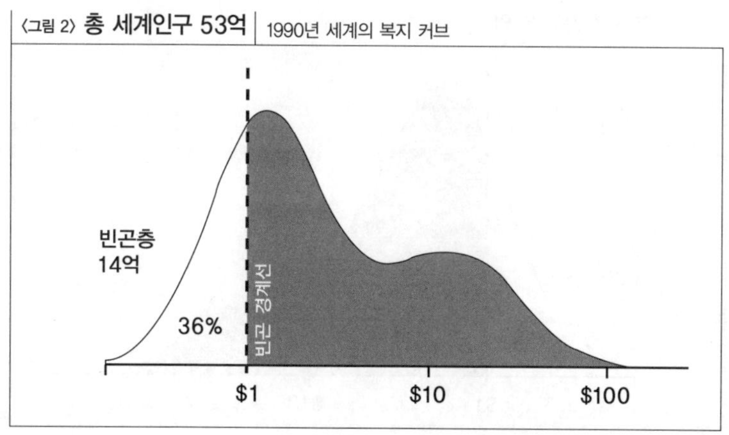

가 붙었다. 인도, 중국 및 다른 개발도상국들이 경제적 역동성을 얻었다. 그럼으로써 전 세계적 간극은 줄어들었다. 전후에 나누어졌던 세계에는 이제 '복지'만이 남아 있었다. 가장 가난한 사람들의 수는 2000년까지 절대 수치상 12억 명으로 줄었다. 61억 명 중 19퍼센트다(《그림 3》 참조).

　현재 단편적이기는 하지만, 오늘날의 수치들은 같은 방향을 향하고 있다. 대부분의 세계 복지에 관한 통계학자들은 2006년과 2007년에 9,000만 명의 극빈자들이 있을 것으로 내다보고 있다. 이는 계속해서 줄어드는 경향을 의미한다. 하비에르 살라이마틴과 같은, 복지 분석에 있어 다른 생각을 가진 사람들은 심지어 더욱 급격한 감소를 예상하고 있다.

　오늘날의 추세에 따라 추정해본다면 2015년에는 최고점의 왼쪽에는 거의 감지할 수 없을 만큼의 '극빈자 부분'이 있을지도 모른다. 그래서 심각한 빈곤은 10퍼센트로 급격하게 줄어들 것이다(《그림 4》 참조). 이는

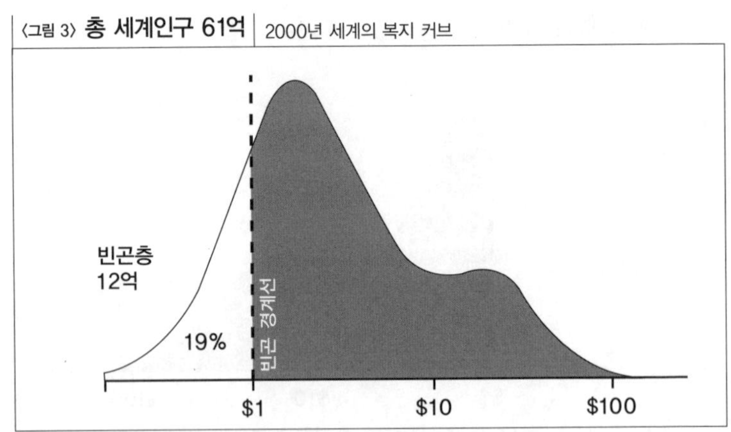

UN과 다른 조직들이 설정했던 밀레니엄 목표와 대략적으로 일치한다.

　사람들은 가난은 그냥 가난이라고 생각할지 모른다. 하지만 빈곤이라는 개념은 수입으로만 정의되는 것이 아니라 여러 가지 상이한 자원의 접근성에 따라서도 정의된다.

- 보건 영역에서 가난한 사람들의 혜택이 증가하고 있다. 그래서 예를 들면 '제4세계' 의 국가들에서는 지난 50년 동안 출생률이 급속하게 낮아진 반면, 영아 사망률은 지속적으로 감소했다(우간다와 같은 몇 나라는 예외). 이는 여성들이 피임 수단을 이용하는 일이 더 많아졌다는 것을 의미한다.

- 가난한 사람들의 교육 혜택이 개선되었다. 세계의 비(非)문맹률은 끊임없이 증가하고 있다. 바로 아프리카에서는 비록 낮은 수준이기는

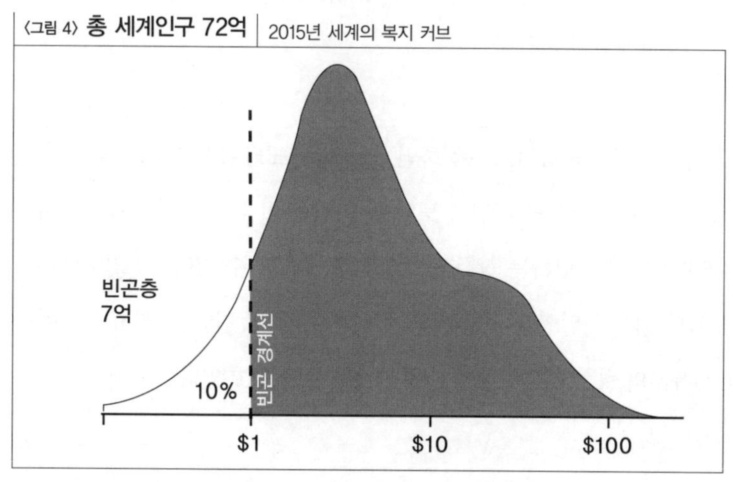

하지만 비문맹률이 평균 이상으로 증가했다.

- 가난한 사람들을 위한 긴급수송 능력이 향상되고 있다. 기아나 자연 재해는 오늘날 거의 극적으로 긴장감 넘치게 진행되지 않는다. 그들 은 전 세계적인 운송 능력으로 말미암아 아주 잘 관리되고 있다. 오 늘날 세계 여론은 냉전 시대보다 훨씬 더 주의 깊게 반응한다. 전 지 구적으로 활동하는 기구들의 힘, 숫자, 효율성이 현저하게 상승했다 (가장 최근의 예는 2004년 인도양에 발생했던 쓰나미의 희생자들을 위 한 구호활동을 들 수 있다).

- 가난한 사람들의 값싼 제품과 테크놀로지의 이용은 하위 소득층에 게도 물질적 상황을 개선시키고 있다. 세계 경제의 엄청난 생산 공정 은 갈수록 저렴한 품목들을 생산해내고 있다. 그럼으로써 소득이 매 우 적은 사람들도 점차 그 품목들을 살 수 있게 된다. 대량 생산된 싼 제품들은 오늘날 개선된 분배 시스템을 통해 지구의 가장 후미진 곳 까지 도달하고 있다.

빈곤을 구매력 등가로 측정하면, 발전되는 모습이 또 다르게 나타난다. 월 300유로의 소득을 가진 인도의 한 가정은 이 금액을 갖고 독일에서는 1,500유로에 상당하는 상품과 서비스를 구매할 수 있다. 그렇기 때문에 오늘날 젊은 독일인들이 일하러 인도 뱅갈로르로 간다. 그리고 그곳에서 600유로의 월 소득으로 훌륭한 중산층의 삶을 살고 있다.

▌빈곤으로부터의 탈출

케냐의 남부는 풍요로운 풍경을 하고 있다. 그곳에서는 수세기 전부터 소떼가 마사이족과 정착민 농부들에게 식량의 토대를 형성하고 있다. 하지만 이 지역은 유사 이래로 계속 반복해서 가뭄으로 시달리고 있다. 가축은 갈증으로 인간들은 기아로 죽어간다. 변화된 사회구조들은 유목민 시대에 했던 것처럼 거주민들로 하여금 비가 더 많이 오는 지역으로 더 이상 옮겨 다니지 못하게 했다. 그래서 배고픔을 견디다 죽었다.

지금까지 서방에서 오는 구호의 물결로 가뭄 기간을 잘 넘겼다. 인간들은 그 사이에 구호의 의지가 있는 부국들이 하나의 파이프라인처럼 지구의 비참한 지역들과 연결시켜주는 수많은 구호단체들로부터 기장, 쌀, 물 등을 받았다. 그러면 언젠가는 다시 비가 내렸다. 시스템은 대체적으로 기능을 했다. 하지만 모든 기부 시스템이 그렇듯 부작용이 생겼다. 가축으로 농사를 짓는 많은 사람들이 건기에는 일하기를 완전히 포기했다.

이제 새로운 생각을 하게 되었다. 위험 부담을 가진 모든 경제에서처럼 왜 기후의 변화를 이용해서 사업을 하지 못할까? 세계에서 가장 큰 보험 회사 중의 하나인 악사레는 2006년 비상시에 대비한 첫 보험계약을 에티오피아 정부와 체결했다. 어느 특정 기간 안에 비가 내리지 않으면, 7만 유로의 보험료에 대해서 5,800만 유로에 이르는 금액을 보장받는다.

기후보험이라는 모델이 패러다임의 변화, 즉 현지 주민의 의존심과 타락이라는 치명적인 심리적 결과를 가져오는 '기아 기부금'으로부터 빈곤과의 전쟁이라는 시장경제적인 모델로의 전환이라고 할 수 있는 것일까?

경제학자, 사회학자, 철학자이자 노벨상 수상자인 아마르티야 센은 자신의 저작들에서 빈곤을 시스템으로 묘사하고 있다. 사람들이 이 시스템을 수로 나타내고 진단하며 변화시킨다. 문제는 '사회적 선택', 다시 말해 천연자원, 교육(특히 여성들을 위한), 자본에 대한 접근성이다. 이와 같은 접근성은 시장의 힘으로 지지되고 강화된다.

그렇지만 예프라이 작스는 《빈곤의 끝(Das Ende der Armut)》에서 이와 같은 시장경제적인 가능성의 한계를 지적했다. 그는 복지 발전의 복합적인 시스템 이론(시장, 제도, 사회적 신뢰가 근본적으로 서로 맞물려 있음)을 설명하고 있다. 그는 낙관적인 사람으로 2005년 낭만적인 로큰롤 캠페인의 요구('이제 가난은 그만!')가 향후 수십 년 내에 현실화될 수 있다고 생각한다.

그렇지만 그는 '접근 방법에 있어서 결점'도 말한다. 사회가 오랫동안 전쟁 중에 있는 곳, 독재자의 속박하에 있는 곳, 기초적인 보건예방, 재판권 및 깨끗한 물과 같이 기본적인 것들이 있지 않은 곳에서는 복지 발전의 메커니즘이 잘 돌아갈 수 없다. 작스는 그렇기 때문에 소위 '첫 계단 정책'을 지지하고 있다. 세계 사회는 가난한 국가들을 도와 그들이 혼자서 계속 오를 수 있는 사다리의 계단을 얻게 해줄 수 있어야 한다.

▌생명력 넘치는 차이에 대한 송가

이러한 점과 관련해서 적어도 한번쯤 다음과 같은 의문을 제기할 수 있을 것이다.

　　얼마만큼의 균형이 '옳은' 것인가?
　　우리는 가난이 얼마만큼 '필요' 한가?
　　얼마만큼의 안전보장이 '정당한' 것인가?

　　양심적인 사람(그런데 누구는 그렇지 않은가?)은 이 순간 즉시 손을 높이 들고 이의를 제기할 것이다. 불균형은 결코 정당화될 수 없다고! 하지만 게임 및 시스템 이론의 인식에 따르면 그 상황은 다르게 보인다. 지니(지수 0)는 모든 주민이 같은 수입을 갖고 있는 경우, 20세기의 공산주의 실험에서만 완전히 실패한 것이 아니다. 균형 사회는 절름발이가 될 수밖에 없다. 그런 사회는 모두에게 이익이 되는 역동적인 발전을 위한 동기 효과를 발휘하지 못하기 때문이다. 특히 능력발휘를 할 수 있는 사람들은 완전히 부당한 대우를 받는다고 생각할지도 모른다.

　　좋고 정당한 사회란 결과의 일치가 아니라 갈수록 상승 가능성의 옵션이 있는 것이 특징이다. 그 지표는 사회적 상승의 유동성, 즉 x기간 내에 자신의 상황을 (자발적으로!) 개선시킨 사람들의 수다. 그런데 그 숫자는 대부분의 경우, '신 빈곤층' 으로 신음하는 독일에서도 우리가 생각하는 것보다 훨씬 많다(독일 연방정부의 빈곤에 대한 보고에 따르면 2002년 중간 정도 소득의 60퍼센트인 빈곤 경계선 이하에 있던 사람들 1/4이 1년 내에 더 높은 소득계층으로 올랐다. 1998년부터 2003년까지 더 긴 기간 동안에는 심지어 저소득층의 절반보다도 더 많은 사람들이 그랬다).

(직장, 지위 및 사회적 위치 등의) 너무나 많은 안전보장은 이러한 역동성을 발휘할 기회가 없다는 것이 자명하다. 그렇게 되면 '나이 든 사람들'은 술에 취해 자신의 특권에 안주하게 된다. 그리고 이는 경제적 성공을 약속한 것이기 때문에 불평만 한다. 사회는 경직된다. 신문 사설들 중의 절반이 더 많이 그리고 완벽한 상태를 요구하는 '사회적 안전보장'이 말하자면 경제 활력에 반생산적인 효과를 지니는 것이다.

마찬가지로 '부'란 나쁜 것이 아니라 하나의 자원이어야 한다. 부란, 폭넓게 확산되어있는 소문과는 반대로, 누구에게서도 '무엇인가를 뺏는' 것이 아니다. 세계적인 아이디어 자본주의에서는 모든 것이 생산자본이 된다. 그래서 주식과 예술작품으로 돈을 축적하는 천만장자도 세계경제를 활성화시킨다고 할 수 있는 것이다.

모두 위로 이동할 기회를 갖는 것이 물론 중요하다. 그리고 이것을 혼자 할 수 없는 사람들은 적합한 '도구들'을 개발하는 데 도움을 줄 수 있는 믿을 만한 힘을 발견하는 것도 중요하다.

▌빈곤과 복지발전에 관한 진실

빈곤은 인류학적으로 늘 있어온 현상이다. 빈곤을 완전히 퇴치하는 일은 결코 이뤄지지 않을 것이다. 사람들이 다양하기 때문이다. 그리고 인간 사회의 운명은 몰락을 가능케 하기 때문이다. 복지란 긴 학습 과정에 기초를 둔 복합적인 사회문화적 예술품이다.

세계인구의 대부분은 지난 30년 동안 더 유복하고, 더 건강하고, 더 교육을 받고, 더 오래 살게 되었다. 이러한 추세는 계속 진행될 것이며 네트워크화 및 세계화의 시대에서는 더욱 탄력을 받게 될 것이다.

지난 수십 년 동안 많은 복지국가에서 가능했던 것(기본적인 생존권 및 경제권의 보장)이 금세기에는 글로벌 차원으로도 현실화될 수 있을 것이다. 지구가 일종의 사회보장체제를 얻게 되는 것이다. 하지만 이러한 사회보장체제는 순전히 돈만으로 될 수는 없다. 복지 과정의 기초를 놓는 것을 목표로 해야만 한다. 빈곤과의 싸움은 다음의 요인들을 측정해서 추구하는 독자적인 벤치마킹이 필요하다.

- **투자 자본에의 접근성** : 새로운 금융의 '기초 경제' 라 할 수 있는 마이크로 뱅킹의 성공은 계속될 것이다. 방글라데시에서 시작된 그 아이디어가 오늘날 동유럽과 아프리카, 그리고 소위 '스마트 카드' 로 인도의 수백만 소기업의 창립 자본을 마련한 인도에도 도달했다. 멕시코에서도 방코 아즈텍카와 같은 새로운 유형의 은행들이 많은 소액대출을 해준다.

- **기초 건강의 보장** : 국제적인 구호단체들이 활동하는 영역에서 (게이츠 재단과 같은) 세계화의 민간자본으로 운영되는 엄청나게 큰 새로운 건강단체들이 아주 새로운 역할을 하게 될 것이다. 특히 아프리카에서 중심주제가 되고 있는 질병퇴치에 있어서 그러한 단체들이 엄

청난 발전을 이뤄낼 수 있을 것이다. 그리고 오늘날에도 이미 그렇게 수행하고 있다. 에이즈는 제3세계의 많은 국가들에서 이미 극적인 정점을 넘어섰고, 말라리아와 어린이 전염병에서도 첫 성공 사례들이 나타나고 있다.

• **권리보장** : 독재만큼 빈곤을 심화시키는 것은 아무것도 없다. 독재 체제의 수가 지속적으로 줄어들고 있는데도 끝없이 비참함을 만들어내는 폭력정권(북한을 생각할 수 있을 것이다)을 어떻게 종식시킬 수 있을 것인가라는 정치적으로 중요한 문제가 남아 있다.

06

'인류를 우매하게 만드는
것들'에 관한 동화

요즘 아이들은 전제군주다.
아이들은 자기 부모들에게 대들고, 음식을 흘리고,
선생님들을 화나게 한다.
- 소크라테스

▌부패한 미디어

최초의 미디어 비판가들은 아마도 라스코동굴의 예술가들을 저주했던 무당들이었을 것이다. 그들이 살아있는 자연에서 훌륭한 사슴과 들소들에 만족하고 열심히 사냥을 하는 대신, 그 동물들을 신성하지 않게 인위적으로 동굴 벽에다 옮겨 놓았기 때문이다. 이 무슨 사리에 어긋난 생각인가! 이 얼마나 파렴치한 행위인가!

수천 년 뒤에 플라톤의 문화비관주의적 비판은 이미 알파벳, 즉 문어(文語)에 해당되는 것이었다. 플라톤은 문자의 발생과 함께 인간들이 텍스트를 수사학이나 구어(口語)의 방법으로 내면화시키는 대신에 겨우 반복만 하게 될 것이라고 했다.

문자는 이러한 안 좋은 면을 지니고 있기 때문이다. 그리고 회화와 아주 비슷하다. 회화도 자신들의 소산물을 살아있는 것이라고 주장하기 때문이다. 하지만 사람들이 그 소산물들에게 무엇이라도 묻게 되면, 그것들은 오히려 위엄 있게 조용히 침묵할 뿐이다.

18세기에는 빠르게 확산된 인쇄생산품이 부패한 문화생산품으로 여겨졌다. 라이프니츠는 '책들이 끔찍할 정도로 계속 많아지는 것'에 대해 탄식했다(그도 20권이나 썼다). 책의 양이 작가의 역할에 따라 어쩔 수 없이 정해질 정도였다. 호헤는 1794년에 순전히 독서에 대한 반감을 요약해놓은 팸플릿을 작성했다.

독서열은 다른 때 같으면 좋았을 것을 어리석고 유해하게 오용하는 것은 정말 큰 해악이다. 이는 필라델피아의 황열병처럼 전염성이 있다. 독서열은 아이들과 아이의 아이들이 윤리적으로 풍기 문란하게 되는 근원이다. 독서열 때문에 어리석은 짓과 잘못들이 즐거운 삶 속에 들어오고, 유용한 진실은 효력이 없어지며, 착각과 편견은 비호되어 더 많아진다.

1920년의 제국영화법에서는 공공장소에서의 영화 상영이 내부 질서에

유해한 것으로 정의되었다. 알프레드 되블린은 당시에 영화를 "흥분 욕구를 만족시켜줄 수 있는 상당히 진부한 오락매체"로 여겼다.

제2차 대전 후에 귄터 안더스는 자신의 문화비관주의적 베스트셀러인 《인간의 관행(Die Antiquiertheit de Menschen)》에서 라디오 청취로 인한 고독과 고립에 대해 썼다. 그러고 나서 얼마 뒤 1970년대에는 TV시청에 대한 비판서들이 쏟아져 나왔다. 마리아 빈의 책 제목이기도 한 이런 '거실의 마약'이 인간들을 수동적으로 만들어버린다는 것이다.

그리고 1980년대 후반 '컴퓨터 시대'가 도래했을 때, 지성인들은 강력한 언어구사력으로 염려의 장광설들을 내놓으려고 줄을 섰다. 그 스펙트럼은 '빅 브라더' 비난에서부터 당시에는 보통이었던 급진적 마르크스주의에 바탕한 이해할 수 없는 이상한 말들에 이르기까지 풍부했다. 예컨대 마이크로칩의 정보 합성으로 배우고 생산하는 모든 것이 조정되는 정보 시스템 사회에 직면했을 때, 또한 비(非)기술적으로 전달되고 오로지 보호 공간을 위해서 남아 있는 의사소통에서, 우리는 이미 계몽의 큰 카테고리들과 투쟁의 개념들이 감당할 수 없을 정도로 혼란스러운 것에 당황하게 된다.

미디어 비판은 인류 자체만큼이나 오래되었다. 그리고 각 시대마다 가장 격렬한 행태를 띤다. 그 의미, 더 좋게 말해서 그 의도는 자명하다. 미디어는 힘을 대변한다. 그리고 미디어가 혁신되고 변화될 때는 늘 전복을 꾀하고 위해를 가하는 기능도 갖고 있다. 새로운 미디어마다 파괴시키거나 아니면 적어도 그에 앞서 지배적인 문화 기술들을 비판한다.

거꾸로 지배적인 문화 기술 하나하나를 익히는 것은 대단한 해석의 힘을 부여한다. 힘을 유지하려는 사람은 무엇보다도 지배적인 미디어들을 찬탈해서 '유일하게 가능한 것'으로 보여줘야만 한다.

지금까지 그것은 아주 잘 맞아떨어졌다. 여전히 고전 텍스트를 일률적으로 읽는 것이 교육행위로 여겨지고 있다. 반면 멀티미디어나 컴퓨터와 같은 네트워크 미디어를 다루는 것은 오히려 중독된 청소년들이 행하는 미심쩍은 행위로 취급된다. 여전히 아무 생각 없이 많은 자료들을 베끼고 많은 각주를 만들어내는 것이 '학술적'이고 '과학적'인 것으로 여겨지고 있다.

왜냐하면 우리가 일률적인 복사문화 안에서 살고 있기 때문이다. 이 복사문화는 수세기 동안 완벽하게 복사하는 것이 최고의 선(善)이었던 극동의 문화권만큼 극단적이지는 않다. 그러나 우리에게도 이런 것이 있는데, 옛 지식의 최고 목록은 누구도 '어리석은 생각'을 하지 못하도록 열심히 감시하고 있다.

이를 위해서는 인류의 나머지를 어리석은 사람으로 팔아넘겨야만 하는 것이다.

▌부차적 지식들

이전의 세대들은 지식을 어떻게 습득했을까? 길거리에서, 어른들로부터, 일상적인 삶에서. 우리가 알고 있듯이 학교는 18세기의 산물이다. 오랜 시간 동안 교회와 싸운 끝에 19세기 유럽의 민족국가들에서는 '일반 교육'이 생겨났다. 이 일반 교육은 적어도 유럽에서는 국가적으로 통제되었고 당시에 존재했던 계층사회를 따라 교육의 모습을 차별화시켰다. 노동자와 농부들을 위한 초등학교, 수공업자와 상인들을 위한 중학교, 학자와 정치가 및 경제적 힘을 가진 자들을 위한 고등학교.

오늘날 교육 개념을 이해하기 위해서는 설립될 당시의 상황으로 돌아가봐야 한다. 계몽주의의 핵심 사상은, 백과사전의 발명을 통해서 드러났듯이 세계지식 속에 있었다. 디드로, 브록하우스 및 다른 많은 출판업자들은 고대적 생각에 기초한 카논(canon) 사상을 추구했는데, 그것은 모든 인간이 접할 수 있어야 할 내용이어야 했다.

학교는 이러한 사상을 받아들였다. 그래서 그 이후로 학생들은 질서정연하게 줄맞춰 학교에 앉아 있는 것이다. 교사는 앞에서 진리, 즉 카논을 말하고, 학생들은 귀를 기울여 들으며 대부분 여전히 암기를 통해서 지식을 받아들인다.

그러나 이러한 교과 과정상의 세계와 더불어 인식적인 것들과 같은 또 다른 세계도 있었다. 이들 속에는 주관적 노하우로서 또는 인간 집단들 사이의 직감적인 이해력으로서의 지식이 형성되어 있었다. 인간 정신을 주변환경과 연결시키는 끝없는 교환작용을 통해서 지식은 인간과 문화들 속에 '침투'했다. 의사소통, 호기심, 그리고 실제적인 여행이나 정신적 여행이 그런 교환작용들이었다.

예를 들면 부모 교육이 있었는데, 이것 또한 근대의 개념이다. '교육',

이는 농경 세계에서는 자연 및 자연 현상과 접촉하는 순수한 교육 과정이었다. 농경지를 어떻게 갈아야하는지, 동물을 어떻게 도살해야하는지. 그리고 '인성 교육', 이는 처음에 시민사회에서 시작되었다. 사람들은 인간을 '특성 있게 형성하고', '덕성을 갖추도록 교육하며', '생활을 위한 능력을 부여' 하려고 했다. 왜냐하면 시민계급에게 의무였던 문화활동들은 높은 자기 훈련(문화적, 사회적, 경제적)을 강요했기 때문이다. 언어는 직업적 성공, 저술, 형식 규정 및 예절의 중요한 도구가 되었다. 사회적 관계들의 새로운 세계를 위해서는 이 모든 것이 필요했다. 그러한 사회적 관계들 속에서는 경제와 그에 순응하는 것이 점차 큰 역할을 하기 시작했기 때문이다.

그렇지만 아이들 교육은 오랜 시간이 지나도록 '불법적인 훈련' 과 다르지 않았다. 아이들의 개성과 자율권을 중시하는 사상을 추구했던 시민세계의 개혁 교육자들(몬테소리, 프레네 및 많은 다른 사람들)은 고립되어 있었다. 아이들은 무엇을 해서는 안 되는지 들었고, 부모의 영향은 훈계와 도덕적 질책에 제한되었다. 모든 교육 조치들은 금지가 지배적이었다. 이는 궁핍했던 사회에서 한편으로는 합리적이었고, 다른 한편으로는 거대한 감성적 진공상태를 만들어냈다.

늦었지만 권위와 가부장제가 폭넓게 사라지기 시작했던 제2차 대전 후 이 보일러는 폭발해야만 했다. 그리고 이때에도 미디어들이 중요한 역할을 했다. TV는 멀리 떨어져있는 것을 가까이 가져왔고, 음악 산업은 급속도로 경쾌한 로큰롤의 리듬과 환각적인 아름다운 소리, 그리고 재즈의 광란을 확산시켰다. "모두 몹쓸 것들이야!" 부모들은 소리쳤다. 물론 그들이 옳았다. 전자 미디어들은 먼저 젊은 세대에게 세대 간의 관계를 변화시킬 수 있는 '힘'을 부여했다.

메가(mega)자율주의적인 인간상의 시작과 함께 반(反) 권위적인 시대가 이어졌다. 이 시대의 어린이 책과 교육적 논문들을(그리고 오늘날 그것을 복사한 것들을) 읽는 사람은 정말 믿을 수 없는 의미변화의 과정에 대한 증인이 될 수 있다. 모든 것이 갑자기 반항심, 폭동, 자기발견 및 급진적 자기주장에 도움이 되었던 것이다.

그 이후로 우리의 성격이라는 우주 속에는 즐거운 마음으로 모든 괴물을 때려죽이고 도시를 누비며 수염을 기른 경찰관들을 달고 다니는 버릇없는 소녀들과 작은 막스(Max, 이 이름은 독일에서 '장난꾸러기'의 대명사다–옮긴이)들이 우글거린다. 그리고 모든 교육적 노력의 중심에는 자아와 그의 자기진술(반항적인) 및 자기주장이 있다. 그렇기 때문에 오늘날 독일의 아이들은 모두 '막시밀리안(Maximilian)', '레오(Leo)' 또는 '마리(Marie)'라고 불리는 것이다.

1989년에는 '아이들에게 명령권을 주라'고 헤르베르트 그뢰네마이어(독일의 남자 가수–옮긴이)가 노래했다. 교육, 그것은 이제 '아이로부터 배우는 것'이 되었다. 부모들은 자기 아이들의 짝꿍들로 변했다. 그 아이들은 이제 존경의 인물 대신에 주름진 어른들을 옆에 두었던 것이다. 오늘날에 수많은 TV 방영과 문학 작품들 속에서는 이러한 극단주의에 반대하고 있다. 현재에는 '협력적 가족'이 나오고 있다. 사람들이 예의 바르게 또 갈고 다듬은 규칙 체계를 갖고 서로를 대하는 것이다. 세대 사이 그리고 최근에는 부부 사이에도.

누가 가르쳐주지 않았음에도 불구하고, 이해한 적이 없었음에도 불구하고, 우리는 그 모든 것을 배워왔다.

▌ 속인의 기적

스티븐 존슨은 그의 책《바보상자의 역습(Everything Bad is Good for You)》에서 '부차적인 지식'이라는 개념을 발전시켰다. 존슨에 따르면 TV도 속인의 문화도 우리의 인지 능력을 지속적으로 계속 발전시킨다. 이러한 지식은 '부차적으로', 말하자면 집중적인 미디어 사용의 부작용으로서 생긴다.

사람들은 즉시 물어보고 싶어 할 것이다. 엄청난 미디어 사용은 얼마나 사람을 어리석게 만들 수 있을까! 문신을 한 건설노동자 부부와 사회보조금을 받는 부부가 서로 자신들의 성생활문제를 고백하고, 고함을 치며, 카메라 앞에서 흐느끼기 시작하는 오후 시간대의 '심심풀이 쇼'는 특히 좋은 효과를 주지는 않을 것이다.

하지만 그것은 결국 취향의 문제다. 이름 자체에도 거품이 있는 것처럼 들리는 연속극(Soap Opera, 비누극, 비누 회사가 제공한 가정주부를 위한 주간 연속 TV·라디오 방송극에서 유래한 용어-옮긴이)은 오늘날 사회적이고 연출론적인 복합성을 보여주는데, 이는 1960년대의 영화에서는 거의 없었던 현상이다. 이러한 쇼와 드라마에서는 지금까지 미디어와 관련된 담론에서 제외되어 있었던, 모두에게 자신을 주제로 삼는 것이 연습된다. 그리고 현대 사회의 중심 메시지가 하층 계급의 깊은 속까지 뚫고 들어간다.

"너는 너의 문제들에 대해 말해야 한다!"

존슨에 따르면 이미 미디어가 제공하는 다양성은 우리로 하여금 갈수록 정교하게 결정하도록 강요하고, 우리의 정신적 '메타(meta) 인지' 를 훈련시킨다. '부차적인 지식' 은 우리가 정보의 바다로부터 일종의 메타 스캔(meta scan)을 통해 빨아내는 것이다. 우리는 번개처럼 빠르게 중요한 것이 무엇이고 중요하지 않은 것이 무엇인지 결정한다. 어떤 담론들이 어떤 관심들에서 생겨난 것인지 결정하는 것이다. 그리고 우리의 직감은 우리 자신이 믿는 것보다 훨씬 더 좋을 때가 자주 있다.

사람들은 오늘날의 청소년들이 주변환경을 '스캔하는' 빠른 방식에서 그 사실을 알 수 있다. 그들은 미디어 제공물의 거대한 죽(粥) 속으로 터널을 뚫고, 자기들과 관련성이 있는 것을 꺼내오는 법을 배웠다. 이러한 능력을 그들에게서 빼앗을 수 있는 사람은 없다. 그들 관심의 대상이 처음에는 '겨우' 샤키라(shakira, 가수-옮긴이)나 도쿄호텔일지라도 말이다. 그리고 이러한 메타 인지적인 발전은 네트워크화된 컴퓨터와 같은 멀티미디어에서 증대된다.

"우리는 찾기 시작하기 전에 우리가 무엇을 알고 싶어 하는지 알아야 한다"고 미디어 이론가 케네스 볼딩이 정확하게 말하고 있다. 이때 '구글

(Google) 의식' 속에는 실제로 수십 년 동안 미디어 비평가들이 한결같이 강력하게 요구했었던 일종의 양자(量子) 도약이 일어난다.

라디오, TV, 전통적인 대중매체들은 시청자를 단순히 수신자로 만들어 버리는 수동적 미디어들일 뿐이다. 반면에 '온라인' 이란 2가지를 의미한다. 이는 채널의 수신자임을 말하는데, 사람들은 스스로 채널 선택을 결정한다. 하지만 이는 또한 '답신을 보내고', 예를 들어 거대한 온라인 백과사전(Wikipedia, 위키피디아), 복합적인 작업 프로젝트, 아니면 잠재력 있는 게임 공동체 등의 생산에 참여하는 것을 말하기도 한다.

전설적인 제록스 파크(Xerox PARC)의 전직 부서장인 존 실리 브라운은 미래의 학습 및 직업세계를 위한 컴퓨터 게임의 어마어마한 인지적 역량을 다음과 같이 정확하게 설명하고 있다.

책과 정면 수업 방식의 일률적인 전달을 통해 이뤄지는 교육과는 다르게 복합적인 온라인 롤플레잉 게임에서는 우리가 '사는 법을 배우는 것' 이라고 부르는 과정이 일어난다. 사람들은 '무언가' 에 대해 배우는 것이 아니라 '존재' 하는 법을 배운다. 끊임없이 변해가는 환경에서 자신을 주장하고 발전시켜가는 법을 배우는 것이다. 사람들은 잘못을 통해서, 시행착오를 통해서, 자부심과 기쁨을 통해서 배운다. 그것은 정확히 지식사회의 문화를 만들어간다.

그리고 노베르트 볼츠는 그의 책에서 이렇게 덧붙여 말하고 있다.

부차적 학습의 개념은 지난 몇 년 동안 무엇보다도 비디오 게임에 집중했던 문화비관주의로부터 자유롭게 한다. 비디오 게임은 결정하는 법과 복합적 시스템을 다루는 법을 훈련시킨다. 그것은 다른 미디어보다 더 많이 뜻밖의 상황에서 신속하고 올바르게 대응하는 능력, '인지적 준비성'을 촉진시킨다. 게임하는 사람들은 거대한 정보의 양을 소화해내기 위한 미디어로서 시각적 언어와 스토리를 이용하는 법을 배운다. 새로운 게임 양식의 학습환경들은 교육 위기의 원인이 아니라 어쩌면 그 해결책일 수 있다.

▌모니터 속의 세계

'월드 오브 워크래프트(World of Warcraft, 이하 WOW)'는 현재 전 세계에서 가장 인기 있는 온라인 롤플레잉 게임으로, 이 게임을 직접 해보지 않으면 거의 이해할 수 없을 만큼 어마어마한 규모와 흡인력을 가진 3D 시뮬레이션 세계다. 약 1,000만 명의 게이머들이 오늘날 이와 같은 잠재적 2차 현실의 주민으로 살고 있으며, 그 속에서 게이머들은 몇 날, 몇 주, 몇 달이 아니라 몇 년을 보내고 있다.

여기에서는 '중독성 특징'은 잠시 제쳐두자. 기술적으로 구조적으로 상당한 수준으로 이끌었던 이 멀티미디어 장르의 매력은 무엇일까? 무엇이 흡인력일까? 무엇이 우리를 사로잡고 더 이상 놓아주지 않을까?

• **인류학** : 게임은 우리를 태고의 경관 속으로 돌아가게 한다. 그곳에서 우리는 경탄을 하며 이리저리 돌아다닌다. 숲, 사막, 초원, 계곡, 산들이 인간 존재의 인류학적 근원을 상기시킨다. 이러한 경관들 속(이는 수천 평방킬로미터이고 모든 대륙이다)에는 동물, 해로운 식물, 괴물, 그리고 다른 위협이 되는 것들이 우글거린다.

우리는 그들에 맞서 우리 자신을 지켜야만 한다. 말하자면 우리는 정신적으로 태곳적 상황으로 돌아간 것이다. 적대적 주변환경 속의 수렵 및 채집 시대로 말이다. 그래서 사냥하고 채집하는 것이 핵심이다. 적들과 싸워서, 돌파하고, 전리품을 옮기고, 끊임없이 점수를 얻는다.

• **심리학** : 게임은 우리로 하여금 직접적으로 우리 자신의 개성을 되돌아보게 한다. 우리는 게임을 진행하는 가운데 '아바타(avatar)', 즉 대리인 캐릭터를 만들어가고, 끝없는 수고와 위기를 넘어 그것을 발전시키고 개선시킨다. 이때 우리는 레벨 한 단계씩 더 강하고 힘센 존재가 된다. 우리는 유아적 무력감에서 벗어나서 약한 무아의식에서 강한 자아로, 그리고 명예욕이 있다면 환하게 빛나는 초자아인 파워 게이머로 넘어간다.

이 과정에서 우리는 여러 가지 개성, 전략, 직업들을 선택할 수 있다. 우리는 치유하는 성직자나 폭력적 싸움꾼, 아름다운 엘프나 혐오스러운 트롤, 남자나 여자일 수 있다. 우리는 우리의 게임 스타일 속에서, 습득한 무기들을 갖고, 마법 아니면 기술을 사용할 수 있으며, 방어나 잔인한 폭력을 행사할 수 있다. 이 게임은 싸움과 전쟁을 주제로 다루고 있지만, 엄밀히 말하면 오히려 커뮤니티 게임이라 할 수 있다. 대부분의 과제가 다른 게이머들과의 협동과 복합적 의사소통 없이는 해낼 수 없게 되어 있다(이때 시간문제는 생각하지 않아도 된다. 고레벨에서는 오로지 거대한 파티를 구성하고 협력하기 위한 시간만 이 필요하다).

이는 게임에서 대단히 강한 양심이 존재한다는 것을 말한다. 공정치 못하거나, 탐욕스럽거나, 비협력적으로 행동하게 되면 게이머들 사이에서 나쁜 평판을 쌓게 되고 양심의 가책을 면치 못한다.

- **경제학** : 이 게임은 또한 잘 만든 '자본주의 시뮬레이션'이다. 부가가치를 창출하고, 화려하고 빛나는 무기를 소유함으로써 부를 축적하는 것이 장기적으로 중요하다. 이를 위해 사람들은 거래하고 흥정해야 한다. 결국 사람들이 가장 동경하는 것이 손짓하는데, 그것이 바로 신분이다.

이미 초기 종족사회에서 추장들은 '눈에 띄는 대상들'을 보여줌으로써 자신의 지위를 드러냈다. 모든 문화는 수세기 이상 대표적인 물건들을 모으고 보여주는 데 힘썼다. 내 집, 내 수영장, 내 말, 우주(이런 정신적 경제의 차원들이 WOW)에서 바로 최면술적인 방법으로 모사되고 있는 것이다.

사람들이 WOW를 끝내면, 즉 70레벨(현재 WOW에서의 최고 레벨)에 이르게 되면 무엇을 할까? 대다수의 온라인 롤플레잉 게임들과는 다르게 이 게임은 그래도 끝나지 않는다. 고레벨의 단계가 이어지는 것이다. 70 레벨 전용 공격대 던전이 즐비하며 전장, 투기장 등 고레벨 유저가 할 수 있는 컨텐츠들이 여전히 많이 남아 있다. 하다못해 드워프의 수도인 아이언포지의 광장에서 패션쇼 퍼레이드를 할 수도 있다.

믿지 못할 만큼 훌륭한 갑옷, 금빛으로 빛나는 투구, 무시무시하게 강력한 무기, 소위 에픽 아이템은 게임 내 캐릭터의 위치를 결정한다. 그리고 이 가상의 세계에서 통용되는 화폐인 '골드'로 부의 값어치가 매겨진다. 하지만 사람들은 벌써 오래전부터 실제 공간, 예를 들면 이베이(eBay) 같은 곳에서도 골드를 구입할 수 있다. 물론 불법이다.

사람들이 문화비관주의적인 가치의 틀(그에 따르면 모든 비디오 게이머들은 영적으로 불구가 된 폭력만을 행사하는 자들이 틀림없다)에서 한순간만이라도 벗어나면, 여기에는 인류가 상징적으로 모방되어 있음을 문득 깨닫게 될 것이다. WOW는 사회적·경제적·메타심리적인 과정들을 복합적인 시뮬레이션으로 만든 것이고, 이는 실제 세상에서도 우리의 일상생활에 영향을 주고 있다. 그것은 세상을 반영한 것과 다르지 않다.

따라서 WOW는 매트릭스이다. 인류 진화의 매트릭스.

▮ 게이머 문화

게이머들은 '모니터 속' 제국에서 어떤 특성들을 계발할까?

- **오만불손** : 게이머들은 매우 쿨하지만, 오만불손하기까지 하며 깔보는 듯한 인상을 주는 유형들이다. 매일 저녁 세계를 구하고, 엄청난 괴물을 물리치고, 전 우주를 여행할 수 있으니 그것이 놀랄 만한 일은 아니다. 이런 체험 세계의 긍정적인 면은 고양된 자기신뢰다. 게임을 하는 아이들은 무엇인가에 영향을 끼칠 수 있는 기본적인 경험을 했다.

- **사회적 능력** : 게이머들은 대부분의 경우 자신들의 우호적 네트워크를 위해 이메일 교환이나 수집 열정과는 다른 경로를 이용하는 사회적 동물이다. '사회적 기술'은 크고 급속도로 변화하는 집단에 맞춰져 있는데, 그 속에서는 언제고 다시 또 해체할 수 있는 '느슨한 연대', 말하자면 가변적인 결속들이 지배적이다. 그때 유머나 사회적 우아함, 언어적 유연성이 큰 역할을 한다. WOW를 하는 사람은 재빠르게 다양한 사람들과 의사소통을 할 수 있어야만 한다. 그렇지 않으면 늘 혼자서 외로이 어둠달 골짜기(WOW 속 지명-옮긴이)의 아웃사이더(WOW는 여러 유저가 모여서 플레이하는 데 최적화된 게임인데, 커뮤니티에 합류할 수 없으면 결국 혼자서 몬스터 사냥으로 소일하게 된다는 의미-옮긴이)로서 남게 된다.

- **협력** : 로체스터대학교의 한 연구는 10시간 만에 게이머들의 시각적인 화면적응력이 어마어마하게 상승하는 것을 밝혀냈다. 마찬가지로 공간적 상상능력과 뇌-손 협력 역시 좋아진다. 현재 사람들은 특정의 뇌 분포영역이 강해지도록 알츠하이머병을 위해 비디오 게임을 대상으로 실험하고 있다.

- **융통성** : 게이머들은 어떤 전략이 성공하지 못하면 다음 레벨에 도달하거나 문제를 해결하는 데 또 다른 방법이 있음을 알고 있다. 이는 그들로 하여금 끊임없이 대안과 혁신을 찾게 만든다. 사람들은 사이버 공간 속에서 시도해보고, 즉흥적으로 해보며, '뭔가를 생각해낼 수' 있어야만 한다. 이것 역시 진화 과정에서 나타나는 풍부한 발명과 비슷하다.

- **경쟁의 재미** : 게이머들은 거대한 경쟁적 환경 속에서 활동한다. 이러한 환경에서는 모두가 이점을 얻으려고 노력한다. 사람들은 이러한 이점들을 간혹 윈-로스 게임에서 얻지만, 윈-윈 상관관계 속에서도 자주 얻게 된다. 이때 승리에 매진하는 것이 게임의 승리로 전환되고 게임을 하는 재미의 기초를 형성한다. 그렇기 때문에 개인적 명예욕을 인정하는 것은 참여자들에게는 매우 당연하고 '자연스러운' 일이다.

- **반항적 태도** : '게임 세대'는 권위를 쉽게 인정하지 않는다. 그 이유는 사람들이 언제나 잠정적으로만 최고의 위치를 가질 수 있다(설사 현재 자신의 캐릭터가 좋은 아이템을 착용하지 못해 강하지 못하더라도 결국 언젠가는 그렇게 되리라는 것-옮긴이)는 사실을 알기 때문이다. 또한 이들은 의견의 힘을 통해서 '당국', 즉 게임을 만든 회사에도 영향을 끼칠 수 있음을 알기 때문이다(WOW에는 강력한 '생산 민주주의'가 존재한다. 이 게임을 개발하고 운영하는 회사인 블리자드는 계속되는 게임 개발에 게이머들을 참여시킨다).

이러한 특성들이 오늘날 큰 기업들의 평가 센터에서 돈 벌이가 되는 직업을 찾는 사람들에게 요구되는 '기술들' 과 비슷하다는 것이 놀랍지 않은가? 글로벌 지식사회의 새로운 엘리트는 이튼스쿨이나 하버드 또는 새싹유치원에서만 형성되는 것이 아니라 멀티미디어적인 잠재적 가능성의 세계, 즉 '던전' 과 '퀘스트' 에서도 형성될 수 있지 않을까?

▌미디어와 지능에 관한 진실

모든 문화비관주의적인 경고에 반해 인간의 지능은 감소하는 것이 아니라 일반적으로 증대되고 있다. 이는 지구의 거의 모든 나라에서 끊임없이 높아지는 교육수준만이 아니라 '일반적인 지능' 에도 해당되는 말이다.

학교 교육에서 인간들에게 매년 '투입' 되는 양은 21세기에 들어 20배가 되었다. 오늘날에는 전 세계 성인의 76퍼센트가 글을 읽을 수 있다. 1990년에는 64퍼센트였고, 1960년대에는 불과 42퍼센트였다. 인간들은 길고 복잡한 과정 속에서 평균적으로 갈수록 현명해지고 있다. 이는 교육제도들이 간혹 불충분하다 할지라도 그렇다. 정치학과 지능연구를 하는 뉴질랜드의 제임스 플린 교수는 수십 년 동안 정밀하게 우리 지구상의 지능발전을 조사했다. 그리고 놀라운 결과를 내놓았다. 인류의 평균 IQ가 끊임없이 높아진 것이다. 플린은 20년 만에 5에서 25점까지 상승했음을 발견했다. 독일인들은 1954년에서 1981년까지 17점 좋아졌다. 1982년에 테스트한 네덜란드의 신병 집단은 아버지들이 들어왔을 때보다 정확히 20점이 높아졌다. 지능세계에서 믿을 수 없을 만큼의 도약이다.

그렇지만 인간의 정신, 즉 '마인드'의 발전을 판단하려고 할 때는 교육 수준과 '전통적인' 지능지수는, 이것들이 테스트로 조사되듯이 충분하지 못한 척도일 뿐이다. 인지적 능력은 사회적 복합성과 미디어를 통해 발전 된다. 미디어는 다시금 인간의 영향을 통해 '형성'된다. 이때 완전히 대체 되는 경우는 드물고 지속적으로 계속 발전하고 새로운 공생관계가 만들 어진다.

TV는 영화를 없애지 못했다. 그리고 인터넷은 책이 지나치게 많다는 생 각을 하게 못할 것이다. 그렇지만 미디어세계는 지속적으로 더 확장되고, 다양해지고, 무엇보다도 상호작용적으로 변해가서, 인간의 정신을 새롭게 형성하는 메타 우주가 될 것이다. 거기에는 다음과 같은 요인들이 있다.

- **올바른 질문들을 한다**(숙고에 의한 지식) : 모두가 '정보'를 다시 읽을 수 있고, 찾아볼 수 있고, 불러올 수 있을 때, 학습이라는 문화 기술은 반복연습에서 맥락을 설명하는 것으로 변화된다. 이는 '구글 기술' 로 가장 잘 나타낼 수 있다. '구글을 하는' 사람은 지식이 어떻게 항 목별로 연결되어 있고 '코드화되어' 있는지 알아야만 한다. 이 사람 은 의미 있는 답을 얻기 위해서 올바른 질문을 적어야만 한다. 말하 자면 숙고에 의한 지식은 이미 처음부터 메타구조에 대해 무엇인가 를 '알고' 있는 것이다. 그래서 그것은 '예언적인' 지식이다.

- **올바른 관계들을 연결시킨다**(네트워킹) : 21세기의 직업 세계들은 구

성원들이 자신들의 능력으로 서로 보완해주어야 할 잠정적인 팀들로 이뤄질 것이다. 팀들은 유사점들을 통해 살아가는 것이 아니라, 보완하는 차이점들을 통해 살아간다. 사랑에도 해당되는 이와 같은 법칙은 단조로운 특성을 가진 우리의 자기모습과 세계상을 와해시킨다. 우리는 새로운 방법으로 '관계들 속에' 놓인다. 그리고 문화, 언어, 이데올로기의 편협한 지평을 극복하게 된다.

• **자기 효능 및 감성적 지능** : 마지막으로 네트워크화된 미디어와 글로벌화된 문화의 세계는 반영의 구조를 만들어낸다. 그러한 구조 속에서 우리는 우리 자신, 우리의 열정, 약점 및 한계에 대한 의식을 더 많이 경험한다. 심리학자들은 '자기 효능'이라고 말한다. 이와 같은 '전선(戰線)'에서도 새로운 미디어들은 정화장치로서 효과가 있다. 끝없는 시뮬레이션 속에서 우리로 하여금 시험 삼아 해보게 하고, 그때 우리를 비춰주기 때문이다.

돌아올 차표가 없는 사이버 공간으로의 이주가 우리 앞에 있는 것이 아니다. 우리가 지능을 계속해서 발전시키는 가상공간들은 호기심 있고, 확장 능력을 가진 인간의 정신을 위한 '연습 공간들'일 뿐이다.

우리의 미래는 디지털 좀비가 아니라 현실들 사이의 방랑자다. 로그인하기, 로그아웃하기, 이런 것이 21세기의 중심적인 문화 기술이다.

07

'인구통계적 재앙'에 관한 동화

사람들에게 부모를 선택하는 신중함이란 있을 수 없다.

-폴 와즈러윅

▌작은 젖니들

내가 어렸을 때 이웃집에 바그너 가족이 살고 있었다. 그 집안의 계단에서는 좋은 석탄 냄새가 났다. 바그너 가족은 사람들이 '대가족'이라고 부르는 집이었다. 그 집에는 8명의 아이들이 있었다. 5명의 여자아이들과 3명의 남자아이들은 보기 드물게 얼굴에 화색이 없고, 말랐으며, 또한 강인하게 보였다. 그들은 모두 파울과 쿠르트와 마리아로 불렸으나, 사람들은 그들을 옳게 구별할 수 없었다.

바그너 아이들과 노는 것은 늘 특별한 일이었다. 그 아이들은 사람들이 함께하는 것이면 즐거워했다. 하지만 찰거머리 같이 붙어 지냈다. 작은 아이들은 큰 아이들을 도와주었다. 그리고 그 아이들 중 하나와 싸워서 이겼다고 생각할 때쯤이면 다음 아이가 모퉁이 뒤에 숨어 있다가 갑자기 튀어나와서 다시 싸움이 벌어졌다.

그 아이들은 역시 자기들 모습 그대로 놀았다. 말없이. 믿지 못할 만큼 집중적이고 어딘가 모르게 지독했는데, 정말 말 그대로다. (키 1미터 이하의) 작은 아이들이 입으로 물었기 때문이다. 심지어 피가 흐를 때까지. 그런 뒤에도 송곳처럼 날카로운 작은 이를 악물고 놓아주지 않았다.

40년이 지난 뒤에 나는 바그너 아이들 모두 '뭔가 되었다'는 소리를 들었다. 한 사람은 물리학자였고, 다른 한 사람은 돈 잘 버는 건축사였다. 여자아이들은 대부분 프랑스, 미국, 스위스 등 외국으로 시집갔다. 독일의 복지 승강기는 그 지독한 바그너 가족에게도 좋은 서비스를 해주었던 것이다.

내가 이와 같이 성공적인 인생길에 대해 들었을 즈음에 독일에서는 노년의 남자들이 TV 카메라 앞에 있는 가죽 소파에 앉아서 멸종에 대해 염려하고 있었다. 어느 베스트셀러 책의 주제이기도 했는데, 씨족만이 생존할 수 있는 유일한 단위라고 했다. 이는 예를 들어 19세기 말 유럽에서 간 북아메리카 이주민 행렬이 눈 폭풍과 인디언의 매복으로 곤경에 빠졌던 도너패스(Donner Pass)의 역사를 갖고 그 이유를 설명했다. 그때 가족들만이 살아남았다.

간략하게 말해 힘과 화려함의 전형이었던 15명의 남자들 중 도너패스의 그 비극에서 생존한 사람은 불과 세 사람뿐이었다. 그들이 가족과 함께 여행 중이었는지 아니면 혼자 여행 중이었는지, 이것만이 유일하게 생명을 결정했다. 더 나아가서 가족이 크면 클수록 가족 각 사람의 생존의 가능성이 더 컸다.

이와 같이 멸망이 사회 시스템의 기능에 대한 척도(전형적인 알라미즘적인 한 형태)로 이용되는 단순한 종말론적 논리에 직면해서 독일의 총체적 미디어 시스템은 발칵 뒤집혔다. 『슈피겔』은 '이기주의적 국가'에 대한 유명한 애도조의 표지를 낸 적이 있다('가치와 도덕의 와해'에 관한 동화를 참조하라). 그래서 식자들과 가치관의 손실을 개탄하는 모든 사람들은 동시에 가족이 인간의 사회성을 위한 중요하고 최종적인, 궁극적이고 성스러운 곳임을 표명하기 시작했다.

덧붙여 말하자면 이게 처음은 아니다.

▌멸종에 대한 두려움

멸종 히스테리는 독일 역사에서만 순환적으로 나타나는 현상이 아니다. 이미 20세기 초, 산업화와 도시화로 인해 독일 제국의 출생률이 급격하게 감소했을 때, '독일 피의 멸종'에 대한 경고의 목소리가 나왔다. 독일의 통계학자인 프리드리히 부르크되르퍼는 벌써 20년대에 '노쇠화'란 단어를 사용했으며, 마찬가지로 독일 민족이 끊임없이 감소하고 있다고 파울 몸베르트, 루요 브렌타노 및 다른 통계학자들이 부른 노랫소리는 나치즘 때까지 울려 퍼졌다. 분명히 그 외에 또 있다.

이에 대한 더 오래된 목소리들이 있다. 예를 들어 그리스의 역사학자 폴리비오스의 말이다.

우리가 살고 있는 이 시대의 그리스 전역에서 아이들의 수, 전반적으로 국민의 수는 우리가 오랜 전쟁이나 질병에 시달리지 않았음에도 불구하고 도시들은 황량해지고 시골의 땅은 경작되지 못할 정도로 줄어들었다. 사람들이 과대망상증, 탐욕, 향락적 삶으로 타락했기 때문이다.

결혼하려고 하지 않으며, 설사 결혼한다 하더라도 아이들을 많이 낳아 기르려고도 하지 않는다. 대부분의 아이들이 사치스럽게 자라며, 부모의 재산을 나눌 필요 없이 유산으로 갖도록 하나 내지 둘만을 낳는다. 단지 그 이유 때문에 그 해악은 알지 못하는 사이에 빠르게 퍼져나갔다.

겨우 하나 내지 둘의 아이들이 있는데 하나는 전쟁에, 다른 하나는 질병으로 급사하면, 당연히 집과 궁정은 외롭게 남겨진다. 그리고 도시들은 벌떼와 마찬가지로 점차 가난해지고 무기력해지는 것이다.

이기주의의 비난 역시 예전에도 부족한 아이들 수와 관련이 있었다. 1757년 장 자크 루소는 이렇게 주장했다.

가족 속에 이제 더 이상 가정생활은 없다. 아버지나 어머니도 더 이상 없고, 아이들이나 오누이들도 없다. 서로를 거의 알지 못한다. 이들이 어떻게 서로 사랑할 수 있겠는가? 모두 자기 자신만을 생각하고 있다.

멸종에 대한 두려움은 깊은 발생학적 뿌리를 갖고 있다. 하지만 공포에 대한 논쟁을 독일에서처럼 문화 비난과 규범이 되는 윤리와 연결시키는 나라는 거의 없다.

독일에서 출생률을 말하는 사람은 협박조로 말한다. 그는 이상적인 어머니상, 아버지 역할, 가족, 전원적 풍경 그리고 피난처에 대한 해결되지 못한 바람들에 대해 함축적으로 말한다. 독일 역사에서 지속적으로 문화적 자기 이해의 배경을 형성하는 '인종문제' 도 어쩔 수 없이 그 사람의 말 속에 들어가 자리를 잡고 있다.

▌우리는 공포에 대해 얼마나 알고 있는가

인간들은 왜 아이들을 갖고 또 인구가 줄어들 만큼 갑자기 아이들을 더 이상 갖지 않는 것일까? 이에 대해서 우리는 얼마 전까지만 해도 심각한 생각을 하지 않아도 되었다. 성적 충동은 우리 속 깊이 내재해 있으며 또 확실하게 인간의 지속적인 즐거움인 성생활과 연관되어 있다("사람들은 다른 즐거움이란 정말 없어"라고 작센에 살던 할머니는 말했다). 그렇기 때문에 인간들은 어느 시대에나 '아주 당연히' 아이들을 가졌다. 하나를 낳으면 또 하나를, 더 이상 못 낳을 때까지. '자연'은 세대가 오고 가도록 정해놓았다.

어쨌든 이런 식으로 동화는 진행된다. 모든 인간의 특성처럼 번식도 '자연적인' 것이 아니라 문화와 관련되어 있다. 번식은 다음과 같은 변수들에 달려 있다.

- **자원** : 자원이 현격하게 부족해지면, 여성들은 분명히 먼저 더 적은 아이를 갖는다. 굶주린 여성들이 아이를 많이 낳지 않는 것은 분명하다. 전쟁 역시 출산율의 폭락을 가져온다(무엇보다 남성들이 전쟁 중에 있기 때문이다). 그렇지만 위기가 누그러들면, 대부분 '조절을 위한 다산', 즉 '베이비붐'이 일어난다.

- **사망률** : 특히 많은 아이들이 영아 사망률이 높은 문화나 지역에서 태어난다. 유럽의 중세 시대처럼 그 아이들 중 불과 얼마 안 되는 아이들만이 살아남는다. 그렇기 때문에 만성적인 내전 지역이나 아프리카의 파산한 국가들에서는 출생률이 여전히 여성 1명당 아이 5~6명에 이른다.

- **여성의 역할** : 여전히 이 지구상의 인간 80퍼센트가 가부장적인 특징을 지닌 문화에서 살고 있기 때문에, 아이들 양육은 거의 늘 여성들의 몫이다. 아이를 많이 낳는 여성들은 경력을 쌓는데 제한을 받을 수밖에 없다. 반면에 남성들은 덜하다. 여성들이 더 많은 교육을 받아 좋은 직장에서 돈을 잘 벌 수 있다면, 출산율은 엄청나게 줄어들

것이다. 여성의 교육 정도가 실제적으로 지구상의 모든 나라에서 또는 가난한 나라에서도 빠르게 증가하기 때문에, 이는 어쩔 수 없이 다산(多産)에 영향을 줄 것이다.

- 도시화 : 근본적으로 농경문화는 세계 어디에서나 가장 다산을 하는 문화이다. 예를 들어 수렵이나 채집 공동체보다 훨씬 아이를 많이 낳는다. 그곳에서는 아이들이 곧 자원이다. 아이들은 어린 나이에 일찍 밭일을 하는 데 동원되고, 아이들 숫자는 가족의 '자부심과 명예' 이다. 다산 능력이 결혼을 하는 데 가장 중요한 기준이다. 사람들이 대도시로 오면, 출산의 즐거움은 즉시 엄청나게 줄어든다.

피임 도구를 이용하는지가 중요하지만 많은 예가 보여주듯이 결정적인 것만은 아니다. 예를 들어 필리핀에서는 보수적인 가톨릭교회가 지배적임에도 불구하고 피임 도구들을 일반적으로 구입할 수 있다. 그렇지만 출생률은 여전히 높다. 그에 반해서 프랑스와 스칸디나비아 지역 국가들, 또한 부분적으로는 독일의 출생률은 이미 양차 대전 사이에, 결코 좋은 콘돔을 일반적으로 구입할 수 없었음에도 불구하고 많이 줄었다.

▮ 우리는 왜 알지 못하는가

출생률은 과연 얼마나 될까? 하지만 우리는 이미 그것을 알고 있다. 출생률은 '참담하게' 낮거나 아니면 심지어 '세상에서 가장' 낮다. 2006년 초 인구통계적 알라미즘이 일시적으로 정점에 달했을 때 모든 미디어는 이구동성으로 이렇게 제목을 잡았다.

"독일에서는 출생률이 '참담하게도 임신 능력이 있는 여자 1명당 1.3명의 자녀'로 정체된 상태다."

이런 식으로 일반적인 의식 속에 확고한 기반을 얻고 있었다.

진실은 우리가 독일의 정확한 출생률을 전혀 알고 있지 못하다는 것이다. 2006년 초여름 『차이트』는 인구통계적 발전의 세부사항들을 매우 전문적으로 연재했다. 이 연재물 속에서 독일의 출생률은 전혀 조사(예를 들면 정기적인 통계 조사를 통해서)되지 않고, 다만 추측되고 있음을 밝혔다.

오늘날 우리는 오직 1970년의 실제 출생률만을 알고 있을 뿐이다. 당시 임신 능력이 있었던 모든 여성들이 오늘날에는 더 이상 그렇지 못하다. 그래서 사람들은 '임신 과정'으로 그들의 모든 삶을 통계적으로 파악할 수 있기 때문이다. 그 이후로는 통계적으로 큰 무지가 지배하고 있는 셈이다.

그 원인은 무엇보다도 급격하게 출산시기가 연장되었기 때문이다. 여성들의 평균 초산 연령은 오늘날 대도시에서는 30세를 넘긴다. 40세 이상 되는 산모들이 차지하는 비율은 증가하고 또 증가한다. 그리고 끝은 보이지 않는다. 유럽에서 최고령 산모가 된 기록은 현재 64세다.

출생률은 어느 의미로서는 늘 현재만 계산되어 실시일에는 0퍼센트다. 말하자면 앞으로 아직 아이를 낳기로 결정한 여성들의 미래의 아이들은 통계에서 빼고 계산되는 것이다.

여기에 덧붙여 데이터 조사의 부조리들도 있다. 예를 들면 성년이 되지 않은 아이들을 집에 데리고 살지 않는(그 아이들이 아버지에게 갔을 수도 있기 때문에) 여성들은 무자녀로 여긴다는 사실이다. 『차이트』는 이렇게 쓰고 있다.

"독일 통계역사에서 임신율은 실제로 늘 너무 낮게 추정되었다. 결국 계산해보면 오늘날의 출산율은 1.4명 보다는 오히려 1.6명에 가깝다."

하지만 1.6이라는 숫자는 1.3과는 아주 다르게 들린다. 장기적인 인구 발전에 현저하게 영향을 끼칠지도 모른다. 그 다음에는 아이를 가지지 않으려는 '여성 대졸자들'의 문제가 있었다. 미디어나 위원회에서는 오늘날까지 40퍼센트 또는 45퍼센트라는 수치가 나돌고 있다.

"여성 대졸자들은 생각했던 것보다 더 많이 아이들을 갖고 있다"라고 5월말 독일 신문들은 보도했는데, 약간 당황스러웠는지 대부분 뒷면에 실었다.

"방법론적 실수 때문에 여성 대졸자의 경우 무자녀 비율이 40퍼센트보다 더 많다는 사실은 근거 없는 것으로 밝혀졌다. 실제 수치는 약 25퍼센트이다."

25퍼센트는 40퍼센트와는 엄연히 다르게 들린다. 출산율이란 어마어마하게 이데올로기적이고 '가변적인' 수치다. 출산율을 갖고 정치를 한다. 예를 들면 관심정치, 책임정치, 도덕정치가 그것이다. 족보를 갖고 민감하고 실존적인 차원에서 사람들에게 두려움을 갖게 만들 수 있는 것이다. 왜냐하면 우리 깊숙한 곳에는 여전히 족보에 관심이 많은 특성이 숨어 있기 때문이다. 그래서 우리는 오로지 멸종이라는 망상 때문에 언젠가는 곳곳에서 민첩하게 돌아다니는 아이들을 결코 더 이상 보지 못할 것이라고 생각하는 것이다.

▌인구통계적 비약

지구상의 모든 사회에서는 시간적인 약간의 차이는 있지만 마치 갑자기 새로운 이상적 가족상이 생겨나는 불가사의한 과정이 있다. 바그너 가족은 갑작스럽게 사회적 문제를 일으킨 경우로 여겨진다. 사람들은 이제 더 이상 '어쩔 수 없이 나오는' 만큼 아이들을 많이 원하지 않고 둘에서 최고 셋까지만을 원하고 있다. 잠재적인 부모의 대다수가 분명히 그렇다.

유럽의 산업국가들과 미국에서는 이러한 발전이 이미 오래전에 시작되었다. 독일에서는 산업화로 도시화가 크게 일어났을 때 처음으로 출산율이 아래로 주저앉았다. 1900년에서 1910년까지 여성 1명당 거의 5명의 아이들을 가졌던 출산율이 3.5명으로 줄어들었다. 그런 다음 1차 대전은 2명으로까지 폭락하게끔 했다. 1차 대전이 끝나고 얼마 안 되어서는 3.5명으로 상승했다.

20년대에 있었던 세계 경제위기 중에는 아이들 수가 2.1명 이하로 내려갔다. 제2차 대전 후에야 비로소 베이비붐이 왔다. 1965년에 서독의 여성들은 다시 한번 2.4명의 아이들을 가졌다. 오늘날보다 1명 더 많다.

1960년대와 1970년대 당시 얼마 안 되는 복지국가들에서 일어났던 일이 오늘날 복지의 문턱을 넘기 시작한 무수히 많은 나라들에서 발생되고 있다. 복지가 집의 문턱을 넘어 빠르게 들어오면, 소가족이라는 이상이 문화적 규범으로 확고한 위치를 차지한다.

한국의 임신율은 1970년대까지만 해도 6.3명이었던 것이 오늘날에는 1.4명으로 내려갔다. 극적인 예인 방글라데시는 우리가 이미 언급했다. 하지만 이슬람국가인 튀니지와 알제리에서는 각각 출산율이 1.7명과 1.9명이며, 이란에서는 2명, 아직 매우 시골풍의 소박한 나라인 멕시코에서는 2.3명, 브라질에서는 2.1명이라는 사실을 누가 알고 있을까?

우리가 알고 있듯이 이상이라는 것은 결코 완전히 이룰 수 없는 것이다. 남성과 여성들이 둘 내지 최고 세 명의 아이들을 원한다면, 결국 1명 또는 최고 2명이 나올 뿐이다. 우리는 희망 자녀수에 관해서가 아니라 '잃어버린' 1명의 아이에 관해서 정말로 숙고해야만 한다.

▌인생의 투자로써의 아이들

인구통계적 비약의 본질은 우아하고도 잔인한 방법으로 다음과 같이 요약될 수 있다. 아이들은 '상품'이 될 때, '이용 가능한 천연자원'이 될 때 진짜 투자가 된다. 아이들은 가계의 확장에서 좀 더 높은 권리를 가진 개인들로 변해간다. 단순히 경제적인 특징으로만 그런 것은 아니다.

이것은 인구통계 논쟁에서 오늘날 부모들이 아이들에게 어마어마한 낭비를 하고, 교육적 방법들은 불안하며, 버릇없는 5세 아이들을 의젓한 학생으로 또 칠칠치 못한 12세 아이들을 능력 있는 고등학생으로 만드는 노력이 헛된 일이라는 악의 있는 비판으로 바뀌었다.

미디어에서는 부모들이 교육이라는 돌을 끊임없이 산으로 끌고 올라가서 다시 아래로 굴리는 어처구니없는 실패자로 묘사되고 있다. 현대의 부모들은 엄청나게 교육에 대한 책들을 읽고, 과외 교사들을 고용하고, 아이들에게 피아노 수업을 받도록 강요한다. 하지만 '아이를 위한 싸움' 은 결국 그 아이에게 행복을 얻게 해줄 수는 없을 것이다.

'어처구니없는, 과도하게 돌보아주는, 한계를 모르는 부모들' 에 대한 일반적인 비판은 그 반대 양상에 대한 비난, 즉 '부모들이 아이들을 위해 더 많은 시간을 내주지 못하고 있다(이는 물론 무엇보다 여성들을 염두하고 한 말이다)' 는 문화비관주의적 한탄과 독특한 대조를 이루고 있다.

이러한 비난은 완전히 잘못된 것이다. 몇몇 연구들은 오늘날의 부모들이 전보다 더 많은 시간을 자녀들과 보내고 있다는 것을 보여준다(2005년 독일 연방정부의 두 번째 시간편성 조사의 결과다. 이때 1만 2,600명 이상의 인원과 약 3만 7,700개의 일기장을 쓰는 5,400개 이상 가정에서의 시간 사용에 대해 조사했다. 아이들과 함께 보내는 시간은 증가했다). 부모들은 20년 전보다 분명히 아이들을 덜 때린다. 그렇기 때문에 '명령권' 을 덜 갖고 있다. 이런 이유로 아이들에 대한 시간적 투자는 어마어마하게 늘어나고 있다. 아이들이 희귀해지는 것이 놀라운 일이 아니다. 아이들이 더 소중하게 되고, 또 많은 점에서 더 개인적으로 변하고, 더 별나게 되며, 더 힘들게 되는 것이다.

소위 '훼손되지 않았던 아이들―어른들 세계' 속 '그 당시' 에는 어땠을까? 각자 사람들은 자신의 기억으로부터 이것을 찾아낼 수 있을 것이다. 예전에 아빠와 엄마는 '그곳에' 늘 있었는가? 그렇다, 어떤 식으로든 그들은 있었다. 하지만 아빠는 저녁이 되어서야 있었다. 그리고 엄마도 온종일 자신의 일을 해야만 했다.

어른들과 아이들의 영역은 하루의 리듬 속에서 오히려 분리되어 있었다. 아이들은 주로 길거리에서 체험했던 많은 각종 자유 개발 여지를 알고 있었다. 그냥 온종일 '밖에' 있었던 것이다. 하지만 오늘날에는 그것이 실제로 불가능해 보인다. 그 이유는 문화적 규범들이 변했기 때문이다. '사람들'은 자기 아이들을 알지 못하는 임의의 아이들과 함께 거리에서 놀도록 더 이상 내버려두지 않는다. 하느님 맙소사, 그곳에서는 아이들에게 모든 일이 벌어질 수 있는데!

말하자면 우리의 교육에 대한 상실감은 아이들에게서 바라는 '가변성'에 대한 지나친 요구에서 생겨난 것이지 관심의 부족에서 생겨난 것이라고 보기 어렵다. 그러면서도 사람들은 이따금씩 아이들이 그냥 '사랑 가득 소홀히 내버려두었을' 때보다 더 잘 성장할 것이라는 의구심을 떨쳐버리지 못한다.

▌멸종이 어려운 이유

금세기에 독일의 인구는 얼마나 빨리 줄어들까? 우리의 연금, 집값, 보건제도는 얼마나 극적으로 변해갈까? 이것은 순전히 수학적으로 쉽게 알아낼 수 있을 것이다. 심지어 현재 알려져 있는 임신 가능한 여성 1명당 1.3명에서 출발하는 역(逆)수열 공식으로 말이다.

이 공식에 따르면 이미 2126년에 독일 인구는 1,600만 명으로 줄어들 것이 틀림없다. 그리고 3296년에는 마지막 독일인이 자신의 맥주잔 앞에 슬프게 앉아 있을 것이다.

말도 안 되는 소리다. 실제로는 독일 인구가 2030년까지 8,200만에서 8,350만 명으로 증가할 것이다. 그런 다음에 긴 포물선 모양으로 줄어들 것이다. 천천히. 금세기 말에는 7,200만에서 7,900만까지 보고 있다. 그 이유는 이렇다.

- 출산율은 낮아지는 반면에, 사람들은 갈수록 생명이 더 길어진다. 소위 '개연론적인 연령', 다시 말해 어느 한 평균 독일인(정확히 통계적으로 평균 수명 연령을 가진 사람을 말한다)이 아직 살아 있을 시간은 21세기 중반까지는 더군다나 상승 추세를 보일 것이다. 그럼으로써 전체적인 세대의 구조는 길게 쭉 뻗쳐 있을 것이다. 이는 멸종을 적어도 상당히 지체시킬 것이다.

- 출산율은 결코 상수가 아니다. 또한 직선적으로 떨어지지 않는다. 유럽의 많은 나라에서는 지난 몇 년간 출산율이 다시 상승했다. 스웨덴의 경우 1.5명에서 1.8명으로, 미국의 경우 1.8명에서 2.1명으로 상승했다. 개혁조치들이 가족문화를 다시 인간의 노동문화 및 생활문화와 연계시키면, '사라진 아이들'은 확실히 돌아올 것이다.

• 개체군들은 폐쇄된 시스템이 아니다. 단지 인종주의적 세계상에서만 한 인종이 언젠가는 '멸종될' 수 있을 것이다. 그 외에는 형태 변화의 원리가 적용된다. 개체군들은 다른 개체군들에 의해 동화되고, 빈틈들은 유입되는 이민자들로 상쇄되며, 인구밀도의 변동은 정상적이다.

독일에서는 매년 약 15만 명이 다른 나라로 이민을 간다. 그 중에는 창조적인 사람들, 삶에 굶주린 사람들, 좋은 교육을 받은 사람들, 능력 있는 사람들이 많이 있다. 이전 시대, 예를 들어 미국으로의 큰 이민 물결이 있었던 시대와 비교해서 이는 오히려 더 적은 숫자이다.

그렇기 때문에 경고의 이유가 절대로 될 수 없으며, 게다가 나간 사람들 중의 적지 않은 수가 다시 돌아오고 있다. 이런 독일인들이 '멸종될' 것인가? 아니다. 이들은 섞이고, 동화되고, 많아지고, 끊임없이 새로운 세대들을 만들어낼 것이다. 맨 마지막 날까지.

▌ 노령화의 기이한 그림들

최근 '인구통계적인 위기'가 주제였던 어느 한 은행의 포럼에서 한 교수가 빔 프로젝트를 갖고 잘 알려진 '연령 피라미드' 표를 스크린에 보여주며 큰 소리로 말했다.

"피라미드가 항아리 모양이 되었습니다!"

이와 같은 은유적 표현에서 인구통계적인 경고의 논쟁 중에 우리에게 엄습했던 그 생물학자의 완전히 터무니없는 생각을 발견할 수 있다. 피라미드를 '자연스럽고', '건강한' 연령구조로서 꾸미고 있는 것이다. 하지만 인구 피라미드는 어떻게 생겨나는가? 모든 연령층에 있는 높은 사망률을 통해서다. 각 연령에서 인간들은 파리처럼 편도염으로, 골절로, 결핵으로, 독감으로 죽는다. 결국 늙는 사람은 불과 얼마 안 된다!

그와 반대로 '항아리'는 인간의 다수가 건강이 좋은 상태로 높은 연령에 도달할 수 있다는 것을 의미한다. 그리고 그 사이에 '젊은 층의 팽창', 즉 출산 붐은 희망과 번영의 시대 초에는 언제든지 다시 생기듯이 위로 이동한다.

이미 '노령화' 내지 '고령화'라는 개념들 속에 나타나는 인구통계적인 알라미즘의 모습에서 우리는 다음의 잠재의식적인 가르침을 흔쾌히 받아들이는 것이다.

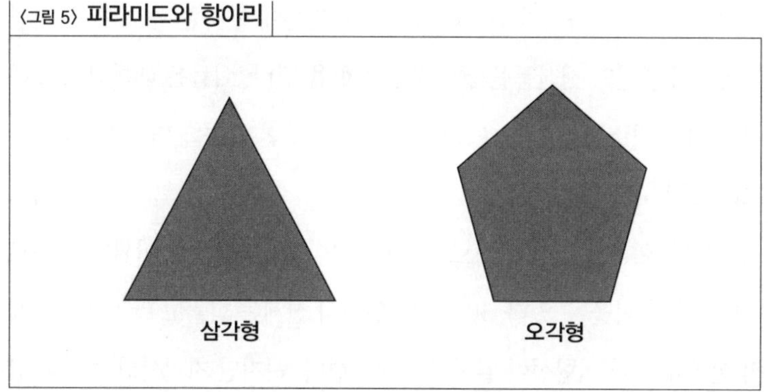

〈그림 5〉 **피라미드와 항아리**

- 나이 든 사람들은 능력이 더 적고 경제에 해를 끼친다.
- 나이 든 사람들은 보수적 사고의 경향을 띠고, 그런 이유로 정치적 동맥경화증을 일으킨다.
- 노령화된 사회는 보건 및 연금 제도를 붕괴시킨다.

조금 더 자세히 들여다보면 이런 공식들 중의 어떤 것도 정말로 근거 있는 것은 없다. 바로 은행 영업을 위해서 사람들은 훨씬 더 분명하게 다른 방향으로 주장할 수 있을 것이다. 더 긴 삶의 미래를 가진 사람들이 더 좋은 금액의 자본금을 형성한다. 이들은 더 사려 깊게 투자하는 경향을 띤다. 그럼으로써 경제적 안정성뿐만 아니라 국민경제의 자본 지급 준비도 상승한다. 그와 함께 사회복지도 상승한다.

나이 든 사람들은 분명히 젊은 소비자들과 다른 수요와 욕구를 갖고 있다. 하지만 국민경제적으로 이러한 욕구가 모두 비생산적인 것은 아니다. 나이 든 사람들은 복지와 건강에, 더 좋은 환경 및 여가의 질에, 더 많은 '스마트테크', 말하자면 간단하고 우아한 기술에 투자한다. 나이 든 사람들은 우수품질의 생산품을 좋아하는 경향을 띤다. 이들은 대대적으로 하이 터치 서비스들을 찾는다. 더욱이 나이가 들면 들수록 더 많이 찾는다. 그리고 더 비싼 것을.

우리가 오래된 산업적 척도로 보면, 나이 든 사람들은 어쩌면 실제로 '가치'가 더 적을 수 있다. 40세부터 인간의 신체는 힘들고 단조로운 신체적 활동에 대한 적합성이 떨어지기 시작한다. 하지만 지식사회는 결국 창조성과 경험의 결합을 통해서 그들의 부가가치를 만들어낸다. 사는 동안 노동시간이 기계적으로 연장된 것에 놀라지 말고 상승한 연령과 결부된 잠재성들을 우리가 더 잘 이해해야 할 것이다.

'평생 동안 배우기'라는 공식은 많은 사람들이 적어도 80세가 되는 문화에서 비로소 의미 있는 것이다. 이유는 이제 사람들이 배움의 열매들을 훨씬 더 즐기고 이용할 수 있기 때문이다. 사회적 능력들, 언어들, 창조적 메타테크닉들, 이 모든 것들이 훨씬 더 긴 '이용 기간'을 얻게 될 것이다.

우리는 많은 스트레스와 분주함을 피할 수 있다. 인생의 꿈들을 실현시킬 시간, 시작한 것을 끝낼 수 있는 시간이 여전히 남아 있기 때문이다. 우리가 지금 해내지 못한 것이 있다 할지라도, 60세가 되어서도 가능할 것이다. 우리가 건강하기만 하다면.

노령화된 사회는 그 밖에도 문화적 자기 이해의 기준으로서 온화함과 지혜를 발전시킬 수 있다.

노인우대 사회가 되어서야 우리는 직업과 혈통 사이의 지긋지긋한 대결을 완화시킬 수 있을 것이다. 연장된 삶은 우리를 끊임없이 갈등 속으로 몰아넣지 않고도 여러 '직업들'을 경험해보고 가족에 관련된 여러 국면들을 극복하기에 충분하다.

가족을 이루고, 아이들을 키우고, 배우자를 사랑하는 것, 이는 엄청난 과제다. 우리가 동시에 경력을 쌓거나, 회사를 설립하거나, 유명해지고 싶어 한다면, 거의 분명히 문제가 생기게 될 것이다.

말하자면 하나하나 차근히. 인생의 지평은 훨씬 더 넓다. 완성하지 못한 것을 다시 할 시간이 남아있다. 또한 할아버지·할머니로서 손자들을 아직 더 오랫동안 볼 수 있다. 그리고 배우자도.

우리는 할 수 있을 것이다. 우리가 원하기만 한다면. 우리는 노령화 사회를 새로운 시간 및 인생 정책을 위한 기회의 영역으로 이해할 수 있을 것이다. 우리가 앞만을 생각한다면.

▌인구통계적 발전에 대한 진리

사회적 노령화는 '인구통계적 사고', 질병, 퇴보가 아니라, 개선되고 있는 건강과 좀 더 안정된 생활조건들에서 나온 자연스러운 결과다. 말하자면 우리 모두에게 준 발전의 선물인 것이다.

유사 이래로 인간들은 다양한 방법으로 주변환경에 적응해왔다. 이때 인구와 번식력도 자원의 유무에 따라, 문화 모델에 따라 증가, 감소, 또는 정체되기도 했다. 역사 속에는 항상 출산율이 감소했던 시대들이 있었다. 이 시대들은 더 많은 개인주의와 자유가 생겨났던 문화적·사회적 발전의 도약과 연관이 있었던 경우가 빈번했다. 그후에는 좀 더 많은 삶의 다양성을 가능하게 했던 정치, 사회적 개혁들이 동반되면서 다시 꾸준히 번식력이 증가했다.

어느 경제학 입문서도 인구가 얼마나 많아도 되는지 또는 특정 국적, 언어, 피부색을 가진 사람들이 얼마나 많이 있어야만 하는지에 관해 적고 있지 않다. 중부유럽은 인구밀도가 매우 높은 지역이다(1평방킬로미터에

254명). 이와 같이 어마어마한 인구밀도가 부정적 결과와 함께 심각한 주거의 스트레스를 초래하고 있다. 이는 19세기 초기 산업사회 시대에 있었던 엄청난 이농현상의 결과다. 당시에 특히 천연자원이 풍부했던 지역에 밀집해 거주했다(예컨대 루르 지역).

이와 같이 인구밀도가 높아지는 것은 '자연스러운' 것도 아니고 '영원한' 것도 아니며 특별히 장점이 되는 것도 아니다. 반대로 사람이 적어지면 자연의 질, 공간 이용, 사회적 환경에 상당히 긍정적인 영향을 줄 수 있을 것이다. 또한 인구분포가 한 사회의 복지발전을 충분하게 설명해주지 못한다. 오히려 한 사회의 복지발전은 생산성과 교육이라는 변수에 달려 있다.

매년 생산성이 약 2퍼센트 높아지는 경제는 25년마다 그 총자산이 배가 된다. 많은 사람이 이와 같은 과정에 참여하게 되면, 출산율을 포함해서 취업률과 평생 근로시간이 줄어든다 할지라도 사회복지는 향상될 것이다.

08

'노동의 불안정화'에 관한 동화

전통적인 노동 세계에서는 노동자가 제도에 도움을 준다.
지식노동 세계에서는 제도가 직원들에게 도움을 주어야만 한다.

－피터 드러커

▌아버지의 이야기

아버지가 1945년 드레스덴의 파괴된 다리를 건너 전쟁에서 집으로 돌아왔을 때는 자신의 군복을 내던져버린 군인이었다. 그는 폐허와 절망의 나라로 온 것이었다. 그렇지만 그 나라는 몇 년 안 되어 변했다.

1947년 아버지는 베를린의 오래된 건물로 이사를 하고 전기 기술을 공부하기 시작했다. 6층짜리 그 집은 몇 번의 폭격을 받았기 때문에 전기불이 제대로 들어오지 않았고, 혹독한 전후의 겨울철이면 난방을 위해서 지하실에서 6층까지 석탄을 힘겹게 옮겨야만 했다. 그런데 아버지는 발명능력이 대단한 분이셨다. 말하자면 전쟁세대의 남자들 중에 그런 사람이 많았듯이 기술적인 면에 탁월한 분이었던 것이다.

182

그는 반쯤 폐허가 된 부분을 통해서 전선을 끌어당겨 자동타이머와 계전기를 갖고 실험을 했다. 곧 그는 우체부가 벨을 두 번 누르면 단추를 누름으로써 현관문을 열어줄 수 있었다. 또, 누군가가 화장실에 앉아있으면 부엌의 불이 들어오게 했다. 아침식사를 위한 곡물죽은 자동으로 끓여지고, 라디오는 정각 아침 7시에 잠을 깨우도록 맞춰졌다. 아버지는 처음으로 '완전 자동화된 가사'를 실현했던 셈이다. 그는 이것으로 '미래의 사람'으로 신문에까지 나게 되었다.

1960년대에 아버지는 잘나가기 시작했다. 처음에는 라인지방의 전기회사에 직장을 얻고, 나중에는 가족과 함께 킬로 이사했다. 그곳에 있는 하게눅(Hagenuk)이라는 회사에서 일하게 되었다. 하게눅은 '원거리 중계'와 관련된 모든 것을 생산했다. 통신기, 선박을 위한 레이더기기, 수위표시기 그리고 무엇보다 전화기.

나는 아버지와 자동차를 타던 기억을 한다. 그때 우리는 일요일마다 새로운 무선통신의 제국을 여행했다. 우리가 고무장화를 신고 갈 수밖에 없었던 홍수 지역의 작은 집들 속에서는 배전상자들이 재깍재깍 소리를 냈고 제도연필들은 아주 얇은 종이 위에 신기한 곡선들을 그려냈다. 다이얼이 자동으로 돌아가고 수위의 값을 멀리 떨어진 '본부'에 전해주었다.

발전소에는 벙커와 비슷하게 생긴 건물들이 있었다. 그곳의 공기는 뜨거운 금속과 같은 맛이 났고, 아주 작은 계전기들이 있는 장들은 섬세하면서도 훌륭하게 재깍 소리를 내는 콘서트를 열었다. 그리고 그 한가운데에서 아버지는 납땜인두를 갖고 작업을 했다(뜨거운 납 냄새는 나에게 영원히 후각적 기억으로 남았다).

1972년 하게눅은 독일 시장에 처음으로 회색, 녹색, 빨간색 버튼이 달린 전화기를 내놓았다. 엄청난 사업적 성공이었다. 이제 사람들은 전화를 할 때 다이얼을 돌리고 그것이 처음 제자리로 돌아올 때까지 엄숙하게 기다릴 필요가 없었다. 이와 같은 새 전화 기술은 오늘날 우리의 휴대폰 이용을 앞서 결정한 셈이었다. 누르고 연결하기!

물론 어머니는 그 기간 동안 가정주부였다. 물어볼 것도 없이.

1980년대에 들어설 때까지 아버지는 지속적으로 늘어나는 수요 시장에 엄청난 수량의 전화, 전화박스, 전화시설들을 판매했다. 아버지는 회사가 심각하게 소용돌이에 휘말려서 오랜 시간 몰락에 맞서 해고, 공장 폐쇄 등 끝까지 비통한 소식들을 쏟아내며 힘겨운 싸움을 하기 전에 은퇴했다.

1996년 하게눅은 결국 파산신청을 했다. 그리고 선박 기술에서 얼마 안 되는 부분만 남을 때까지 한때 독일 원거리 통신 산업의 자존심이었던 이 회사는 오늘날 단지 기억 속에서만 존재할 뿐이다. 하게눅은 1990년 대 모든 통신 분야를 해체시켰던 엄청난 변화의 시기에 자리를 잡는 데 성공하지 못했다. 기계화에서 디지털화가 되었다. 내수 시장에서 글로벌 시장이 되었다. '기기들'에서 '응용들'이 되었고 고객들은 '유저'로 변했다. 그리고 모든 것이 끝없이 모바일, 네트워크, 잠재력, 경쟁력, 서비스가 지배하는 세상에 이르렀다.

아버지가 이런 것들을 더 이상 느낄 필요가 없었다는 사실이 그에게는 행운이었다. 그는 한걸음씩, 차례대로, 깊이 생각하고, 말을 많이 하지 않은 채 문제를 풀려고 했다. 모든 것이 동시에 일어나고 납 냄새를 맡을 필요가 없는 새로운 멀티 세계에 있었다면 그에게는 설 자리가 없었을 것이다.

▌엘리트 의식과의 고별

내 아버지 같은 직업경력은 우리들의 초상이 '보장된 노동'으로부터 발전했음을 보여준다. 남성들의 장기적 직업은 특정의 역사적인 에피소드에서, 긴 기술상의 순환 속에서 한 가지 일로만 채우기에 충분했다. 1960년부터 1980년대 말까지 세계경제의 '빅붐(Big Boom)' 시절에는 그러한 경력들이 항상 있었다. '제5콘드라티에프'는 자동차 부문, 석유 부문, 화학 부문에서의 혁신들을 촉진시켰다. 현대 소비사회의 물류시설 건설과 같은 인프라에 대한 엄청난 수요는 분명히 끝 모를 수요 시장들을 만들어냈다. 그래서 지배적인 직장인 계급이 생겨났는데, 그들의 직업이나 근로의 모습은 공무원 사회와 그리 다르지 않았다.

이와 같이 확고한 직업의 정체성 중심에는 '구식 회사', 즉 민족적 특징을 가진 남성 부권구조에 기인하고 있는 회사가 자리 잡고 있었다. 그런 회사에서 사람들은 돈만 벌었던 것이 아니라 사회적 정체성을 확보했다. 노동자나 보조노동자라는 낮은 지위에서 조차. 전쟁의 희생자로 팔이 없어서 우리 아이들을 놀라게 했던 하게눅의 늙은 경비 슈미트 씨 역시 그런 사람이었다. 회사 사람들은 매일 아침 그에게 인사했다.

그러나 오늘날에는 어느 정도 거리를 두고 이와 같은 근로 형태의 단점에 대해 말하는 것도 가능할지 모른다. 좋게 말하자면 내 아버지는 '그의 직업에 헌신' 했다. 아버지에게 권위와 특권을 부여했던 부양의 역할 속에서 그에게는 가족적인 정체성은 없었다. 이는 아버지가 간혹이라도 가사를 돕지 않았다는 것을 의미하지 않는다. 오히려 아버지의 정체성은 분명했다는 것을 말한다. 이중 감정은 없었다. 의심도 없었다. 추구하는 것도 없었다.

내 가족 안에서만 그것을 위해 지불할 대가가 있었던 것은 아니다. 가려진 가족적 재앙, 침묵의 소용돌이, 성별과 세대 간의 차이. 이것들 위에 공동 경제라는 풀을 발랐다.

우리는 우리 아버지들을 정기적으로 보았다. 하지만 그들은 언제나 일종의 부재중이었던 것이나 마찬가지다. 그들은 낯선 문법을 사용했던 애매한 우주에 살았다. 그들은 고되게 일했지만 재미있어 했다. 내 아버지의 노동세계에 대한 얼마 안 되는 사진들은 늘 즐거운 모습의 남자들과 함께 있는 더 즐거운 모습의 여비서들을 보여주고 있다. 그들은 샴페인을 들고 빨간 코를 한 채 사진을 찍는 사람에게 건배를 하고 마시는 모습이었다. 열심히 일하고 열심히 파티하고.

많은 사람들이 오늘날 향수에 젖어 당시의 역할 분담을 그리워한다. 하지만 바로 여성들에게는 이러한 구조들이 어려운, 거의 해결할 수 없는 문제들이었다. 아이들이 나이 들었을 때, 여성은 자신의 삶을 어떻게 정의했을까? 여성은 가족의 별인 남편을 뛰어넘어 그에게 상처를 주지 않고 어떻게 사회적 삶을 준비했을까? 노동, 즉 계산될 수 있는 노동이 '임금노동' 보다 훨씬 더 많다. 그것 또한 존중, 사회적 삶, 도전, 성장의 기회, 살아있음의 표현이며 강조다.

평생 동안의 사무직 모델은 산업국가들에서 남성들의 화이트칼라 계층의 특권으로서 돈을 많이 받는 임금노동이었다. 그 모델은 분명한 분업과 평생 동안의 안전보장이라는 의미에서 세상을 체계화했다. 바로 그 이유 때문에 명예롭게 그 일을 떠나는 것이 믿지 못할 정도로 어려운 것이다.

우리가 새로운 것(살기, 사랑하기, 일하기의 다른 모델)을 시험해본다고 해서 그것이 정말로 멸망이나 모든 사회적 안전보장의 손실일까?

▌케이크 생각

사회와 관련된 주제에 있어서 일에 대한 담론에서만큼 뻔뻔하게 위기의 미학이 지배하는 경우는 거의 없다. 체념한 사람들이 노동청의 의자에 앉아있고 의기소침하게 번호를 뽑는다. 하르츠 IV 발레(하르츠 IV는 2002년 페터 하르츠에 의해 제안된 노동 시장의 서비스 정책을 말한다—옮긴이) 와 우리 모두가 가치없이 가난해지는 것에 대한 큰 비탄들이 오늘날 모든 지방무대의 표준 프로그램에 속한다.

뚱뚱한 아버지들은 돈지갑을 들고 체념한 목소리로 자신들의 부채에 대해 이야기한다. 극장에서는 '인간의 불필요함' 에 반대해서 히틀러 인사와 함께 발을 구르며 떠들썩하게 무대 위로 욕을 한다. 그리고 슬로건들은 이구동성으로 다음과 같다.

갈수록 많은 사람들이 불필요하다!
미래의 일, 새로운 노예제!
일자리의 절멸은 멈추지 않고 계속 된다!
일이 사라진다!
노동사회의 종말!

일은 점차 먹어 치워서 부스러기만 남겨두는 케이크와 같다. 일은 최종적인 자원으로서 빠르게 부족해지고, 일을 위해 살인적인 경쟁이 세계 곳곳에서 일어났으며, 그러한 경쟁 속에서 모든 사람들은 질 수밖에 없다.

1세기 전까지만 해도 임금노동은 소시민층의 특권이었다. 프롤레타리아는 노동 능력이 있는 인구의 최대 20퍼센트였다. 그에 상응해서 임금은 적었다. 그 이유는 일하고 싶어 하는 교육받지 못한 엄청난 사람들이 이 시점에 농촌 지역에서 도시로 몰려들었고 '조건 없이 아무 값에나 일'을 제공했다. 엷은 공무원 층과 더불어서 일군의 작은 수공업자 집단만이 있었다. 여성, 하녀, 하인, 친척, 그 밖의 다른 예속된 사람들이 사회의 거대한 대다수를 형성했다.

개인 경제의 중심은 임금이 아니라 가정이었다. 가정에서는 일하지 않는 사람들도 늘 함께 부양되었다. 예를 들면 노처녀와 아줌마들, 부인을 잃은 아저씨와 전쟁에서 부상당한 사람들, 자신의 '생활비'가 없는 노약자들. 사람들은 자급자족하거나 자기만의 장사를 했다. 교환을 했으며, 부엌에서는 시장에서 팔 수공업제품을 생산했다. 집 뒤에는 정원이 있어서 그곳에서 나오는 채소와 닭, 토끼들로 감자와 빵, 버터만으로 채웠던 영양섭취를 보충했다.

산업화된 전후(戰後) 시기에 비로소 급속도로 많아진 공장의 일자리들과 함께 실제적으로 모든 사람이 임금노동에서 소득을 얻는 '완전고용'이라는 놀랄 만한 과정이 시작되었다. 노인들, 아이들, 환자들도 사회보장제도의 혜택을 누리고 많은 산업 분야에는 여성들도 있었다.

그러나 완전고용이 노동력을 가진 모든 사람이 일함을 의미하는 것이 아니었다. 1970년대에는 영리활동 능력을 가진 사람들 중에 약 55퍼센트만이 서유럽국가들에서 '임금과 빵'으로 살았다. 1990년대에는 65퍼센트, 스칸디나비아의 국가들처럼 몇 나라에서는 70퍼센트였다. 오늘날 예를 들어 덴마크와 노르웨이 같은 유럽에서는 최고 취업률이 80퍼센트 이상에 달한다.

'사회의 임금노동'에 관한 복잡한 과정을 묘사하는 것은 이 책의 주제와는 거리가 먼 것이다. 하지만 바로 그와 같은 임금노동의 확산이 명백하게 줄어든 메커니즘을 이해하는 것은 중요하다. 왜냐하면 예전 같았으면 완전히 다른 삶을 살았을지도 모를 많은 사람들이 돈을 받을 수 있는 일을 요구하면서 노동 시장에 나오기 때문이다.

청년실업이 전형적이 예다. 매년 반복해서 청년실업에 대한 비상사태가 선언된다. 너무 적은 직업교육의 기회. 초보자를 위해 너무 적은 일자리. 그러나 실제로는 그 원인이 발전된 노동관료주의 또는 실업관료주의의 결과이다. 이것들 때문에 그 원인이 발생한 것이다.

예전에는 청소년들이 '일자리'가 없으면 부모와 함께 살면서 아르바이트를 하거나 대학에서 공부를 했고, 부모의 금전적 도움으로 살았다. 그러면 간혹 긴 학업생활이나 아르바이트 생활을 마치고 언젠가는 일자리를 찾았다.

오늘날에는 가까이에 있는 관청을 가서 까다로운 설문지를 채우고 실업자로 신고한다. 아니면 자신의 끔찍했던 경험을 보고서로 작성한다. 그러면 그 보고서는 미디어에 의해 즉시 세계적 현상으로 부풀려지는 것이다.

▌프리카리아트에 대한 두려움

'프리카리아트(Prekariat)'는 보호받지 못하고 있는 근로자나 실업자와 같은 불안정 계급을 뜻한다. 5월, 파리에서는 대학생들이 데모를 한다. 긴 행렬이 샹젤리제 거리를 따라 내려가고, 합창하는 구호는 '창업 시대(1871년 이후 유럽의 경제호황기─옮긴이)'의 건물 벽면에 울려 퍼진다. 내가 젊은 대학생으로서 세계혁명이라는 이름 아래 큰 가로수 길을 따라 오르락내리락했을 때인 혁명가들의 황금시대였던 그 당시와 같다.

겉모습은 조금 밖에 변한 것이 없다. 놀라울 정도로 조금. 여전히 파리의 대학생들은 구보로 한 무리씩 10줄로 데모를 한다. 여전히 4개의 막대에 걸린 긴 현수막들에는 정성을 들여 그림으로 치장되어있는 것이 대부분이다. 현수막은 한없이 많은 단체가 'lutte(투쟁)' 이라는 단어를 앞에다 쓰고 있다. 게다가 프랑스 보안경찰인 CRS가 두들겨 패는 '경찰' 의 캐리커처들.

시대착오! 몸짓, 옷, 냄새조차 비슷하다. 주먹들. 팔레스타인 식의 수건들. 가죽 재킷들. 인디언 식의 색칠. 기운 청바지들. 긴 머리. 프랑스의 데모문화는 반세기가 지난 지금도 여전히 순수한 히피문화다. 다만 믿을 수 없을 정도로 예쁜 여학생들이 더 예쁘고 아주 조금 화장을 했을 뿐.

'Dessous les pavés, c'est la plage(포석 도로 아래에 해변이 있다)!'

예전의 문구가 아직도 있다. 포석(鋪石) 아래에는 해변이 있다. 오래된 좋은 유토피아, 다른 삶, 다른 세상을 향한 시작….

그런데 그들은 거기에서 무엇을 외치고 있는가? 무엇을 위해 데모를 하는가, 아니면 오히려 무엇에 반대해서?

'Bas la précarité(불확실한 것은 그만)!'

외침은 울려 퍼져서, 발코니에 가득 차고, 창업 시대의 건물 벽과 유리로 된 신자유주의적 자본주의의 행정건물에 메아리친다. 사람들은 전단지를 읽고 건네준다. 당혹스러움이 확산된다.

정말 맞는 말이다. 그들은 확실한, 평생 동안 보장된 일자리들을 요구하는 것이다.

▌새로운 기업가정신

긴 시간 동안 자동차를 자주 타고 가는 사람은, 이상할 정도로 마치 시간이 정지해 있는 것 같은 장소를 안다. 유럽에 수없이 많이 있는 고속도로 휴게소에 있는 화장실의 앞 공간인 작은 현관. 벽에는 현재 공사 중인 곳들을 표시해놓은 지도와 현지 관광명소의 선전포스터.

"로텐부르크 옵 데어 타우버(Rothenburg ob der Tauber)의 중세 박물관을 방문하십시오!"

간편해 보이는 플라스틱 의자, 멜랑콜리하게 보이는 작은 탁자, 그 위에 자기로 된 찻잔 접시. 이 접시 위에 사람들은 동전을 놓는다. 방금 이용한 화장실이 청결했음을 인정하는 행위. 하루 동안 수많은 여행자들이 그렇게 한다. 화물차 운전자들, 아이들, 지친 가족들, 연금을 받는 노인네들…….

자기 접시들은 종속적인 것들이 자립적인 것들로, 국내적인 관계들이 국제적인 관계들로 변화되고 있는 노동세계를 알게 해준다. 그곳에는 종종 이주민들인 흑인, 파키스탄인, 아시아인, 루마니아인들이 앉아 있다. 그들은 어떤 때는 슬픈 표정으로 자리에서 일어나거나 가끔 기쁜 모습을 보이며 정말 유쾌하게 일을 한다. 원래 그들은 웃을 일이 많지 않다. 화장실을 청소하는 사람들이기 때문이다. 인간문화에서 특권이나 명예를 가질만한 직업이 아니기 때문이다. 그러나 거의 항상 그들에게서 어떤 자부심 같은 것을 느낄 수 있다.

정말 그럴 수 있을까? 하이퍼모바일(hyper mobile)사회의 심장부로 수많은 사람들이 다녀가는 이 작은 곳에서 직업에 대한 자부심 같은 것을 펼칠 수 있을까? 이것이 분명히 글로벌세계의 새로운 카스트제는 아닐까?

기억해보자. 불과 몇 년 전에는 그곳에 아무도 앉아 있지 않았다. 대개 상당히 기분 나쁜 냄새가 나는 낡은 걸레로 꽉 찬 청소통만이 벽에 기대어 있었다. 변기는 정기적으로 이름이 에르나인지 아니면 엘리자베트인지가 청소했다. 50세를 넘긴 둥글둥글한 여성으로, 사람들 앞에 보이는 것을 꺼린 채 뒤편 구석진 방에 머물렀다. 그녀가 '크로네' 나 '에른테 23' 상표의 담배를 문밖에서 피우면 한번 볼 수 있었다.

그녀는 확실한 평생 직업을 갖고 있던 셈이었다. 고속도로 휴게소 운영 회사에서 공공 서비스 지침에 따라 그녀에게 임금을 지불했다. 이 회사는 당시에 국가 소유였고 따라서 고속도로는 공공의 인프라였다.

그녀는 시간이 감에 따라 건강이 갈수록 안 좋아졌다. 허리와 손. 그리고 화장실에서의 나쁜 냄새에 대한 불평이 쌓여갔다. 점차 편안하게 일을 했기 때문이다. "나는 이곳에 피해 있는 것이 아니라 일을 하고 있는 중이다"라는 글이 뒤편 그녀의 작은 구석진 방 벽에 적혀 있었다. 그리고 55세에 일찍 조기은퇴를 했다. 휴게소들은 화장실을 포함해서 민영 회사들에 임대되었다. 전형적인 신자유주의의 극악무도한 행위였다.

자기 접시를 본 사람은 거기에 50센트나 1유로 동전들을 많이 던지고 그 동전들은 신속하게 다시 사라져버린다. 그만큼 그들은 영리하다. 확실히 에르나인지 엘리자베트인지보다 더 많이 벌 것이다. 세금에 관해 눈감아 준다면 훨씬 더 많이 벌 것이다. 그리고 청소할 때 역시 그들, 우리의 불안정한 서비스업 종사자들이 좋다. 늘 신선하고 깨끗한 냄새가 난다. 그리고 불평들도 드물어졌다.

오늘날 우리 사회에서 천한 일을 하는 사람들은 정말 더 안 좋게 사는 것일까? 에르나인지 엘리자베트인지에게는 선택의 여지가 거의 없었다. 그러나 우리는 우리의 파키스탄인, 흑인, 아시아인, 루마니아 여인에게는 아직 한없는 기대를 하고 있다. 어쩌면 그들도 다음에는 여기에서 사라질 지도 모른다. 그리고 새로운 것을 시작할지 모른다. 대도시에서 의상실 을, 채소도매상을. 그들은 변할 것이다. 우리는 그들이 여기에서 이 일을 잘하면 다른 곳에서도 성공할 것이라 생각한다.

21세기에는 우리 모두가 어느 면에서는 화장실을 청소하는 사람들이 다. 우리는 우리 일에 대해 책임을 져야 한다. 우리는 하루를 마칠 때 마지 막 청소를 끝내고 일지에 기록하는 화장실 서비스업에 종사하는 많은 사 람들처럼 서명을 하기 때문이다. 우리 모두는 고객들이 1유로 동전을 내 려놓는 우리 앞에 있는 보이지 않는 작은 자기 그릇을 갖고 있다. 우리는 한시적인 서비스업 종사자들인 것이다.

공평하다면 이는 대표이사에게도, 증권 브로커에게도 그리고 다른 특 권을 가진 사람들에게도 해당된다. 예를 들면 교사에게도. '확실한' 일자 리가 있었던 옛날 계급사회에서는 결코 없었던 공통점이 우리에게 있는 것인지도 모른다. 불안정이라는 공통점.

새로운 것이 시작되고 있다는 것만은 분명하다.

█ 긍정적인 프리카리아트

나는 내 인생에서 적어도 5가지 아르바이트와 참다운 직업이라 할 수 있는 2가지 반의 일을 해봤다. 나는 있을 수 있는 모든 근로계약조건들 속에서 일을 했다. 정년이 보장된 고용으로, 비정년 고용으로, 총괄적 계약자로, 프리랜서로, 한 가지 업무계약으로. 대부분 내 근로조건은 '불안정'했다. 소득세를 떼는 확실한 근로조건들을 가진 직장은 내가 스스로 사표를 냈다. 나는 그 사이에 두 번 결혼했고, 네 번 이사했으며, 오늘날 나에게 행복을 주는 가족을 이루었다.

나는 예외인가? 얼마 안 되는 철저한 소수인가?

베를린과 같은 도시(정말로 대도시 대부분에도 해당되는가?)에서는 '일'이 오랜 전에 이미 매우 다양하게 돈을 벌 수 있는 형태로 변화되었다. 예를 들어 그 도시의 신문이나 수많은 시구(市區)의 신문 중 하나를 펼쳐보면, '나는 뭔가를 하고 싶다'는 믿을 수 없는 광고의 홍수가 눈에 들어온다. 이 모두가 결손이라는 의미에서 '불안정'하다는 것과 다르지 않다.

- 상업적인 인터넷 라디오의 구성을 위해 호감이 가는 진행자들을 구합니다.

- 흡연하지 않고 삶을 즐기세요, 묵은 갈등을 푸세요. 경험 많은 최면요법 여의사로 아직 예약할 수 있는 시간이 있습니다.

- 젊은 피아니스트가 카페나 호텔에서의 일을 찾습니다.

- 목수, 컴퓨터 정보처리 자문가, 작가, 모든 종류의 일을 해드립니다.

- 꼼꼼한 청소부가 깨끗한 집을 정말 중요하게 생각하시는 분의 집에서 일할 수 있는 자리를 구합니다.
- 수작업과 관련된 모든 분야의 천재가 당신의 좋은 집을 위해 맞춤, 수선, 창조적 장식을 해드립니다.

전형적이지 않은 영리 형태나 활동 형태들인 이 거대 분야를 소외계층에 속하는 것으로, 전형적이지 않은 것으로, 실패자적인 것으로 평가하기란 정말 쉽다. 옛날 통계학자들을 충실하게 따르는 사람은 옛날 근로 형태들의 훼손만을 보고, 새로운 활동의 생성은 보지 못할 것이다.

오랜 시간 질문만 하고, 관념적으로 분석하며, 세상에 희생만 있는 것처럼 왜곡시키는 사람은 부정적인 불안정성이라는 말로만 모든 것을 본다. 불확실성 요인은 인간들이 인생에서 얻는 자유의 정도를 늘 능가한다. 당연하다. 공무원과 비슷하게 평생 동안 경력을 보장해주었던 예전의 직업들과 비교해서 다른 방법으로 돈을 버는 모든 일들은 불안정하다(평생 보장된 인세 때문에 노동세계의 비참함을 두꺼운 책 속에다 쓰는 교수직에 비해서도 마찬가지다).

하지만 해당 보고서 2개 중 1개꼴로 수다스럽게 반복되는 것(안전보장의 붕괴, 삶의 불안정한 요소로서의 두려움)이 오늘날의 노동세계에 대한 '진실'일까?

시각을 한번 돌려보자. 어쩌면 그 일들은 현대 사회에서 부족한 일자리들이 결코 아닐 수 있다. 어쩌면 그 일들을 하고 싶어 하는 사람들을 찾지 못하는 것뿐일 수 있다.

갈수록 많은 사람들이 물질적 풍요로움만을 추구하는 것이 아니라 독립성, 자유, 자기실현 등을 추구한다. 자신들의 인생에 어떤 차원을 주는, 즉 인정받을 수 있는 일을 하고 싶어 한다. 그리고 이러한 현상은 이미 오랜 전부터 교육을 받은 사람들에게만 해당되지 않는다. 현명한 사람들이나 고집불통인 사람들, 아첨꾼들이나 꾀 많은 사람들, 자신의 부족함을 채우기 위해 최선을 다하는 사람 등 모두에게 해당되는 것이다.

그렇기 때문에 믿지 못할 정도로 많은 사람들이 돈을 버는 것을 목표로 할 수 있을지는 모르겠으나 소득이 얼마냐에 대해서는 포기하고 있다. 그들은 자신들에게 알맞지 않는 일을 하기보다는 책을 읽고 달그락거리는 차를 타는 여유를 더 즐긴다.

이들은 '안정된 일'을 하면서 따분해하기보다는, 대학생처럼 경제적으로 여유가 없는 삶을 살더라도 연금을 받을 나이가 될 때까지 그렇게 살기를 더 좋아한다(내가 아는 사람들 중에 그렇게 사는 사람들을 많이 알고 있다). 아니면 그들은 국가가 주는 돈으로 술수를 쓰고, 조금 불법적으로 일을 하기도 한다. 그리고 그 외에는 DVD 레코더와 134개의 위성 프로그램이 있는 TV 앞에서 시간을 보내는 것이다.

그러나 희생의 구조들로 짜여있는 우리들의 사회에 대한 인식 속에는 그런 '콤비 경제'가 존재하지 않는다. 왜 우리는 레코드판이 튀듯이 끊임없이 낡은 19세기의 계급투쟁을 따라하는지!

실업자들은 아스파라거스 밭에서의 고된 일이나 공원에서 최저의 급여를 받는 아르바이트를 불평을 하며 거부한다. 이는 이율배반적으로 매우 생산적인 현대 경제가 제공하는 자유의 옵션을 반영하는 것이다.

"우리는 일할 필요가 없다."

이는 사회적 윤리의 의미에서 부도덕하게 들리고 강압적으로 일을 하라고 위협하는 모든 사회적 지도자들을 끌어들일 수도 있는 말이다. 그러나 그 점이 바로 현대사회와 노예사회를 구별시키는 자유와 자율이다.

현대 사회에서 계속해서 나타나는 현상으로서의 실업은 결핍의 문제가 아니라 '미스매칭(mismatching)'의 문제다. 단순한 일들을 수행하기에는 교육의 잠재력이 너무 높거나 고급의 실력을 요하는 일을 하기에는 너무 낮은 것이다. 그렇다고 이런 것이 '심각한 문제'는 아니며, 세계의 붕괴를 가져오는 것도 아니다. 복지와 자유의 자연스런 결과들이고, 선택의 기회를 주는 하나의 소란스러움일 뿐이다.

초기 산업사회에서는 굶어죽지 않기 위해서 사람들이 가장 힘들고 더러운 일들을 해야만 했다. 매우 적은 계층만이 실제로 직업의 의미에 대한 문제를 고민할 수 있었을 뿐이다. 그렇지만 오늘날의 차원분열적인 경제에서는 소외된 사람들과 실력을 갖추지 못한 사람들에게도 약간의 일을 하든지 안하든지 생존할 수 있는, 아니면 불법적 일에서 기업가다운 능력을 마음껏 발휘할 수 있는 기회를 제공하는 가능성들이 생긴다.

우리가 근로의 사회적 계약을 새로 정립하고 싶다면, 옛 계급사회가 투쟁전선으로 이끌었던 판단의 기준을 버려야만 할 것이다.

▌계급투쟁의 종말

8~24명으로 된 자동차 수리팀들은 작업을 자율적으로 조직한다. 그들 스스로 시간표, 교대, 쉬는 주간, 휴가 및 교육시간을 결정한다. 그들은 계속해서 작업 과정의 개선에 대해 의견을 개진할 수 있고 이를 또한 실현시킬 수 있다.

1965년 유고슬라비아의 노동자 자치행정부에서 인용한 것처럼 들리는 이 보고서는 새로운 독일 산업문화의 심장부에서 나온 것이다. 이 보고서는 폴크스바겐의 '오토 5000' 프로젝트를 다루고 있다. 매우 생산적인 공장의 이 프로그램은 우리가 알고 있듯이 궁극적으로 산업화된 노동문화와의 결별을 의미한다.

오토 5000 프로젝트는 지식 경제에서 '휴먼 스킬(Human Skill)' 이라는 생각하에 매우 복합적인 생산까지도 변화될 수 있다는 것을 보여준다. '노동자 공장' 이란 생각은 급속도로 빠르게 확산되고 있다. 그러한 생각에는 확정된 봉급과 경직된 분업이 지배하는 것이 아니라, 결국 '노동자임' 을 포기하는 학습과 협동과 참여의 문화가 지배하고 있다.

오토 5000 프로젝트의 노동자들은 오로지 실업자 부대로 구성되지 않았다. 그들의 숙련도는 의식적으로 낡은 프롤레타리아의 미덕들(열심, 체력, 인내력)의 의미로 규정되지 않았다. 그들이 '할 수 있어야' 하는 것은 무엇보다도 동료들과의 의사소통, 자주성, 고집이다. "기술팀 남자들 공

통의 캐릭터가 있다면, 그것은 자의식이라고 할 수 있다"라고 이 프로젝
트의 책임자 중 한 사람은 말한다.

물론 이데올로기적 사회주의자(이는 우리 모두의 깊숙한 곳에 자리 잡고
있다)는 이와 같은 투쟁전선의 해체를 '엄청난 거짓말' 이라고 폭로하고
싶어 할 것이다. 지극히 옳다. 여기에서는 실제로 옛 계급관계가 해체되
고 있다. 억압하는 자와 억압받는 자, 수동적인 것과 능동적인 것, 주는 자
와 받는 자의 설득력 있는 논리가 말이다. 그렇게 자본과 노동은 새로운,
말하자면 휴먼자본주의적인 면에서 융합되는 것이다. "능력에 따라 일하
고, 필요에 따라 분배한다"는 이 낡은 마르크스주의적 공식이 계급투쟁의
사상가에게 위협적일 만큼 진실이 되고 있다.

- 경제학 또는 사회과학을 공부하는 대학생들 중 최고 4퍼센트가 6개
  월 이상씩 실습에 매달리고 있다. 몇 년 전부터 미디어에서 터보자본
  주의의 불쌍한 희생자로 떠든 '실습 세대(아무도 그 세대를 원치 않
  고, 모두 그 세대를 악용하려고 한다)' 는 미디어 키메라(chimera)와 다
  르지 않다.

- 노동의 유동성과 '불안정성' 이 유럽에서는 거의 증가하지 않고 있
  다. 잦은 편견과는 배치되는 것이다. 회사에 소속되어 있는 기간은
  EU 평균적으로 1992년부터 2002년까지 10.5년에서 10.6년으로
  오히려 약간 증가했다.

- 전형적인 편견은 다음과 같다. 미국에서는 생존하기 위해서 적어도

2개의 일이 필요하다. 하지만 미국에서는 취업자 20명 중 1명꼴로 1개 이상의 직업을 갖고 있을 뿐이다. 제2의 직업은 이를 옛 안전보장 문화의 아성으로 여기는 나라들에서 고려되곤 한다. 예를 들어 덴마크에서는 취업자 10명 중 1명이 2개 이상의 일을 하고 있다.

▌역사적인 새로운 거래

세계화와 테크놀로지의 힘이 일을 '유동적으로 만든다' 는 것은 사실이다. 하지만 인간으로서, 가족의 구성원으로서, 분할 상환해야만 하는 집의 거주자로서, 명예욕 있는 꿈을 가진 자로서 우리에게 어떤 지속성이 필요하다는 것도 사실이다.

어떻게 이와 같은 모순을 완화시킬 수 있을까? 대답은 스칸디나비아 반도의 국가들과 앵글로색슨계 국가들에서 이미 발견되었다. 고용유연안전성, 보호받는 유연성.

기본적인 발상은 간단하다. 각자가 빵을 얻기 위해 일자리를 찾을 수 있다. 이때 사람들이 돕는 것이다. 덴마크 고용주연합회의 회장인 존 네르가르드 라르센은 다음과 같이 표현했다.

"우리의 철학은, 직장과 관련해서 당신이 안전할 수 없다면 당신의 고용도 안전할 수 없다는 것이다."

이것이 가져오게 될 기대는 옛 임금노동제도의 기대와 다르지 않다. 간혹 직업적 활동의 '등급하향화' 를 의미할 수도 있을 것이다. 하지만 모든

'복지에서 노동으로' 프로젝트의 경험에 의하면 본질적으로 긍정적이다 (빌 클린턴에 의해 주창되었던 가장 유명한 미국의 '위스콘신 프로그램'은 수백만의 사람들을 취업시켰고 미국 십대들의 출산율을 낮췄다. 이 프로그램은 또한 사람들이 '악용할' 수 있는 허점도 갖고 있다).

찰스 핸디는 다음과 같이 생각한다.

잘못 사용되고 있는 '일과 삶의 균형' 개념이라 할지라도 일이 삶의 반대말은 아니다. 삶을 충족시키고 또 인간의 시간적 리듬에서 수행할 수 있는 것이 일이라면, 일은 오히려 삶의 중심에 있는 것이다.

많은 사람들이 실제로 추구하는 것은 '더 많이 살고 더 적게 일하는' 것이 아니라 다양한 종류의 일들 사이에서 더 나은 균형을 잡는 것이다. 우리가 돈을 위해 하는 일은 우리가 사랑이나 의무로 하는 일, 가정 또는 사회적 환경 속에서 하는 일, 기쁨 또는 '단지' 우리의 능력을 확대시킬 목적으로 하는 일 등을 통해 보완되어야 한다.

우리 앞에 있는 것은 '콤비 일'과 '콤비 임금'이라는 새로운 세계다. 우리가 가족을 더 돌보고 싶을 때, 자기연구를 위해 더 많은 공간들이 필요할 때, 생업 대신 놀고 싶을 때 등 인생의 국면마다 일을 집중적으로 또 대대적으로 서로 바꿔가면서 하게 된다. 이를 위해 우리는 과도기를 보내는 법을 배워야 한다. 그리고 산업사회에서와는 다르게 우리의 직업적인 또 개인적인 정체성을 확립하는 법을 배워야 한다.

그래서 '일과 삶의 균형'은 잘못된 것이다. 여기에서 '균형'은 언제나 정확하게 '평형'이 되는 균형을 암시하기 때문이다. 하지만 정신없는 삶 속에서 그것은 언제나 불가능하다. 일과 삶의 선택, 하고자 하는 올바른 절충관계를 그때그때 만들어내는 기회가 맞는 말이다.

인생 중에는 우리가 직업적 도전을 받아들여서 '불태우고' 싶을 때가 있다. 하지만 우선순위가 때에 따라 가족이라는 방향으로 옮겨지는 때도 있는 것이다. 좋은 회사들은 이 2가지 문제를 잘 다룰 수 있다. 그리고 성숙한 개인들은 그것들을 의식적으로 관리할 수 있다.

남성들은 자신의 정체성이 월급봉투와 직장의 계급조직 속에서의 자신의 직위에만 종속되지 않는 법을 배워야만 한다. 여성들은 모성(이는 철저하게 또한 발생학적 차원들도 지니고 있다)의 이상화를 상대화시키는 법을 배워야만 한다. 선택 옵션(직업, 파트너 관계, 일, 사는 곳)이 복잡해서 오로지 '아이들'에게만 헌신하는 것 물론 유혹적이다. 왜 안 그러겠는가? 하지만 항구적으로는 그것이 아이들에게도 어머니들에게도 정말 안 좋은 것이다(이로 말미암아 가장 많이 이득을 보는 남성들에게도 안 좋다).

두 성별은 직업 및 가정생활 중에 서로 간에 또 그들의 '고용주(도대체 누가 그 일을 주는가?)'와 상이하면서 상호교환적인 계약을 체결하게 될 것이다. 가사, 소득, 사회적 역할 등과 관련해서 남성과 여성 사이에는 상호교환적인 계약관계가 생길 것이다.

삶이란 총체적 예술작품이다. 삶은 아빠와 엄마 집에 살았던 그때만큼 간단하지 않을 것이다. 그러나 그만큼 좋은 것이다.

▌일과 실업에 관한 진실

발전은 본질상 옛 근로 형태들을 파괴하는 것과 다르지 않다. 옛 근로 형태들이 지속적으로 좀 더 생산적이고, 복합적이며, 유연한 모델들로 대체되는 것이다. 이러한 과정은 세계화 속에서 더욱 탄력을 받지만, '일' 을 사라지게 하는 것이 아니라 언제나 차별화된 형태들로 차원분열화되는 결과를 낳는다.

일은 그런 식으로 갈수록 더 '당분간 전문화' 된다. 어떤 때는 무척 좋은 급여를 받기도 하고 어떤 때는 그렇지 못할 경우도 있지만, 알라미즘적인 미디어들이 우리를 믿게 하려는 만큼 '질이 낮은' 것만은 결코 아니다.

- 일과 지식습득은 일치한다 : 인피네온 사의 새 유럽본부의 명칭이 '캠페온(Campeon)' 인 것은 우연이 아니다. 대학 캠퍼스가 회사이고 역으로 회사가 대학 캠퍼스이다. 배우는 것과 일하는 것이 일치하는 것이다. 일이 그런 식으로 지식 중심이 되기 때문에 경험, 열정, 일에 대한 재미 역시 직접적인 생산적 요인들이 된다.

- 종속적인 임금노동에서 '자영(Self Work)' 이 된다 : 새로운 노동 세계의 중심에는 자기 스스로 실력을 계속 연마하고, 자신의 능력과 경험의 지평을 확장시키는 자기경영인이 있다. 그러나 이것이 불안정하고 구속력 없는 유목민적 일꾼들을 양산하는 것을 의미하지 않는다. 오히려 반대의 힘이 생긴다. 지식노동이 '인간중심' 이기 때문에, 직원들을 묶어두려는 데 관심을 가진 회사에서는 인적 자원의 의미와

가치가 상승하게 된다.

그런 회사들은 직원들을 잘 다루고, 그들의 요구에 부응하며, 그들을 회사의 파트너로 만들기 때문이다. "평생 고용, 이런 생각은 이제 임종을 맞이하고 있다. 그러나 자산을 새롭게 발견하고 유동적이고 유연한 조직체로 변화되는 기업에게 해당되는 말은 이것이다. 장수하고 평생의 고용이 있기를!" 이라고 미국의 언론인인 브루스 툴건은 말하고 있다.

• **사실적 결과로부터 지식적 결과가 된다** : 기업에게 이것은 궁극적으로 기업의 결과가 미래에는 더 이상 '산출' 만으로 평가되지 않는다는 것을 말한다. 또한 산업 경제에서는 일반적이었던 이익과 성장률만으로도 평가되지 않는다. 오늘날에는 아직 모르고 있지만 미래에 기업이 알게 될 것은 무엇일까? 이에 대한 대답은 오로지 직원들의 머리 그리고 손에 있을 뿐이다. 그런데 사람들은 이런 잠재력을 어떻게 측정할까? 어떻게 그 잠재력을 평가하고, 촉진시켜서, 꽃을 피우게 할까? 그것을 알아내는 것이 내일의 경영을 위한 최대의 과제다.

09

'폭력의 증가와 문화 전쟁'에 관한 동화

▌살인문제

미래에 대한 나의 강연에는 대부분 경제의 여론조성자, 은행인, 잘 사는 시민, 세일즈맨, 마케팅 담당자, 건축가, 변호사 등이 온다. 말하자면 교육을 받은 계몽된 사람들이라고 할 수 있다. 간혹 나는 청중에게 다음과 같은 도입질문을 한다.

"2005년에 독일에서는 얼마나 많은 살인이 있었을까요?"

고집스럽게 나는 대답을 요구한다. 어떻게 생각하십니까? 얼마나 많은 살인이 있었을까요? 8,200만 명이 살고, 엄청난 외국인들과 동서 간의 긴장의 갈등이 있는 한 나라에서? 심지어 나는 객관식으로 제시한다.

① 5000명 이상 ② 1000명 이상 ③ 1000명 이하

대답은 평균적으로 다음과 같이 나온다.

① 15퍼센트 ② 70퍼센트 ③ 15퍼센트

그런 다음에 나는 묻는다.

"작년에 얼마나 많은 아동살해가 있었을까요?"

평균적으로 대개 1,000건 정도라고 대답한다. 미래와 관련된 것이기 때문에 우리는 하나의 트렌드를 확인해야만 한다. 그래서 나는 계속해서 묻는다.

"지난 10년 동안 그 수가 늘었을까요? 아니면 줄었을까요?"

일반적으로 90퍼센트는 '늘었다'는 것에 동의한다. 그런 다음에 나는 범죄통계를 큰 소리로 읽어준다. 이는 연방경찰청에서 발행한 것이었다. 1994년 독일에서의 실제 살인 건수는 662건, 2005년에는 413건. 아동 살해는 1994년에 149건, 2005년에는 59건. 성폭력의 배후를 가진 아동 살해는 1994년에 7건, 2005년에는 4건.

특히 마지막 숫자는 놀라움을 자아내게 한다. 우리는 매일 오싹한 아동살해에 대한 기사를 읽지 않는가? 그렇다. 얼마 안 되는 사건들이 1년 내내 놀랄 만큼 관음증적으로 미디어에 의해 조종되고 있기 때문이다. 국민의 여론에 따르면 연방경찰청은 범죄의 수용에 대한 여론 설문조사

를 실시했다. 지난 몇 년 동안 아동살해는 260퍼센트, 살해는 27퍼센트 증가했다.

물론 비공개 수치, 즉 자연사(自然死)가 실제로 교묘하게 위장된 범죄인 경우들도 있다. 뿐만 아니라 고살(故殺)의 경우가 모살(謀殺)의 경우보다 약간 많다. 그러나 범죄학자들은 사람들이 이런 사실을 더 큰 문제라고 보는 것을 거부한다. 유럽의 최고 경찰 중의 한 사람인 토마스 뮐러는 "모살은 이제는 더 이상 의미가 없다. 유전자 테스트가 가능해진 이후로 진상규명의 확률은 거의 150퍼센트라고 말할 수 있다"라고 말하고 있다(다른 범행들의 건수 역시 줄어들었다. 자동차 절도는 70.5퍼센트, 가택침입은 43퍼센트 줄었다. 약간 증가한 것은 상해, 폭력 등이다. 그러나 상해, 폭력 등이 더 자주 고발되는 이유는 무엇보다도 혼인 관계에 있어서 폭력에 대한 법이 바뀐 것과 관련이 있을 수 있다. 고살은 거의 변화가 없었다).

간혹 나는 강연에서 질문 하나를 덧붙이기도 한다.

"지난 몇 년 동안 청소년들의 폭력이 증가했을까요? 아니면 감소했을까요?"

2006년 5월 15일 베를린에서 열린 독일의 범죄에 대한 연례회의에서 내무장관인 쇼이블레는 14세까지의 소년범죄는 11퍼센트, 청소년범죄는 4퍼센트 감소했다고 발표했다. 노상강도와 절도범죄는 각각 8퍼센트와 11퍼센트 줄었다. 그런 다음 나는 청소년들의 폭력으로 발생한 피해에 대해 지급 의무가 있는 상해보험협회의 연구결과를 큰 소리로 읽어준다.

학교에서의 정신적 폭력은 지난 10년 동안 전국적으로 감소했다. 상해

보험협회(BUK)는 실제 조사에서 이와 같은 결과를 얻었다. 특히 하우프트슐레에서의 감소가 눈에 띈다.

늦어도 이 시점에서 내 청중들의 일부분은 지루해하기 시작한다. 좋은 뉴스는 뉴스가 아닌 것이다.

또 다른 부류는 정말로 불쾌해한다. 이를 위해 그들이 입장료를 지불한 것은 아니었는데.

우리가 정말 참을 수 없는 것은, 우리가 그렇게 힘들여서 또 그렇게 긴 시간에 걸쳐 하나의 세계상을 위해 만들어놓았던 우리의 세계관이 흔들릴 때다.

▌범죄의 요소

우리는 TV를 켜고 토요일 저녁 한 범죄 수사물의 사건에 빠져든다. 이번에는 난폭한 경찰 수사관과 괴상한 화가인 여자친구와 방금 커다란 갈등을 겪고 있는 가죽재킷을 입은 동료가 특별히 교활한 사건을 해결해야 한다.

한 국제 갱단이 정치계와 관계를 맺고 있는 최고의 건설업자들과 공모하고 있다. 관청의 부패한 공무원들이 연루되어 있고, 죄 없는 아이 하나가 그 사건에 빠져서 납치된다(터보자본주의로 말미암아 확실했던 일자리들이 없어져서 문을 닫은 선박계류장의 공터에서). 최후의 결투가 끝난 뒤에 모두 10명의 시체가 나뒹군다. 그 중 대부분은 처참하게 고문을 당한 채로, 토막 난 채로, 훼손된 채로.

물론 우리는 이것이 실제 사건이 아니라는 것을 알고 있다. 엄밀히 말해서 그것은 오락이다. 하지만 또 다른 죽음의 포르노가 곧 뒤를 이어 나온다. 시체들은 각각 그 속에 있는 터무니없는 것을 조사하기 위해 부검되고 조각조각 잘려나간다. 그렇게 자정까지 계속된다. 다음날 아침까지도.

24시간 내내 TV라는 2차 세계 속에서는 살해되고, 피부가 벗겨지고, 창으로 처형되고, 불태워지고, 거세되고, 산 채로 땅에 묻힌다. 언제나 돈, 욕심 그리고 정욕이 문제다. 라이올 왓슨은 "악한 것은 보너스를 누리고 우리의 주의력을 사로잡는다. 악당들의 미덕도 언젠가부터 버틸 수 없을 힘으로 우리의 상상력을 장악하고 있다"라고 쓰고 있다.

대략적으로 나눠보면 '범죄수사물'의 시나리오에는 보통 4가지 범주가 있다.

1. **현장살인** : 데릭(Derrick) 이후 알려져 있지만, 다른 많은 시리즈에서도 줄거리의 전형으로 사랑받고 있다. 여기에서는 셰익스피어 드라마 형식으로 연출되는 계급의 갈등이 주제다.

 • 잠재의식적 표출 : 문화와 복지는 겉치레일 뿐이다. 실제적으로 항상 차가운 아내가 빌라에서 남편을 죽이게 하고, 공장주는 공정치 못한 이익 때문에 살인을 저지르고, 돈에 욕심이 많은 아들은 아버지를 없애버리도록 시킨다.

- 교훈 : 돈이 인물을 망쳐놓는다. '소시민', 예를 들어 범죄수사관 같은 공무원들은 그와 반대로 미덕을 갖추고 있으며 꼭 필요한 선견지명을 갖고 있다. 그들은 정직하고, 근면하며, 매수당하지 않고, 평정을 잃지 않는다.

2. **기인 찬가** : 여기에서는 무엇보다도 대개 가죽재킷을 입은 수사관이 벌이는 지나친 폭력을 위한 긴장의 구축이 문제다.

- 잠재의식적 표출 : 경찰관들은 정이 없는 관료이며 바보들이다. 방자하게 행동하거나 법을 어겨야만 하는 무법자가 칭송된다. 그렇지 않으면 악과 맞서 싸울 수 없을지도 모르기 때문이다. 주요 갈등 노선은 범죄자와 법 사이에서 전개되는 것이 아니라 나르시시즘적인 개인과, 허약하기 때문에 악에 대항하지 못하는 고루한 관료주의 사이에서 전개된다. 거리낌 없이 그리고 즐거운 파괴의 축제 속에서 남성다운 나르시시즘적인 공격성향이 칭송된다. 이는 일반적으로 우리 사회에서는 탈법적인 것이다.

3. **심리적 콤플렉스 살인** : 여기에서는 어떤 사람이 서서히 정신을 잃는다. 어둠으로부터 그는 희생자들 및 수사관들과 함께 귀신들린 듯한 게임을 한다. 정황은 거의 언제나 희생자로부터 설명된다. 어떤 사람이 '사회'에 의해 궁지에 몰리게 되었고, 어린 시절에 학대받았기 때문에 이제 가장 간교한 방법으로 복수를 하는 것이다.

- 잠재의식적 표출 : 사회는 미쳤고, 병들었으며, 그렇기 때문에 '갈수록 살인자가 많아지는 것'은 놀라운 일이 아니다.

4. **국제적인 글로벌화 살인** : 여기에서는 '제3세계'의 약탈, 무기거래, 극우주의자들, 테러분자들이 문제다. 이 시나리오에서도 범죄는 일종의 저항으로서 정의된다. 정치적 선전으로서의 범죄수사물.

• 잠재의식적이지 않은 표출 : 자본이 책임이다.

현재 유럽의 가장 유명한 범죄소설 작가인 헤닝 만켈보다 더 천재적으로 이와 같은 4가지 버전을 하나의 서사적 플롯에 종합해낼 수 있는 사람은 없다. 우리의 영웅적 스웨덴 수사관인 커트 월렌더는 청소년 3명의 섬뜩한 죽음에 대한 피땀 어린 조사 끝에 황량한 암초들이 있는 경관을 바라보며 생각에 잠긴다.

"사회로 말미암아 생긴 균열이 끊임없이 넓어지고 있다. 국민의 새로운 분열이 이 땅에서 벌어졌다. 이용당했던 사람들 속에서, 불필요했던 사람들 속에서……."

월렌더의 세상에 비가 오면, 다시 한번 무거운 살인이 세상 위에 드리운다. 택시 한 대가 모퉁이를 돌면 전율이 멀지 않다. 모두 죽는다. 암으로, 지루함으로, 억압된 어머니 콤플렉스로. 모두가 이름 모를 2개의 방을 가진 집에 버려져 죽거나 아니면 시내 변두리의 빌라에서 정신적으로 질식하는 기만당한 자, 외로운 자들이다. 인간의 육신은 모두 어쩐지 탐욕스러우며 부패되어 있다.

관청은 도움이 안 되거나 부패되어 있으며, 오래전에 익명의 '자본 이해관계'에 희생자가 되어버린 익명의 한 국가가 모든 것 위에 지배하고 있다. 뚱뚱한 수사관인 월렌더는 철저히 위장한 마르크스주의자이다.

그는 거미의 알주머니에서처럼 자신의 과거 속에서, 실패한 결혼 속에서, 자신의 아버지와 실패한 사랑에 얽혀서 살아가고 있다. 그러나 월렌더는 그렇게 대담하게 늘 똑같은 자신의 스웨터 속에 자신을 숨기고 있기 때문에, 언제나 다시금 진흙탕 속에서 자신을 일으켜 세우기 때문에(가장 잔인한 범죄자들이 그를 그 진흙탕 속에 방금 다시 밀어 넣었다. 하지만 그들은 어린 시절에 받은 학대 때문에 무서운 행위를 하지는 못한다), 우리는 그 외에 다른 사람을 좋아할 수 없는 것이다!

허구적인 남부 스웨덴의 생활풍경을, 일상적인 전율의 테마파크를 환각적으로 받아들이는 이런 병을 무엇이라고 부르는가? 의심의 여지없이 그것은 우울증이다. 당뇨병을 앓고 있어서 끊임없이 자신의 혈당치와 불룩한 배를 걱정하는 월렌더는 고도의 우울증을 갖고 있다. 하지만 그는 자신의 우울증을 나타내지 않고 자신의 창조주 만켈을 통해서 언제나 새로운 인간의 잔인함으로 환각을 일으키는 것이다.

스웨덴은 오늘날 사회적으로 아주 평온한 나라다. 여기에도 분명히 사회적 문제들, 폭음, 범죄, 좌절이 있다. 인간사회에 그런 것이 없는 곳이 있을까? 하지만 사람들은 더 평온하고 동질성을 가진 나라를 찾지 못할 것이다. 더 효율적인 경찰도 없을 것이다. 더 친절한 사람들은 거의 없을 것이다.

스웨덴에서 특히 간교한 범죄 장면이 확고한 위치를 갖게 된 것은 우연이 아니다. '남은 해악의 명제' 라는 의미에서 보면 빛이 많이 있는 곳에 그만큼 그림자가 더 많이 있게 마련이다. 그리고 당연히 모든 것이 엄청 난 음모를 초래한다. 발렌더 범죄소설의 마지막 작품인 《방화벽(Die Brandmauer)》은 세계를 완전히 파괴하려는 마귀 들린 네오글로벌(Neo Global)적인 네트워크가 주제이고, 만켈의 마지막 장편소설인 《케네디의 뇌(Kennedys Hirn)》는 아프리카에서의 착취를 북반구의 유복한 생활, 그 중에서 북쪽의 숲을 통해 미친 옛 나치들과 연결시킨다.

'경악'이라는 유일한 사탕봉투 속에 들어있는 알라미즘적인 모든 두려 움의 대용품처럼. 그래서 늘 흥미진진하게 읽을 수 있다.

▌관용 제로

현대 문명이 짧든 길든 모두가 모두에 대항하는 전면전으로 변하고 있 다는 것은 문화적·역사적으로 이미 오래전에 알려진 사실로서 나치주의 자들도 이를 기꺼이 받아들였었다.

이들은 이미 당시에 미국 도시들의 범죄율에 대해 경고하기를 좋아했 다. 그리고 그 대응책으로 나치의 최하조직인 반장 시스템을 만들어냈다. 여전히 대도시들은 은유적으로 내전 지역으로 표현되고 있다. 그러한 재 료를 바탕으로 「뉴욕 탈출」, 「매드 맥스」 같은 컬트영화들이 만들어질 수 있었다. 이 영화들에서는 폐허의 세트장에서 종말 시대의 범죄단체들이 천연자원인 원유의 마지막 잔여분을 놓고 싸운다.

반면에 이 영원한 몰록(Moloch, 아이를 제물로 바치고 섬긴 페니키아인

214

들의 신-옮긴이)인 뉴욕이 지난 몇 년 동안에 정말로 안전한 대도시로 변했다는 것은 그리 많이 알려져 있지 않다.

용광로, 세계 이주의 중심지 뉴욕은 실제로 1970~80년대에 아픈 시기를 겪었다. 1965년 925건이었던 살인사건 수는 매년 증가하여 1990년에는 2,600건이 되었다. 그렇지만 그 이후로는 어마어마할 정도로 계속 줄어들고 있다. 2005년 뉴욕에는 겨우 571건의 살인사건이 있었다. 유럽과 비교해서 여전히 많은 숫자이지만 80퍼센트 감소한 것이고, 계속 떨어지고 있는 추세다.

유럽의 미디어에서는 '관용 제로' 정책, 말하자면 사소한 범죄까지도 무자비하게 추적한 것이 유일한 원인이라고 했다. 실제로 오늘날 사람들은 범인들을 예전보다 빨리, 철저하게, 오랫동안 잡아 가두고 있다. 하지만 이것은 진실의 절반도 안 된다. 범죄의 조직적인 감소는 적어도 다음의 3가지 요인에 기인하고 있다.

• **노래 부름** : 지금까지 범죄가 삶의 형태로서 만연했던 지역사회를 안정화시킨 것이 범죄 감소를 위한 확실한 수단이었음이 밝혀졌다. 뉴욕의 '어려운' 시 구역들인 할렘과 브롱크스에서는 지난 몇 년 동안 문화를 주도하는 단체들이 곳곳에서 젊고 절제를 모르는 남자들을 강력하게 묶어두었다. 댄스그룹, 노래그룹, 스포츠 주도단체들이 마치 여름비가 오고 난 후의 버섯처럼 생기고 있다. 예를 들면 할렘의 그레이터후드 교회의 스티븐 포그는 수백 명의 흑인 젊은이들을 끌

어들인 '힙합 합창단' 으로 유명해졌다.

• **범죄 도표화** : '범죄 집단' 파악을 위한 체계적인 기술이 오늘날 모든 대도시에서 시행되고 있다. '범죄 도표화' 방법으로 보고타나 케이프타운에서조차 폭력범죄율을 대대적으로 낮출 수 있었다. 이때 '환락가들' 을 집중적으로 다룬다. 범죄가 빈번한 특정 구역에 있는 불투명한 지역들이다. 현대의 컴퓨터 기술은 훨씬 빠르게 정보를 획득할 수 있고, 계획을 수립하는 관청들과의 네트워크화 속에서 그러한 응집력들은 간혹 구조적으로 문제점을 완화시킬 수도 있다. 불빛, 넓은 거리, 현지 상점의 기술적인 안전대책 등으로.

• **비행 청소년 근절** : '잠재적 범죄' 의 수는 현격하게 줄고 있다. 첫째는 물론 체포 덕분에, 둘째는 문제의 시 구역에서의 강화된 교도노력으로, 셋째는 새 이주물결 때문에, 오늘날의 이민자들은 오히려 경제적 이유로 뉴욕으로 와서 열심히 일함으로써 그 구역을 안정화시킨다. 넷째로 범죄환경은 언제나 '자살 효과' 를 만들어낸다. 뉴욕의 많은 폭력범들이 총격이나 살해로 죽는다.

그렇지만 현격하게 감소한 결정적인 요인은 완전히 다른 점에 있다. 인구통계적인 면이 그것이다. 스티븐 레빗과 스티븐 더브너는 자신들의 책 《괴짜경제학(Freakonomics)》에서 무엇보다도 1990년대에 범죄율을 급속도로 떨어뜨린 것은 피임약이라는 것을 증명하고 있다.

젊은 흑인 어머니들은 1960년대 후반에 처음으로 피임약을 광범위하게 이용했다. 그렇기 때문에 당시에 뜻하지 않은 출생이 급속도로 줄어들었다. 문제가정에 있던 원치 않았던 많은 아이들이 비로소 태어나지 않게 된 것이었다. 그럼으로써 많은 범죄 경력들도 시작될 수 없었던 것이다.

뉴욕의 예가 우리에게 가르쳐주듯이, 시민 사회의 일상적 폭력은 완전하게 없앨 수는 없지만 글로벌화된 이민사회라는 힘든 조건하에서조차 폭력을 줄이고 길들일 수 있다. 이러한 과정이 아직 어느 곳에서나 일어나고 있지는 않다(예를 들어 남아프리카공화국에서는 범죄율이 가파르게 상승하고 있다). 비록 사람들이 여러 가지 면에서 서로 낯설지만 서로에게 적대적인 일을 가하지 않으면, 우리는 이 방법들을 발전시킬 수 있을 것이다. 그리고 이때 인류 발전의 요인들도 우리에게 도움이 된다. 좋은 뉴스가 아닌가?

하지만 말했듯이 좋은 뉴스는 원래 뉴스가 아니다. 이런 뉴스는 적어도 '판매할 수 없는' 것이다. 경제적인 면뿐 아니라 정신적인 면으로도.

▌폭력, 인류학적으로 항상 있어온 것

루소적인 기본 동화는 대략 다음과 같다. 수천 년 전 인간들이 아직 자연과 조화를 이뤄 살고 있었을 때, 이들은 평화로운 사냥꾼과 채집가들이었다. 이들은 동굴에서 살았고, 사냥을 했으며, 열매들을 채집했다. 그런 다음에 타락한 문명이 생겼고 우리를 '관습과 규범', '전통과 억압'이라는 틀 속에 가두었다. 인간들은 자연스럽지 못하게 과밀한 거주 공간 속에 갇히게 되었고 이어서 현대 문명에 전형적인 살인적 공격성향을 발휘했다.

2006년 벨파스트의 퀸스대학교 연구원들은 영국 남부의 거주 지역에서 나온 수백 개의 두개골을 체계적으로 분석했다. 이 두개골들은 초기 석기 시대 사람들의 것으로, 이들은 숲 지역에 드문드문 떨어져 살고 있었다. 연구원들은 다수의 두개골에서 폭력의 직접적인 영향으로 죽은 것이 분명한 흔적을 발견했다. 인류학자 마이클 와이소키는 이렇게 말했다.

"우리가 추측했던 것보다 훨씬 더 폭력적인 사회를 보고 있다."

아이러니컬하게도 영국인들은 1만 년 전 시대에도 이미 '훌리거니즘(hooliganism)' 성향을 가졌다고 말할 수 있다. 하지만 영국인들은 이 사실을 이 시대의 모든 문화들과 공유하고 있다. 평화로운 유목민이나 신석기 시대의 농부는 주위환경과 조화를 이루며 살았을 것이라는 생각이 하나의 환상에 불과하기 때문이다.

로렌스 킬리는 인류학자로서 '원시 전쟁'에 관한 전문가다. 그는 《문명 이전의 전쟁(War before Civilization)》이라는 책을 통해 인간의 전투적인 원시 시대에 대한 중요한 저술을 남겼다. 연대기적인 이 연구의 가장 중요한 결과들을 소개한다.

• 고대 인간에게 전쟁은 늘 오늘날보다 훨씬 더 많은 희생을 요구했던 자연적인 상태였다. 씨족, 종족 아니면 유목민적 문화 속에서 살았던 사람들의 일상은 수천 년 동안 전투가 일상적인 다반사였다. 종족사

회들은 근대의 모든 민족국가들보다도 더 빈번하게 규칙 없는 전쟁을 했으며, 더 많은 사망자를 냈다. 심지어 제2차 대전의 엄청난 사망자 수가 많은 고대사회나 산업화 이전의 사회에서 오랫동안 자행된 대량학살보다 세계인구에 대한 백분율에 있어서 더 적은 사망자수를 기록했다.

- 문명 이전의 전쟁들은, 많은 낭만주의적 인류학자들이 말하는 것처럼 '악의 없는 제의적' 성격을 갖고 있지 않았다. 나중에 평화의 담배를 피우기 위해 싸웠던 것이 아니라 서로를 없애버리기 위해서 싸웠던 것이다. 종족 및 씨족 사회의 전쟁 대부분은 정복 전쟁으로, 영토, 살인, 그리고 탈취가 목적이었다. 예를 들어 소위 그렇게 평화적이라고 하는 남태평양의 종족들은 낭만적인 서구사람들이 지어낸 동화일 뿐이다. 타히티인들은 적의 아이들 머리를 그의 어머니 몸에 꽂았다. 마오리족들은 '노획한' 아녀자들을 불구로 만들어서 달아날 수 없게 만들고 성폭행하고 나중에는 잡아먹었다(고도의 문명사회나 아니면 전쟁을 일으키는 민족국가들은 그와 반대로 양민을 보호하고 포로로 잡는 데 관심이 있는 경우가 자주 있다. 이유는 적이 미래의 노예나 조세를 바칠 사람들일 수 있기 때문이다).

- 베네수엘라와 브라질에 살고 있는 야노아뫼족은 부족한 자원을 가진 과밀 주거 지역만이 전쟁을 일으킨다는 명제를 뒤집는다(이 명제로 근대의 종족 학살 중 하나인 루안다 종족 학살이 설명되었다). 야노아뫼족은 거의 사람들이 없는 지역으로 둘러싸여 있고 자원도 부족

하지 않지만, 사실상 끊임없이 전쟁을 일으킨다. 무엇보다도 서로 간에 여성, 복수, 자원을 위한 약탈 전쟁이다.

• 그렇지만 평화적인 종족문화들도 있었고 지금도 있다. 여기에서의 전쟁은 무엇보다도 공격적인 형태가 드물다(예를 들어 칼라하리 사막의 쿵산족이나 말레이시아의 세마이족, 티에라 델 푸에고 제도의 야간족이나 쿠퍼 이누이트 인디언 등). 물론 이 집단 내에서도 살인율은 오늘날 미국이나 유럽에서보다 5~10퍼센트 더 높았다.

▌전쟁의 위기

인간 종족은 그 '본질'에 있어서 살해, 방화, 약탈을 그칠 수 없는 전투적 종족인가? 실제로 많은 사람들이 그렇다고 말하고 있다. 진화론적 생물학의 관점과 더 새로운 인류학의 관점으로 볼 때도 그렇다.

'우리'와 '다른 사람들' 사이를 영원히 불화하게 만드는 것이 바로 '인류애 원리'이다. 원인(原人)들은 감정이입과 협동을 위한 유전적 능력을 발전시켰다. 말하자면 우리는 '우리와 같은 사람들'에게는 '선(善)'하도록 입력되어 있는 것이다. 우리의 혈족, 우리의 씨족에서 나온 사람들에게. 그렇기 때문에 복잡하고 상호작용적인 인간 공동체들이 형성되는 것이다.

그러나 바로 이러한 '이기적 이타주의'는 이방인들이 '우리의' 영토에 침입할 때 한계에 다다른다. 자원이 위협받을 때에는 이제 현실적인 침입이 되고, 상징적 적대감으로서는 허구적인 침입이라고 할 수 있다. 그러면 협동성향은 전투적 행동을 할 가능성으로 바뀐다.

하지만 먼저 통계로 다시 가보자. 전쟁에서 죽은 희생자들의 수를 우리가 정확히 분석해보면, 우리가 알고 있는 것들과 엄청나게 모순되는 단순한 명제 하나를 쉽게 증명할 수 있다. 이 지구상에 평화로웠던 적은 결코 없었다.

그래서 우리는 다시 멈칫할 수밖에 없다. 근동지방, 아프가니스탄, 콩고 등지에서 벌어지는 폭력들을 보지 못했는가? 동티모르, 스리랑카, 페루 등지에서는 계속해서 내전의 불꽃이 일어나지 않는가? 그렇지만 세계 인구 1인당 전쟁행위는 지난 15년 동안 계속 줄어들었다. 이 주제에 대해 미국 정부의 위임을 받아 웁살라대학교가 조사 발표한 '인간 안전보장 보고서' 가 이 사실을 분명하게 보여주고 있다. 이 연구에 따르면 1990년 이후 1,000명 이상의 사망자를 낸 분쟁의 수는 80퍼센트 정도 감소했다. 1989년과 2002년 사이에 100건의 분쟁이 끝났다. 1990년대만큼 전쟁으로 죽은 사람의 숫자가 적었던 때는 없었다. 그리고 21세기 초에는 그 숫자가 더 적다.

우리가 냉전시대에 일어났던 많은 내전들이 여론에 거의 주목을 받지 못했던 대리전쟁이었다는 점을 기억하면 이 사실을 조금 더 수긍할 수 있을 것이다. 예컨대 모잠비크와 앙골라에서는 당시에 수백만의 사망자를 낸 내전이 들끓었는데, 이때 두 진영은 강대국들에 의해 무기가 충분히 공급되었다. 그들은 이와 같이 '점화된' 지역들에서 결코 식을 줄 몰랐던

제3차 대전의 희생자들이나 마찬가지였다. 우리가 '서방세계'에서 평화롭게 살 수 있었던 값을 이곳에서 지불한 셈이었다.

2가지 가능한 결론이 도출될 수 있을 것이다. 첫째, 현재 우리는 상대적으로 평화로운 시대에 살고 있다고 할 수 있다. 하지만 잠정적일 뿐이다. 다음 세계의 전쟁들이 우리의 코앞에 와 있다. 이 전쟁들은 예전의 그 어떤 것보다도 대대적이고 살인적일 것이다. 둘째, 인간 문명에 무슨 일이 일어났다. 전쟁의 빈도와 사망자 수가 줄어드는 추세가 그것이다. 어찌된 일일까?

- **핵폭탄** : 핵 파괴력의 실상은 많은 전선에서 전쟁을 부질없는 게임으로 만들었다. 핵폭탄이 있는 곳은 정복할 엄두는 내지 못하고, 갈등만이 대대적으로 증폭된다. 경고 시대의 전설적인 미래학자 헤르만 칸은 사후에서야 영예를 얻고 있다. 핵 전쟁의 시나리오가 평화에 기여할 것이라는 분명히 냉소적인 그의 생각이 옳았기 때문이다.

- **여성의 영향** : 전투적인 사회는 늘 남성이 지배하고 있었다. 갈수록 많은 사회에서 여성에게 더 중요한 역할이 부여되는 '메가트렌드 여성'은 전쟁에의 투자를 지원하는 사회적 문법마저 변화시킨다. 전쟁은 많은 점에서 돈이 많이 든다. 여성의 영향을 받는 사회는 다르게 '작동하고' 또 다른 계산서를 내민다.

- **개인주의화** : 더 많은 사람들이 더 오랫동안 경제적 풍요로움 속에 살게 될수록 사회는 상이한 가치 설정이나 목표 설정, 생활 형태나 생

활방식으로 더 많은 편차가 생기게 마련이다. 그렇기 때문에 복지사
회에서는 전쟁을 총체적으로 조직하고 추구하기 위해 사람들의 마음
을 움직이기가 쉽지 않다. 사회과학자들은 '포스트 영웅적 문화'를
언급하는데, 이는 하나의 사상이나 이상을 위해 사람들의 희생을 요
구하는 것이 갈수록 어려워지는 사회를 말한다. 이라크에서의 미국
의 전쟁은 미국 병사 2,500명의 생명을 앗아가는 바람에 그 전쟁은
정치적으로 더 이상 정당성을 갖지 못하게 되었다. 베트남에서는 5
만 명의 미군들이, 제2차 대전에서는 수십만 명이 희생되었다.

- **미디어의 영향** : 미디어는 의심할 여지없이 전쟁 발발을 증폭시킬 수
있다. 나치의 정치선전이나 오늘날의 이란 TV를 참조하라. 하지만
복합적인 미디어 문화 속에서 미디어는 더 이상 그렇게 쉽사리 '위
로부터의' 도구로써 이용될 수 없다. 인터넷은 라디오와 TV라는
'주요' 미디어처럼 더 이상 그렇게 간단하게 지배되고 통제될 수 없
다. 민주적인 사회에서는 종종 미디어가 전쟁을 억제하는 영향력을
가진다. 이때는 무엇보다도 영상의 힘이 중요하다. 베트남 전쟁 때는
일반 시민의 고통을 오랫동안 볼 수 없는 상태였는데(모든 전쟁이 처
음에는 이렇다), 유명한 미 라이의 사진들이 이러한 지각의 커튼을 벗
겨냈다. 현대의 네트워크 미디어는 과소평가할 수 없는 통제기능을
갖고 있다. 특히 민주국가들의 하이테크 전쟁 지도자들에게 일반 시
민의 희생을 방지하도록 강요한다. 물론 또 다른 면으로 '상징적인
전쟁 지지자들'에게 특별히 미디어 영향력을 발휘하는 죽음의 시나
리오를 쓰도록 부추기기도 한다.

- **UN의 작용** : 이렇게 비난받고 무시되는 기관은 거의 없을 것이다. 간혹 세무서조차 더 좋은 이미지를 갖기도 한다. 그렇지만 이 지구상의 도처에서 수많은 활동을 하는 UN은 분쟁을 막는 데 지속적으로 영향을 끼쳤다. UN은 진정한 증오의 전쟁을 막을 수는 없겠지만, 국민 모두를 동원시키지 못하도록 분쟁을 최소화할 수 있고 또 외교적으로 조정할 수 있다.

- **경제의 변화** : 인도조차 오늘날 천연자원보다 더 많은 프로그래머를 만들어내고 있는 실정은 영토를 가르는 일이 어떤 의미가 있는지에 대한 의문을 갖게 한다. 산업사회에서 지식사회로의 전환은 자원들을 '비물질화' 시키고 있다. 인적 자본은 힘으로 정복할 수 없다. 정복했을 경우에는 공격자와 함께 일하는 것이 단호하게 거부될 수 있기 때문에 부담만 될 뿐이다. 굴복한 노예들에게는 순전히 힘만으로 돌을 깨라고는 강요할 수 있다. 하지만 머리로 일하는 사람들에게 총으로 창조성을 강요하는 것은 정말, 정말 쉽지 않은 일이다.

분자 테러리즘

대서양 상공에 오늘 대형 비행기가 폭발했다. 첫 보도에 따르면 희생자는 546명이라고 한다. 비행기는 이륙 후에 정상궤도에 들어서지 못하고 약 45킬로미터를 날아간 후에 화면에서 사라졌다. 높은 압력의 결과로 비행기 잔해들이 120평방킬로미터 해상에 떨어졌다. 살아남은 사람은 한 명도 없었다.

조사당국의 첫 보고에 따르면 원인은 분자 테러리스트로, 그는 런던 히스로 공항의 바이오 스캔을 피해갈 수 있었다고 한다. 이러한 위협은 이미 작년 2월 유럽 정부의 바이오 스캔 보고서에서 지적되었다. 그러자 테러리스트들은 자신들 세포의 분자 구조를 변화시키고, 세포 성분의 탄소에서 점화할 수 있는 위험한 액체들을 만들어낸다. 결국 그렇게 응용된 나노바이오테크는 가부키 바이오 갱단의 실험실에서 나온 것이다.

이 갱단의 주요 거점은 동티베트에 있는 것으로 추측되고 있다. 그렇게 조작된 테러리스트가 점화를 준비하기 위해서는 오직 특정 분자가 들어있는 드링크를 마셔야만 한다. 모든 안전조치들(몇 개월 전부터 국제선에서는 뜨거운 음료가 더 이상 제공되지 않는다)은 그러한 공격을 막는 데 충분하지 못했음이 명백하다.

-2145년 9월 11일자 『로이터통신』

이와 같은 기괴한 보도가 미래에 나올 개연성은 과연 얼마나 될까? 사람들이 작년에 전개된 상황을 보게 되면, 이런 보도는 끝을 모르는 새로운 군비경쟁의 당연한 귀결일지도 모른다. 한편에서는 종교적 신념에 따라 세계 곳곳에서 대량살상을 목표로 한 자살 테러리즘, 다른 한편에서는 끊임없이 무장하는 비밀정보원, 조사당국 및 복합적인 총체적 기술 문명.

그리고 그 사이에서 우리는 두려움과 의심에 휩싸여 있다. 미디어의 보도 때문에.

테러와 문명 사이의 대결은 '선별–세분화–적응'의 길을 따라 함께 진화해가는 공진화(共進化)와 다르지 않다. 뱀들이 자신의 제물을 죽이기 위해 갈수록 더 정교한 독을 발전시키듯이, 테러리스트들도 갈수록 더 갈고 다듬은 대량살상의 전략들을 발전시키는 것이다. 하지만 정글 속의 많은 생명체들은 뱀의 독에 대한 면역성을 발전시킨다. 아니면 먹이동물로서 적합하지 않을 만큼 자신들의 고기를 즐길 수 없게 만들었다.

인간의 유기체에서도 매 순간마다 비슷한 싸움이 일어난다. 면역체계는 체내에 있는 방어 군대가 적대적 침입자를 알아볼 수 있도록 그들을 확인하고 분자로 표시하는 시도를 지속적으로 한다. 그러는 동안에 바이러스와 박테리아 같은 병원체들은 위장, 변성, 분자의 양동작전, 심지어 공생이라는 온갖 술책들을 동원한다.

이와 같이 끝을 모르고 점진적으로 확대되는 군비경쟁의 체계들을 등가의 공진화라고 부른다. 그 체계들은, 비록 각 개체들과 유기체들이 간혹 죽는 경우가 있다 하더라도 끊임없이 새롭게 입증되고 계속 발전하는 삶과 다를 바 없기 때문이다.

▎테러의 수학

모든 일과 체계처럼 테러리즘도 하나의 경제를 가진다. 테러리즘의 역동성과 '성공' 을 결정짓는 4가지 요소들이 있다.

- **목표지형학** : 이슬람의 테러리즘 본질은 정신적으로 엄청난 고통을 주는 것이기 때문에 상징적 캐릭터에 따라 목표를 세심하게 찾아야만 한다.

  세계무역센터의 트윈 타워는 상징적으로 최고의 목표였고, 그 건물을 파괴한 것은 제대로 성공한 것이었다. 음탕함이 번성하고 있는 적의 성지들(의사당, 대사관, 교회, 비행기, 공항 등)이 파괴되어야만 하기 때문이다.

  비신자들이 자신들의 생활방식의 핵심으로 이해하고 있는 모든 것. 상징성이 큰 목표물들이 점차 '저항력(경찰이나 기술적인 조치들)'을 갖추기 때문에 9·11 사태 이후 테러는 점차 '유약한' 목표물들로 전환되었다. 지하철, 역, 항만, 공항, 공공장소 등 말하자면 문명을 '해칠 수 있는' 장소들이 이제 목표가 된 것이다. 봄베이와 같은 혼잡한 대도시에서의 지하철은 (아직) 쉽게 조준될 수 있다. 런던이나 마드리드의 사람들은 이미 많이 경험을 했다. 그곳뿐만이 아니다.

- **물류** : 테러조직들은 하나의 구조가 필요하다. 이들은 폭탄, 액체 또는 박테리아 등 말하자면 파괴력이 있는 것들을 수송하거나 그것들을 적어도 잠정적으로 사령부로 가져가야만 한다. 이들은 시간적인 절차에 따른 협력이 필요하다. 범행이 실패하거나 성과 없이 끝나지 않기 위해서는 정확한 시점에 정확한 장소에서 일어나야만 한다.

- **모집** : 테러리즘은 가장 작은 문제라고 사람들은 생각할 수도 있다.

수십만의 '급진적 패배자들'은 이 세계의 이슬람 게토에서 파라다 이스로 가는 티켓을 기다리고 있다. 그곳에 대기 중인 청소년들은 자 신들의 나라에서 실업이나 무자비한 부모의 통제 외에는 미래에 대 한 전망을 갖고 있지 않다. 따라서 파라다이스로의 여행은 탈출구 없 는 정신적, 사회적 상황에 따른 당연한 귀결일 뿐이다.

• 적 : 당신이 이것을 읽는 동안 분명히 수백 명의 살인자들은 우리와 같은 비신자들을 어떻게 하면 요란하게 삶을 앗아갈까 계획을 짜느 라 어느 집이나 뒷방에 앉아있을 것이다. 하지만 그와 마찬가지로 분 명히 수십만 명의 경찰, 수사관, 조사관, 안전요원, 스파이, 군인들도 집중적인 회의를 하며 그것을 막으려고 노력한다. 모든 수단을 동원 해서(나는 내가 무엇을 말하는지 알고 있다. 나 자신이 그러한 안티 테러 싱크탱크에 협력하고 있다).

영국의 체계수학자이며 '재난 전문가'인 고던 우는 이러한 모든 요소 들로부터 테러범행의 개연성을 계산해낼 수 있는 하나의 수학적 모델을 고안해냈다. 그래서 '테러 이벤트의 개연성 곡선'이 생겨났다. 이 곡선에 서는 테러리즘이 무조건 승리할 것처럼 보이지 않는다. 중소 범행의 개연 성은 갈수록 높아지고 있다. 하지만 동시에 그런 범행들은 점차 테러 운 동에 대해 더욱 관심을 잃게 한다. 비록 암살자의 수는 현재까지 증가하 고 있지만 이슈가 될 만한 큰 범행을 위한 기회는 줄어드는 추세다. 축구 월드컵이 테러의 목표가 될 수 없었다.

네트워크 자체가 불리한 점이다. 지난 몇 년 동안에 테러집단들이 점차 체포되었는데, 이는 촘촘한 네트워크화로 수사관들이 공격할 수 있는 곳이 수적으로 증가했기 때문이다. 50명을 가진 집단은(대규모 작전을 위해서는 이렇게 많은 수가 필요하다) 사실상 완전하게 입단속을 할 수 없다. 사람들은 어떤 방식으로든 의사소통을 한다. 길에서 구두로 무엇인가를 속삭인다 할지라도 흔적을 남기게 마련이다.

▌테러와 인구

또 다른 핸디캡은 인구에 따른 원인으로 기대에 못 미치게 모집되기 때문이다. 역사학자인 군나르 하인존은 이슬람의 테러를 이슬람문화권의 높은 출생률과 직접적으로 연관시킨다.

가자지구나 아프가니스탄에서의 출생률은 여전히 6명의 아이들을 가진 옛 대가족 수준이다. 그 중에 적어도 3명의 아이들은 실업 상태이다. 이들에게 영웅적 죽음은 하나의 '의미 있는' 기회인 셈이다. 그래도 그 가족에는 여전히 형제나 자매 중에 한 사람 이상은 남아 있다는 말이다(참고로 오사마 빈 라덴 역시, 비록 부유하긴 하지만 14명의 아이들을 가진 집안에서 태어났다).

그와 반대로 80년대에 내전으로 15만 명의 희생자를 낸 레바논에서는 그 이후로 출생률이 임신 가능한 여성 1인당 1.9명으로 급격하게 떨어졌다. 이슬람권 주민의 경우도 출생률이 급격하게 줄었다. 이제 아이들을 폭탄띠를 두른 영웅적 죽음으로 내몰지 않는다. 개인으로서 자신을 바라보는 사람은 대개 '다르게' 생각한다. 여하튼 그는 '그후에' 처녀들이 기다리고 있지 않다는 것을 알고 있는 것이다.

가자지구에서 생긴 하마스는 분명한 자살 테러조직이다. 레바논에 둥지를 트고 시리아와 이란으로부터 지원을 받고 있는 히스볼라는 그 반대로 게릴라 부대다. 말하자면 테러리즘의 종류와 역동성은 '청소년의 증감' 구조와 연관이 있는 것으로, 1960년대에서 1980년대까지는 이슬람 국가들에서 발생했던 출산물결이 오늘날에는 대부분 썰물처럼 빠지고 있다.

세계화 자체가 테러리즘적인 세계관에게는 두 번째 문제요소다. 이라크나 이스라엘을 위한 의욕적인 전사들을 아직까지는 찾을 수 있을지 모른다. 그러나 문화적 '적대국가'로 들어가자마자 수염, 겁주는 현수막, 총을 거칠게 흔드는 모습 등으로는 많은 성과를 얻지 못한다.

그렇다면 '물속의 고기'처럼 적의 배후에서 움직일 수 있는 전사들의 다른 유형이 필요한 것이다. 영어를 할 줄 아는 사람들, 교육을 받은 사람들, 믿을 수 없을 만큼 조심하는 사람들 등 이들은 아랍적인 이름을 가져서도 안 된다. 경찰이 그러한 인물집단을 갈수록 심하게 관찰하고 있기 때문이다.

글로벌 테러의 성공을 위해서는 서투른 사람들은 필요하지 않다. 예를 들어 신발 폭탄 테러리스트들이 절제 없이 성냥을 이리저리 흔들면 어떻게 되겠는가. 끝없이 기다릴 수 있고 최고의 훈련을 받았으며 논리적으로 일인자들인 전문가, 탁월하게 국경을 넘나들 수 있는 사람이 필요한 것이다.

미디어에서는 지난 몇 년 동안 '바로 옆에서 자고 있는 사람'의 영상을 보여주었다. 종종 그렇듯이 일상 속에 공포가 숨어 있는 것이다. 마드리드와 런던의 교통체계에 대한 범행 시에 부분적으로 그런 유형들이 한몫하고 있다. 서구의 국적을 갖고 '정상적인' 직업을 가진 이슬람교도들. 그렇지만 정말로 그런 자들이 얼마나 될까? 그리고 무엇보다도 얼마나 경찰의 눈에 띄지 않을까?

2001년 9월 11일 차원의 범행을 실행할 수 있는 톱 테러리스트들은 매우 드물다. 당시에는 죽음의 관점에서 볼 때 모든 것이 완벽하게 진행되었다. 하지만 이런 경우가 늘 있는 것은 아니며 통계학적으로는 오히려 개연성이 없다. 무하마드 아타 또는 이븐 빈 사이드 같은 사람이 결국엔 서구의 데카당스적인 유혹으로 말미암아 다정스런 함부르크 여대생에 의해 돌아서지 않으리라고 누가 장담하겠는가?

이러한 문제로 다른 테러들도 이미 실패했다. 적군파인 (서부)독일의 RAF의 예는 선경지명을 가진 창설자들이 어떻게 2세대나 3세대에 의해 서서히 배신당하는지를 보여준다. 테러리즘 역시 현세의 모든 것처럼 어떤 소모적 역학, 난기류, 엔트로피 경향 등의 지배를 받는 것이다. 인간들은 모든 것, 즉 테러에조차 익숙해지게 마련이다. 테러리스트들은 성의 없는 자들로 변한다.

"제기랄, 왜 우리가 오늘 죽어야 해, 내일 죽어도 되잖아!"

지각의 전형은 변한다. 결국에는 테러의 두려움을 없애주는 것은 경찰이 아니다. 언젠가는 어제까지 살인적이고 요란하게 들렸던 사상으로부터 세상이 한 번에 등을 돌리게 될 것이다. 그리고 자신들의 신념에 따라 흔들리지 않고 행동하게 될 것이다.

▌문화 전쟁

새뮤엘 헌팅턴이 놀라울 만큼 이해하기 쉽게 두려움의 공식을 우리에게 알게 해주었던 '문화 전쟁'은 아직 남아 있을까? 말하자면 '기독교'와 '이슬람' 사이의 싸움이 제3차 대전을 일으키게 될까?

먼저 모든 싸움, 모든 분쟁은 당연히 '문화 전쟁'이다. 진지한 쌍방의 논쟁에서는 더 나은 수사력을 가진 (아니면 더 좋은 변호사를 가진) 쪽이 이긴다. 로마인들은 훈련과 무기의 힘을 토대로 지구 반쪽에 대한 영향력을 행사했다. 그러나 그들은 지방관직이라는 행정제도와 소수민족들의 통합전략도 이용했다. 이런 모든 것은 로마 체계가 500년 동안 기능을 발휘할 수 있게 했는데, 이는 제2차 대전 이후 나타난 미국 제국보다 거의 10배나 긴 기간이다(미국이 제국인가에 대해서는 논쟁의 여지가 있다).

몽골인들은 유라시아 대륙을 정복했다. 이는 뛰어난 군사적 이동 능력이 있었기 때문이다. 유럽인들은 아프리카와 아메리카를 점령했는데, 이는 범선과 폭약을 이용할 줄 알았기 때문이다. 이런 모든 것을 중국인들은 이미 수백 년 전 이전에 갖고 있었지만, 그들의 당파 제도가 결국에는 모든 사회적·정치적 발전을 저해했다. 황실은 유럽의 지배자들과는 다르게 테크놀로지를 통한 경쟁을 내부에 끌어들이려고 하지 않았다. 그리고 제2차 대전은 근본적으로 히틀러와 맞선 2가지 요소들로 말미암아 결정났다. 자원의 입수와 지식인층.

　말하자면 문화 전쟁에서 새로운 것이라고는 아무것도 없다. 그리고 잘못된 것이 많이 있다. 위대한 역사학자인 니알 퍼거슨은 폭력의 희생자 대부분은 언제나 한 문화권 안에서 찾을 수 있다는 것을 반복해서 밝혔다. 아프리카에서는 흑인들이 흑인들을 죽인다. 이라크에서는 무슬림들이 무슬림들을 살해한다. 문화 제국들 간의 분명한 적대적 관계는 오히려 드물다. 공생과 분쟁은 종종 상호 스며든다. 예를 들어서 이슬람과 기독교 사이의 '충돌'은 중세 초기에 일어났다. 하지만 바로 그때 코르도바와 같은 혼성문화를 가진 도시들이 번성했다.

　지구상에서 가장 성공했던 문화들은 늘 합금, 혼합형태, 종합 등이었다. 로마인들은 그리스와 전 세계의 문화적 요소들을 자기 것으로 받아들였다. 미국의 성공은 도가니 콘셉트에 기인한다. 1세기 전까지만 해도 사실상 각 국민이 자국 문화의 절대적 우위에 대한 사상(찌를 때마다 프랑스 놈, 쏠 때마다 러시아 놈)을 갖고 있었던 유럽도 마찬가지로 2,000년 동안의 민족 이동이 가져온 산물이다.

　문화 전쟁의 다른 측면(문화 간의 접근)을 보고 싶어 하는 사람은 오늘날 두바이, 카타르나 또 다른 중동의 반짝거리는 새로운 메트로폴리스에 가면 된다. 사람들은 그곳에 있는 이슬람의 '하이퍼모더니즘(hyper modernism)'의 유리궁들에서 오늘날 이슬람 세계문화 자체가 어떻게 변화되었는지 공부할 수 있을 것이다. 엔첸스베르거가 말한 급진적 패배자들을 그곳에서는 거의 찾아볼 수 없다(여성들조차 서서히 압제에서 벗어나고 있다). 하지만 차도르나 히잡으로 가리고도 서방 내지 자본주의적 사고를 가진 매우 영향력을 가진 사람들이 많이 있다. 이들도 무엇보다 한 가지를 원하고 있다. 평화, 국제적 관계, 관광 그리고 번영.

▌ 폭력, 전쟁, 평화에 관한 진실

폭력과 전쟁은 인간이 존재하는 한 늘 함께하는 요소들이다. 인간 자체가 '악하기' 때문이 아니다. 복잡한 삶이 공격성을 갖지 않도록 할 수 없기 때문이다. 태도에 대한 옵션 중에서 폭력은 언제나 남아 있을 가능성이 있다. 그렇기 때문에 '영원한 세계평화'란 우리에게 끊임없이 늘 예견되었듯이 결코 올 수 없다.

또한 폭력은 수렵 및 채집문화의 유산과도 깊은 연관이 있다. 수천 년 이상 인간 집단들은 자신들의 씨족, 유전적 코드, 자원들의 이점을 폭력으로 방어하거나 확대시켰다. 이러한 유산과 관련된 원초적인 태도의 전형들이 오늘날에도 여전히 있다. 종족 시대가 완전히 끝난 것이 아니다. 좀 더 크고 보편적인 문화권 속에서도 계속 살아있다.

물론 우리는 역사가 진행되는 가운데에서 폭력을 조절하고 저지하는 여러 기술들을 습득했다. 정치적 기술들(외교, 법, 재판권) 및 문화적 기술들(융합, 교환, 용해)이 그에 속한다. 글로벌 시대에 인류가 계속 함께 성

234

장하는 동안 이와 같은 조절 시스템들은 글로벌 차원에서 힘겹게 새로 구성된다. 지금까지 종족적인 무질서가 지배하고 있었던 지역들이 이제는 글로벌 질서체계의 영역으로 들어오고 있다.

그래서 장기적으로 지구의 모든 주민에게 구속력이 있는 세계 재판권, 세계 경찰과 세계 법이 생기고 있다. 우리는 오늘날 세계 재판권이 신중하게 행사되는 초기 단계에 살고 있다. 그에 대한 보편적 유효성은 금세기에 관철될 전망이다. 우리는 보스니아와 아프가니스탄에서 연습 중이고, 루안다와 소말리아에서는 (세계 공동체로서) 좌절을 맛보았으며, 다르푸르에서도 마찬가지일 것이다. 그럼에도 불구하고 그 과정은 '글로벌 영향력'을 향해 중단 없이 계속 되는 중이다. 어떤 마비상태나 다툼들이 일어나는 것과는 상관없이.

테러리즘은 금세기에 정치적이고 안보상 기술적인 현실로 남게 될 것이다. 그렇지만 그의 최종목표인 글로벌 메타문명들의 파괴는 결코 성공할 수 없을 것이다. 테러리즘은 그의 잔인한 방법으로 말미암아 자유와 문명의 저항력을 유발하기 때문이다. 사람들은 극단적으로 다음과 같이 말할 수도 있다.

"테러리즘은 인류를 하나로 만들고, 바로 그의 잔인한 영향력으로 말미암아 정치, 경찰, 문화의 세계통합을 촉진시킬 것이다."

테러리즘은 어쩔 수 없이 세계시민과 세계경찰을 만들어 낼 것이다. 그리고 그것들은 향후 수십 년 안에 조직되고, 창설되고, 하나의 형태를 갖출 것이다.

일반적으로 폭력이 잠재화되는, 즉 상징적 공간으로 이동하는 메가트렌드가 있다. 스포츠와 같은 의례들이 이에 속하는데, 이때 공격 에너지들이 결부되어 상징적으로 실현될 수 있다.

그렇지만 사이버 공간 안에서 2차적 경험현실을 만드는 것도 이에 속한다. 그곳으로 우리는 많은 전쟁들과 죽이는 재미를 옮겨놓고 있다. 그런 식으로 육체적 폭력이 서서히 육체적 공간에서 나와 덜 잔인하고 훨씬 더 재미있게 되어가는 곳으로 옮겨간다.

‘최후의 전염병’에 관한 동화

인간은 삶의 의미와 가치를 의심하는 순간 병들게 된다.
–지그문트 프로이트

▌안드로메다 신드롬

다음은 1974년에 영화로 만들어진 마이클 크라이튼의 SF 스릴러 플롯이다.

1973년 9월 11일 맑고 화창한 날, 멕시코 국경에서 멀지 않은 곳에 있는 외딴 사막마을인 시에라 델 마드레스의 주민들은 갑자기 극도의 불안에 빠진다. 몇 분 사이에 45명이 죽은 것이다. 그 중에는 노인, 건강한 남자들, 아이들, 임신한 여성들도 있었다.

몇 분 뒤에 군용 헬리콥터로 도착한 방역대는 이해할 수 없는 상황 속에서 마비된 것처럼 죽어 있는 사람들을 발견했다. 냉장고 앞에 있는 사람, 베란다에 앉아있는 사람, 사랑의 유희를 즐기고 있던 사람들. 모두가 급성 관상 동맥 혈전증 내지 그로 인한 급성 심장마비로 죽었다. 악을 쓰며 우는 갓난아이와 술에 취한 노인 한 명만이 살아남았다.

미국 정부는 1시간 만에 이 사고에 대해 보고를 받았다. 그 거주 지역 근처에서 조금 전에 무인 우주탐사기가 한 혜성의 미립자 시료를 갖고 착륙했기 때문에 주저 없이 '스텝 지대의 불'이라는 프로그램이 시행되었다.

분자생물학, 생화학, 역학, 우주화학 분야의 세계 최고 과학자 5명이 네바다에 있는 비밀 지하 연구실로 수송되었다. 그들은 절대적으로 비밀을 유지하는 가운데 가장 삼엄하게 그곳에 격리되었다. 벙커 안팎으로의 모든 의사소통이 최고의 보안수준으로 차단되었다. 그 노인과 갓난아이도 지하 100미터 속에 있는 무균 실험실로 옮겨졌다. 그곳에는 분자 분석과 질병 퇴치를 위한 가장 현대적 기술들이 최고의 보안 지역에 있는 몇 층짜리 건물 속 완전히 차단된 갑문 뒤에 준비되어 있었다. '스텝 지대의 불' 지역은 자동적으로 자폭되도록 핵폭탄이 설치되어 있었다. 그 지역이 오염될 경우 그 실험실은 방사능 먼지로 변하도록 되어 있었던 것이다.

크라이튼의 베스트셀러 작가로서의 경력은 이와 같은 우주 바이러스에 대한 공상적인 공포물로 시작되었다. '안드로메다 바이러스'는 가장 이로운 생명의 결정체로서 정체를 드러낸다. 물론 그 바이러스는 얼마 뒤에 돌연변이를 한다. 그때부터는 무해한 것이 된다. 이 바이러스는 문명의 골칫거리였지만 인류의 멸망을 가져오지는 않았던 고무패킹들만 먹어치운다. 물론 관객들 대부분은 이러한 결말을 간과했다.

▌ 미생물 제국

1985년 샌프란시스코에서 동성애적 질병이 진단되었을 때, 문화사의 짧고 황금 같은 한 부분이 끝났다. 대략 1960년에서 1985년 사이의 이 짧은 시기에 인류의 재앙인 질병들은 급속도로 빠르게 역사에서 사라지는 것처럼 보였다. 의학적 발전은 믿을 수 없는 차원으로 고속으로 이뤄졌다. 외과 부분에서만이 아니라 무엇보다도 역학 분야, 즉 인간의 삶의 일상 속에서의 분야에서 그랬다.

1세기 전인 20세기 초의 세계를 뒤돌아본다면 이러한 발전의 차원들은 그 진가를 인정받을 수 있다. 당시에 감염병들은 어디에나 있었고, 생명을 위협하며 번졌으며, 아이들을 불구로 만들었고, 종종 꽃피는 나이에 삶을 마치게 했다. 보건에 대한 기본수칙들이 이미 알려져 있었지만 의학은 아직 광범위하게는 도움이 안 되고 있었다. 그래서 많은 주민들이 질병에 시달렸다. 오늘날 총체적 질병이라고 말하듯이.

예를 들어 수년 동안 참담하게 몸을 망가뜨리는 성병인 매독은 일종의 '기본 질병'이었다. 유럽의 모든 정신적 엘리트들이 거의 이 병으로 죽었다. 계층을 초월하는 결핵은 정식으로 자신만의 문화를 형성했다. 토마스

만은 자신의 소설 《마의 산(Der Zauberberg)》에서 이 질병의 무시무시한 결과를 묘사했다. 대도시에서는 여전히 티푸스와 콜레라가 발생했다. 이러한 질병들에 대해서는 말 그대로 속수무책이었다.

오늘날의 관점으로 이러한 총체적 질병의 사회적 영향을 상상할 수 있다. 당연히 여행이나 이동은 항상 위험했다. 사회적 이동은 의심의 싹을 낳았다. 맞은 편 사람 역시 전염병 보균자일 수 있었다. 하지만 동시에 현대적 대중교통(철도)이 벌써 있었고, 대도시, 전화, 라디오, 먼 세계의 소식을 전해주는 신문들이 있었다.

전후 시대에 비엔나의 하수구에서 마지막 결투가 벌어지는 컬트영화 《제3의 남자(Der dritte Mann)》에서는 트렌치코트를 입은 남자들이 살해를 하면서, 모든 미래의 자원들 중 구하기 쉽지 않고 가장 상징적인 자원인 '페니실린'을 위해 싸운다. 당시에는 그것이 결정적인 타개책이었기 때문이다. 1950년대에 값이 급속도로 내려가서 사용빈도가 상승했던 페니실린의 이용으로 말미암아 박테리아는 진화의 주변부로 밀려났고, 바이러스는 대량접종으로 그의 위협적인 특성을 잃어버렸다.

그런 다음에 알약이 나왔다. 그리고 음부 질병의 퇴치를 위해 이용할 수 있었던 모든 종류의 좌약, 연고, 알약들이 나왔다. 그래서 섹스를 정말 재미 삼아 하기 시작했다.

서구세계의 젊은이들은 로큰롤, 나체, 자기 고유의 신체를 발견했다. 그런데 갑자기 에이즈의 출현으로 신체적 자기발견의 시기는 지나가버린 것 같았다. 우리가 곧 알게 되었듯이 에이즈 바이러스는 면역체계를 내부로부터 마비시키는 정교한 새로운 '코드'였다. 새로운 환경에 대한 진화론적인 하나의 답, 글로벌 섹스문화.

인간의 뇌를 빠르게 퇴화시킬 수 있는 무시무시한 프라이온을 가진 광우병이 왔다. 그리고 사스(SARS)가 발생했다. 글로벌 교통 흐름을 가진 세상이 얼마나 민감하게 전염병에 반응하는지를 우리에게 보여주었다. 또한 조류독감이 왔다. 1997년 중국의 광동 지방에서 시작한 이 가축질병은 미디어의 경고 지수에서 모든 기록을 갈아치웠다. 뤼겐섬에서 죽어가는 백조들은 레이디 디의 마지막 사진들조차 퇴색했을 정도로 끔찍하게 촬영되었다. 조류독감은 일종의 '마지막 경고', 전형적인 재앙의 징후로 보였다. 이 조류독감은 1세기가 조금 안 된 1918년 유럽에서 단순한 독감으로 2,000만 명의 사람들이 죽었던 것을 상기시켰다.

우리가 예감했듯이 모든 기술적 발전, 보건, 분자 의학 등은 궁극적으로 마이크로 세계와 우리의 관계를 평온한 상태로 유지시켜주지 못할 것이다. 그리고 희미한 지평선 저 멀리에서, 폭탄을 손에 쥐고 있지는 않지만 작은 약병으로 전 인류를 죽일 수 있는 '분자 테러리스트'의 모습을 흐릿하게나마 보게 된다.

▌새로운 문명병들

1960년대 휴가 중에 찍은 사진앨범을 넘기는 사람은 도처에서 뚱뚱한 사람들을 발견하게 될 것이다. 거기에는 에곤 삼촌과 에르나 숙모가 앉아 있다. 둥글둥글한 몸과 행복한 모습으로 동해의 바닷가에서, 티롤의 여름날 상쾌한 테라스에서 맥주를 마시며.

'뚱뚱한', 이 단어는 당시에 매우 상대적인 개념이었다. 아이들은 어머니가 버터를 많이 줌으로써 좋은 일을 하려고 했기 때문에, 어느 국면에 가서는 뚱뚱해지는 일이 종종 있었다(다시 키로 자랄 거야).

남자로서 50세가 되어 '갈빗대 위에 제대로 무언가' 가 있지 않았던 사람은 존경받는 인물로 여겨지지 않았다. 어머니들은 40세가 되면 당연히 둥글둥글했다. 전후 시대의 물질적 풍요로움은 옛 농업적 전통들과 함께 즐거운 합성을 이뤄 과체중을 만들어냈다. 어느 누구도 '신체 용적 지수'인 BMI를 측정하리라는 생각을 하지 못했을 것이다. 또한 무엇 때문에? 엄마와 아빠는 에로틱 시장에서 경쟁할 필요가 없었다. 섹스는 젊은이의 일로서, 최고 19세에서 25세까지만 지속되었다.

여기에 2006년 『도이체프레세아겐투르(Deutsche Presse Agentur, 이하 DPA)』지의 많은 보도들 중 하나를 비교할 목적으로 소개한다.

프라이부르크의 스포츠의학자들의 발표에 따르면 독일인의 절반이 너무 뚱뚱하다. 독일에 살고 있는 사람들 중의 20퍼센트가 심각한 과체중 때문에 치료를 받아야만 한다고 프라이부르크 대학병원의 전문가들은 알려주었다.

"이 문제가 지난 몇 년 동안 심각하게 증가했다"고 프라이부르크 스포츠의학 과장인 알로이스 베르크는 말했다. 주요 원인은 너무 적게 움직이고 지방과 탄수화물이 풍부한 음식 때문이라고 했다.

　영양섭취에 관한 상담 분야에서 일하는 스포츠의학자가 한 연구의 저자로서 나타난다. 이런 일이 우리에게 잘 알려져 있지 않은가? 특히 미국에서 비만이 유행성 건강문제라는 것은 이제 논쟁의 여지가 없다. 그렇지만 그곳에서조차 이러한 유행병의 메커니즘에 대해 논증하는 다양한 의견들이 있다. 예를 들면《비만 신화(The Diet Myth)》라는 책에서 다이어트 산업과 의학 산업의 공모라고 추측하는 폴 캠포스의 의견이다. 미국식 척도에 의하면 브래드 피트도 과체중, 조지 클루니도 뚱뚱한 것일 수 있다.

　유럽에서는 평가지수가 더 낮다. 논의는 그 사이에 예전보다 덜 히스테리적이지만 여전히 광적인 모습을 보이고 있다. 그렇지만 이곳에서도 이미 오랫동안 광범위하게 "전 시대를 통틀어 가장 큰 국민병"이라고 말하고 있고, TV에서는 그 사이에 몸무게를 줄이려고 안간힘을 쓰는 '괴물 아이들'을 볼 수 있게 되었다(그러한 알라미즘적인 프로그램이 과체중의 아이들에게 어떤 영향을 끼칠 것인지에 대해서는 아무도 말하고 있지 않다).

　국제비만특별위원회(IOTF)의 카탈로그를 척도로 삼는다면, 유럽 국민의 13퍼센트(핀란드)에서 27퍼센트(그리스)까지가 과체중이다. 하지만 꼭 그래야만 하는가? 조금 더 정확히 보면 그 숫자들은 특별히 극적인 것처럼 보이지 않는다. 예를 들어 최근 조사에 따르면 독일 청소년들의 78퍼센트는 정상체중이다. 8.5퍼센트만이 과체중이다. 그리고 6퍼센트가 지방이 많은, 말하자면 병적으로 과체중인 것이다.

청소년건강연구가인 배르벨 마리아 쿠르트는 젊은 세대의 건강상태에 대한 질문에 이와 같이 대답했다.

독일 청소년의 상태는 어떤가?
아이들 대부분은 건강하고, 운동을 하며, 과체중이 아니다. 예상 수명은 상승하고, 사망률은 낮아지며, 전염병은 갈수록 효과적으로 퇴치되고 있다.

『프랑크푸르터알게마이네차이퉁(Frankfurter Allemeinen Zeitung, 이하 FAZ)』지는 이미 2004년 여름에 '재앙 하나가 줄었다'라는 멋진 제목으로 기사를 내보냈다.

독일에 과체중 유행병은 존재하지 않는다. 유행병은 그 정의에 따르면 한 질병이 국민 속에 대대적으로 나타나는 것이다. 하지만 독일에서는 지난 수십 년 동안 BMI-평가지수의 중간 부분들에서 의미를 부여할 만한 아무런 변화가 없었다. 오히려 브란덴부르크에서는 평가지수가 감소하고 있다. 남은 것이라고는 뚱뚱한 사람들이 더 뚱뚱해지고 있다는 사실을 진지하게 받아들이는 것뿐이다.

과체중문제는 정확히 살펴보면 오늘날 우리의 사회적 문제 상황을 전형적으로 보여주는 구조적 특징을 지닌다. 가족폭력, 성범죄, 마약 등에서도 일반적인 추세가 문제가 되는 것이 아니라 순전히 주변부를 극단화 시키는 것이 문제다. '갈수록 더 많은 사람들이 뚱뚱해지는 것'이 아니라, '어차피 뚱뚱한 사람들이 더 뚱뚱해지고 있는 것'이다. 그렇지만 지금 볼 품사나운 뚱뚱보들이 계속 미디어를 통해 눈앞에 보이기 때문에, 우리의 뇌는 '부분'이 '전체'를 대표한다는 원리로 받아들이고 있다.

떠들썩한 살인이나 가족폭력의 경우와 비슷하게 우리로 하여금 '가족들 내에서 갈수록 잔인해지고 있다(전형적인 갈수록 많아진다는 주의)'는 생각을 갖도록 미혹하고, 그래서 우리는 이제 '모두가 갈수록 뚱뚱해지고 있다'고 믿는 것이다.

과체중문제에 있어서 극단화현상은 체계적으로 쉽게 설명될 수 있다. 지방과 칼로리, 설탕과 다른 칼로리 성분들이 무한히 헤픈 양으로 그리고 숨 막힐 정도로 맛있는 다양한 음식들 속에 이용되고 있다. 교육수준의 상승과 이로 말미암아 습득된 자기제어 능력으로 사람들 대부분은 그것을 피할 수 있다.

하지만 많은 사람들이 개인적으로 좌절했을 때 음식물 섭취를 통해 그 좌절감을 보상받으려는 경향을 보이면, 이러한 분자요리의 유혹들은 신진대사 과정에서 생기는 중독순환이 견고하게 될 만큼 중독을 일으키는 작용을 한다. 일상적인 생존을 위한 신체적 운동은 거의 하지 않게 된다. 그리고 뚱뚱해질 때는 따분하게 생각되지도 않는다.

100개의 TV 채널, DVD 플레이어 그리고 세상에 있는 모든 시청각 미디어의 이용은 '칼로리 천국'으로 침몰하는 것을 황홀할 정도로 쉽게 만들어준다. 이 문제는 이렇게 바꾸어 말할 수 있다. 예전에는 사람들 대부분이 영양상태가 부족한 상태였고 호화로운 생활을 할 경우에만 살이 쪘다. 육체적 노동이 삶에 영향을 주었던 것이다. 그래서 사람들은 날마다 4,000칼로리 정도를 소비했다.

오늘날에는 자제심 있는 삶을 영위하는 사람, 좋은 교육을 받은 사람, 높은 연령에 이르기까지 건강하고 바람직하게 살려고 하는 사람만이 뚱뚱해지지 않는다. 아니면 그냥 느긋한 사람, 자신의 몸에 대해서 애정을 갖고 있는 사람이 뚱뚱해지지 않는다.

▌질병의 얼굴들

이누이트 최대의 건강문제 중 하나가 '피브록토크병'이다. 이 병이 지난 몇 년 동안 지속적으로 증가해왔다고 이누이트 의학자들은 믿는다. 피브록토크병에 고생하는 사람은 2일 내지 3일 동안 신경과민반응을 보이고 은둔해 있다가, 나중에는 극도의 흥분에 사로잡혀 몸에 입은 모든 옷을 찢고 얼음 위를 내달리는가 하면 똥오줌을 탐욕스럽게 먹기도 한다.

필리핀에서는 '발리스'와 '가호이'가 매우 큰 국민질병으로 확산되었다. 발리스는 갑자기 나타나는 두통과 어지럼증이며 가호이 역시 갑작스런 위통을 말한다. 두 질병은 갈수록 많은 필리핀 사람들이 일 때문에 받는 스트레스의 증가와 관계가 있다(생업을 갖고 어려운 살림살이를 할 수밖에 없는 것이 필리핀 경제의 문제다. 일하는 사람은 대부분 대가족을 부양해

246

야만 하기 때문이다).

일본에서는 그 사이에 위험한 '코로병' 증세가 많아지고 있다. 코로에 걸리면 갑자기 남성의 성기가 부어오른 다음 완전히 쪼그라든다. 병에 걸린 사람은 성기가 몸속에서 사라진 것 같은 느낌을 받으며, 고통과 갑작스런 공포에 사로잡힌 심장박동으로 시달린다. 이것이 변화된, 그리고 위협받고 있는 일본 남성의 역할과 관계가 있을 수 있을까?

『오늘의 심리학(Psychologie Heute)』이라는 학술잡지에서는 다음과 같이 말하고 있다.

우울증에 대한 지식이 증가하고 있는데도 그것이 빠르게 확산되는 것을 막지 못하고 있다. 현대의 생활 조건들이 이와 같은 '국민병'의 주요 요인으로 여겨진다. 과도한 요구, 생활 걱정, 자기 과시를 위한 욕구, 스트레스 등.

예전에는 사람들이 생활 걱정을 하지 않았었나? 자기과시가 하나의 욕구인가? 우리는 정말로 '과도하게 요구받고' 있는가, 아니면 다수의 의견과 배치되는 몇몇 심리학자들이 추측하듯이 대부분의 사람들에게는 오히려 그 반대가 아닐까. 수동적 생활 태도, 소비적 습관, 지루한 일, 적은 신체적 정신적 도전들, 말하자면 너무 적은 스트레스를 받고 있는 것은 아닐까? 현대 문명의 문제는 오히려 만성적인 부담 없는 요구에 있는 것은 아닐까?

우울증은 하나의 사회적 가설이다. 그것을 눈으로 확인하고 진단할 가능성은 영적·정신적 상태를 인지하고 받아들일 사회의 의지에 달려 있다.

내 청소년 시절인 1960년대에는 이러한 질병이 사실상 없었다. 우울증의 불쾌감을 갖고 있었던 여성들(많이 있었다)은 아픈 게 아니라 '신경쇠약'으로 진단이 내려졌고 사회적으로 오명을 씻기 어려웠다. 남성들에게는 이 질병이 나타나지 않았다. 그리고 명백하게 우울증이라고 밝혀지면, 즉시 입원되어 가혹한 방법으로 움직이지 못하게 했다.

우울증은 미디어 시대에 질병의 문법이 완전히 변화되었음을 보여주는 전형적인 예다. 예전에는 진단의 문턱이 높았지만 오늘날에는 낮다. 당시에 진단은 터부시되었으나 오늘날에는 라이프스타일에 맞춰 화젯거리가 된다. 갈수록 많은 은막의 스타들이 우울증에 시달리고 있다. 처음에는 '정신착란'으로 여겨졌고, 그 다음에는 반란으로, 그리고 오늘날에는 다시 약을 이용하는 것이 '허가'되었다.

그리고 당뇨병. 내 할아버지는 60세 때부터 '당'을 가졌었다. 그렇기 때문에 할머니는 3일에 한 번씩만 달콤한 케이크를 만들어주셨다. 그 외에는 아무도 그 분을 보살펴드리지 않았다. 할아버지는 운이 따라줘서 절단수술이나 다른 합병증 없이 84세가 되었다. 우리의 이웃과 친척들 중에 그와 같은 사람들이 많이 있다. 사람들은 만성적인 질병을 갖고 살았으며, 그것을 받아들였다. 그리고 무시했다. 조부모가 돌아가신 뒤 그 집을 정리했을 때, 손대지 않은 약 50개의 다이어트 초콜릿이 저장실에 있는 것을 발견했다.

오늘날에는 질병들이 무엇보다도 비용의 문제가 되고 있다. 예상 수명을 80세로 봤을 때 '당뇨' 진단을 받으면 정말 돈이 많이 든다. 비싸지만 짧은 기간 돈이 드는 폐암과는 다르게 당뇨환자는 보건제도를 떨게 할 정도의 금액이 들어간다. 대부분 수십 년 이상 동안 그리고 합병증에 대한 치료비용을 제외한 금액이 든다.

여성들이 소득활동을 하지 않았던 세계에서는 여성들의 우울증이 실제적인 '주제'가 못되었다. 우리가 70세까지 성애의 충실함을 고집하지 않았을 때는 우울증이 중요한 장애가 아니었다. 산업적 활동이 문제일 때에는 정신적 질병은 특별히 중요하지 않았다. 컨베이어 벨트에 서 있던 사람은 한결같지는 않지만 자기체험의 의미에서 행복했다. 그러나 성취 능력요인으로서의 이 문제는 지식사회에서 완전히 변화한다.

정신적 질병들이 극적으로 증가하고 있다.

-2005년 4월 27일자 DAK 건강보고서

독일인들은 정신적으로 어느 정도 안정적이다. WHO의 연구는 미국국민의 26.3퍼센트와는 반대로 독일국민의 9.1퍼센트만이 정신적 장애가 있음을 밝히고 있다.

-2004년 6월자 『DPA』

유럽인 3명 중 1명은 정신적으로 아픈 사람이다. 심장 순환기 질환보다 우울증이 더 많다.

-2005년 4월 27일자 『EBC』

여기에서 우리가 배우고 있듯이 질병들이란 정의의 문제, 관심의 문제, 지각의 문제다. '정상적인 상태'에서의 이탈은 항상 상징적인 결핍의 길을 따라가게 마련이다. 예전에는 질병들이 '외부에' 있었다. 질병이 상대적으로 자주 나타났고 사람들의 일상에 영향을 주었지만 하나의 특수한 상태를 형성했다.

오늘날에는 그 질병들이 다양한 방식으로 사회적 맥락 속에 우리 자신의 지각 속에 편입되어 있다. 1930년 프로이트가 자신의 저서 《문화 속의 불만(Das Unbehagen in der Kultur)》에서 지적한 내용은 옳다.

우리는 와해와 소멸로 판정받았으며, 경고 신호로서의 고통과 두려움 없이는 존재할 수 없는 우리 자신의 신체 때문에 위협받고 있다. 무자비한 힘으로 파멸을 초래할 수 있는 외부 세계 때문에 결국 우리는 우리가 맺고 있는 다른 사람들과의 관계로 인해 위협받고 있는 것이다.

후자에서 유래한 고통이 아마도 가장 고통스러울 것이다. 우리는 그 고통을 일종의 무료로 받는 보너스처럼 여기는 경향이 있다. 하지만 다른 것들보다 적은 고통을 초래하는 것으로 볼 수는 없다.

▎부두교 의술

질병의 모습들이 변하듯이 치료방법도 변한다. 1960년대와 1970년대에 항생제가 '거룩한 약품'이었다면, 오늘날에는 다시 우리에게 치료의 믿음을 주는 신비의 '팅크(tincture, 동·식물에서 얻은 약물이나 화학물질을 에탄올 또는 에탄올과 정제수의 혼합액으로 흘러나오게 해서 만든 액제. 요오드팅크, 캠퍼팅크 등이 있다―옮긴이)'가 그것이다.

신뢰할 만한 모든 연구들이 더블 블라인드 테스트(double blind test)에서 효과가 없음을 보여주고 있는데도, 독일에서는 예를 들어 유사요법을 완전한 자연요법으로 여기고 있다(나는 이 연구들을 어느 신뢰할 만한 일간지에 실으려고 했었다. 그런데 신기하게도 독자들의 항의편지가 홍수를 이뤘다. 유사요법은 이곳에서는 성배, 즉 터부인 것이다). 또는 침술을 들 수 있다.

한 연구는 이 방법이 '생리학적으로' 거의 효과가 없음에도 불구하고 의학적 효과를 부인할 수 없을 정도로 강력한 믿음의 플라시보 효과를 나타내고 있음을 보여주었다. 동시에 우리는 예전의 고통의 포트폴리오에는 전혀 나타나지 않았던 새로운 질병들을 끊임없이 생각해내고 있다. 이 질병들은 완치될 수는 없고 지속적으로 치료될 수 있다는 것이 공통적이다.

1869년에 이미 뉴욕의 의사 조지 비어드는 '신경의 미세한 마멸'에 대해 '신경쇠약증(Neurasthenie)'이라는 이름을 생각해냈다. 이 개념은 물리적으로 증명되지 않았는데도 얼마 전까지 의학 문헌을 통해 유령처럼 돌아다녔다. 이미 1934년에 '만성피로증후군'이 발견되었다. 이는 라임병과 비슷한 바이러스를 통해 감염된 병이지만 한 번도 확인할 수 없었다.

아이들에게는 ADHS(주의력결핍, 과다행동장애)가 이미 늘 있었다. 예전에는 '참펠필립(Zappelphilipp, 잠시도 가만히 있지 못하는 아이)'이라고 불렀다. 치료는 엉덩이를 때리는 것이었다. 하루에 여러 번씩 했는데, 물론 이 치료는 아무런 도움이 안 되었다.

많은 새 질병들은 무의식적인 성적 공포심과 윤리적인 투영을 수반한다. 소위 여성들이 탐폰을 사용해서 사망하게 되었던 '독소충격증후군'을 아직 기억하고 있는 사람이 있는가? 피임약 역시 많은 질병들과 연관되어 왔다. 정맥혈전증부터 암에 이르기까지.

특히 질병의 제국에서는 알라미즘적인 유행병들이 폭발성이 매우 강한 전문가들의 관심과 연관되어 있다. 예를 들어 '다중인격분열'은 이미 밝혀졌듯이 심리적 방식으로 환자들에게 영향을 끼쳤던 치료사들이 만들어낸 것이다. 그리고 환자들에게 아동성폭력, 악마적인 의식들, 심지어 식인에 대한 기억들을 말해주었다. 이 병은 1990년대 초에 언론에서 많은 반향을 일으킨 유행병으로 발전했다. 그리고 때마침 제물을 요구했다. 그 이유는 제물이 존재한 적이 없었기 때문이다.

병으로 인한 사회적 변화

14세기에 '페스트'가 유럽을 황폐화시켰을 때, 기독교적 서구는 이교 세계로 돌아갔고 기념비적인 인명 손실을 겪었다. 플로렌츠에서는 주민의 2/3가 죽었다. 병에 걸린 사람들은 고문받고 고통당했다. 그들이 마법을 걸어서 페스트로 인간들을 덮치게 했다는 이유 때문이었다. 유럽 곳곳에서는 유대인들에게 마실 물에 독을 떨어뜨렸다는 죄목을 씌웠다. 제의적 살인을 통한 희생자 수는 수천 명에 이르렀다. 1380년 페스트가 잠잠해졌을 때는 유럽 인구의 1/3이 사망한 뒤였다. 나머지 사람들은 신에게 기도하고 감사했다. 하지만 사회적 구조들은 전염병 이전과 똑같은 상태로 돌아가지 못했다. 예를 들어 테크놀로지, 예술, 화폐경제의 커다란 개벽이었던 이탈리아의 르네상스는 간접적으로 페스트 이후 변화된 인구분포의 결과다.

인구의 급감은 많은 사람들에게 예전에는 차단되어 있었던 자원의 사용을 가능하게 했다. 길드들은 이제 전에는 받아들이기를 거부했던 회원들에게도 문호를 개방했고, 농업의 임대차 시장이 붕괴된 반면에 도시에서의 임금은 뚜렷하게 상승했다. 이는 풍요로움이 궤도에 들어섰음을 의미했다.

중세 후기에 접어들면서 의학 서비스업과 제도들이 개선되었다. 감염 메커니즘을 완전하게 해결하지는 못했지만 사람들이 쥐를 피하고 퇴치했다. 1600년 이후 근대 초기의 도시는 쓰레기 수거, 화장실과 폐수 시스템과 같은 기본적인 위생안전대책을 시작했다. 위생과 국민건강을 개선하기 위해서 많은 도시에서 목욕탕이 도입되었다.

유행병이 사회적으로 영향을 끼친 시의적인 한 예가 에이즈이다. '안전한 섹스'는 서구국가들에서 몇 해 전부터 행동지침이 되었다(이는 더불어서 예를 들어 임질 같은 '옛' 성병들의 감소를 가져왔다). 에이즈가 '불결한' 문제가 됨으로써 콘돔의 사용은 오늘날 완전히 다른 의미를 갖는다.

간혹 유행병들은 사회적 발전을 대대적으로 촉진시키는 문화적 변화 과정을 강요한다. 전쟁과 비슷(늘 그렇지는 않지만)하게 일종의 카타르시스처럼 작용하는 경우가 종종 있다. 그후에 사회는 새로운 형태를 갖게 된다.

아프리카는 이 점에 있어서 아직 먼 길을 가야 한다(그러나 동시에 위기 속에 큰 기회도 있는 법이다. 아프리카의 에이즈는 오늘날 엄청난 인류의 문제로 여겨진다). 옳다, 하지만 이 병과의 싸움에서 이미 오래전에 얻은 성과들을 대부분 숨기고 있다.

예를 들어 우간다에서는 에이즈 감염률이 대대적으로 감소했다. 1990년에 우간다인 3명 중 1명이 감염되었으나, 2003년에는 10명 중 1명이었다. 이유는? '진정한 사랑 기다리기'라는 대대적인 캠페인이 실제로 효과를 나타냈고 성행위가 변화되었기 때문이다. 대통령 부인인 자넷 무세베니는 역할 모델로서 자신을 이용했고 남편과 성적인 신뢰를 실천했다. 섹스를 즐거워하는 문화 때문에 확산율(1990년대에는 1,200만 명이 '확실히' 감염되었다고 예측했는데, 오늘날에는 거의 50만 명 정도다)이 무시무시했던 브라질에서는 무엇보다 저렴한 약으로 이 질병을 광범위하게 제어하는 데 성공했다.

우리가 세상을 이해하는 데 있어서 이러한 성공 사례들이 감춰지는 것은 이중적 터부 속에서 그 원인을 찾을 수 있다. '서구인들'은 자신들을 인종주의자들로 고백하고 싶어 하지 않는다. 아프리카의 많은 지역에서 상대를 가리지 않고 폭력적인 경향을 띤 무지한 성행위가 이 바이러스의 확산을 도와주었다고 어떤 백인이 주장하고 싶어 하겠는가? 많은 아프리카의 지도자들에게 에이즈는 여전히 '백인들의 음모'인 것이다. 이곳에서는 에이즈가 'CIA 실험들(아니면 만켈이 말한 다른 음모들)'의 결과라는 편집증적인 소문이 있다.

정치적으로 완벽한 백인들과 기회주의적인 흑인들이 하나의 터부 연합을 형성하고 있는 셈이다. 하지만 근본적으로 진실은 간과될 수 없다. 성행위가 유로-아시아적 규범들에 접근해 있는 아프리카의 문화들만이 생존할 것이다. 일부일처제, 혼인, 파트너십, 여성들의 권리가 그것들이다.

▌ 활력소로서의 병

독일인 28.7퍼센트가 규칙적으로 조깅을 한다. 67.2퍼센트는 수영을 하고, 22퍼센트는 피트니스센터에 다닌다. 이 수치는 10년 전보다 50~70퍼센트 더 높은 것이다. 이유는? 갈수록 많은 사람들이 부모나 조부모보다 더 오래 사는 것이 현실화되고 있기 때문이다. 그러나 그들이 자신들이 건강을 위해 무엇이든 할 경우에만 그렇다.

이탈리아에서는 2000년에서 2005년까지 흡연자가 거의 15퍼센트 정도 줄었다. 레스토랑이나 바에서 흡연하는 것이 금지된 이후로 50만 명의 이탈리아인들이 흡연을 포기했다. 아일랜드와 스코틀랜드에서처럼 공공장소는 흡연금지 때문에 흡연을 찬성하는 사람들이 주장하는 몰락이 아니라 르네상스를 경험했다.

카렐리엔 등 핀란드의 많은 지역에서 집중적인 행동변화 프로그램을 통해 심근경색과 뇌출혈 발생률을 절반으로 줄였다. 학교, 보건당국, 지방자치단체, 기업 등이 협력한 힘겨운 설득 프로그램으로 가벼운 강요, 계몽, 경제적인 자극 등을 통해 다른 음식을 먹거나 개선된 운동을 하도록 주민들에게 동기를 부여했다. 이때 직장문화도 변화되었다. 핀란드의 많은 회사에서는 오늘날 근로시간에서 운동시간을 빼는 것이 가능하고, 회사들은 직원들을 위한 건강조치를 할 경우 세금 혜택을 받을 수 있다.

조류독감과 유사한 전염병들은 동물사육에 갑작스런 변화를 가져올 수 있다. 오늘날 사람들에게 걸리는 모든 병원체의 절반가량이 동물들에게서도 나타나기 때문에 인간과 동물 사이의 '전이(轉移)'는 상대적으로 자주 나타나는 과정이다(에이즈 역시 그러한 과정으로 소급된다). 이는 중장기적으로 인간과 동물을 갈라놓을 것이다. 그리고 동물들의 사육 조건도 개선될 것이다.

마지막 전염병에 대한 진실

유사 이래 다양한 방식으로 인간들은 미생물 제국과 관련되어 있다. 인류의 오랜 역사 속에서 전염병과 유행병은 끊임없는 위협이었다. 그렇기 때문에 '전염병에 대한 두려움'은 어느 정도 아주 자연스러운 것이다.

그렇지만 질병을 영원히 퇴치하는 것은 불가능할 것이다. 질병들은 자극과 방어 시스템, 균형과 장애가 지속적으로 상호교환 작용을 하는 진화 프로그램의 일부인 것이다. 심지어 최근의 진화생물학은 세분화된 면역체계의 발생이 인간 지능의 발전과 밀접하게 관련되어 있는 것으로 인식한다. 질병 없이는 큰 인간의 뇌와 의식이 없었을지도 모른다.

수많은 박테리아와 바이러스가 인간의 몸속에 살고, 미생물들은 빠르게 돌연변이한다. 그렇지만 바로 미생물 세계가 진화의 일부분이기 때문에 진화 법칙은 특별히 엄격하게 통용된다. 라사(Lassa)와 에볼라(Ebola) 같은 '빠른 킬러 바이러스'는 그들의 효력과 행동반경에 있어 제한되어 있는데, 자신들의 숙주(宿主)를 죽이기 때문이다. 이들은 정기적으로 자신들의 일을 이루는 데 실패한다. 그렇기 때문에 킬러 바이러스들은 늘 작고 지엽적인 감염 무리만을 만들어낸다. 특히 이들은 항생물질과 바이러스 방해물에 약하다. 이들의 DNA는 효과적이기는 하지만 무척 상하기 쉽게 구성되어 있기 때문이다. 이에 대한 훌륭한 예가 유전적으로 조작한 목화로, 500만 명의 중국 농부들이 이것을 재배하고 있다. 이 목화는 목화유충에 저항력이 있어서 농부들에게 많은 수확량의 증대를 가져올 것이라고 한다. 하지만 캡시드(capsid, 바이러스의 형질을 이루고 있는 단백질층—옮긴이) 벌레에 대해서는 매우 예민한 것으로 밝혀졌다.

유전자 실험실에서 '킬러 바이러스'와 '보유 바이러스' 사이의 조합을 배양하는 것에 성공한다 할지라도, 인류는 오랫동안 멸망하지 않을 것이다. 이 유기체들은 주변환경에 매우 불안정해서 빨리 멸종할지도 모른다.

이를 논증하기 위해서는 유전적·분자적 구조 분야에 더 깊은 관심을 기울여야 한다. 일반적으로 이러한 추측은 한 유기체의 '감염성을 가진' 특성들이 언제나 특정의 '적용' 메커니즘들과 관련되어 있다는 인식에 기초하고 있다. 분자생물학에서는 이러한 메커니즘들이 서로 상대방을 방해하고 있는 것으로 생각한다. 독을 만들어내는 한 세포가 동시에 생명을 유지하는 기능을 지각할 수는 없다. 모든 유기체에 적용시키고 있는데 말하자면 한 유기체의 공격성에는 늘 단명이라는 대가가 따르는 것인지도 모른다.

자연 자체가 죽음을 초래하는 테크놀로지들의 발명자이다. 자연은 모든 슈퍼 독극물과 킬러 메커니즘들을 수백만 년 동안의 진화 과정 속에서 이미 찾아내서 시험해보았다. 이 자연은 계속 해독제를 발전시켰고, 새로운 방어선을 구축했으며, 자신의 활동을 무효화시켰다. 이러한 메커니즘의 기능이 미래에 중지될 것이라고 생각하지 않는다.

'가치와 도덕의 와해'에 관한 동화

도덕적 공황

2006년 봄 우아한 시니시즘을 위한 중앙조직인 독일의 『슈피겔』은 대대적인 도덕공격을 시작했다. 약 50년 동안 '민주주의의 자주포' 로서, 지적으로 열린 마음을 가진 그리고 '발전적인' 것으로 여겨졌던 『슈피겔』은 서둘러 깃발 교체를 완수했다. 제10호는 슬픈 표정의 아이를 보여주는 표지사진으로 시작했는데, 그 아이 뒤에서는 부모가 싸우고 있다. 머리기사 제목은 "각자 자신을 위해서", 부제는 "어린 아이들이 부족한 현상이 어떻게 이기주의자들의 사회를 만드는가" 였다.

이야기는 3,000년 전부터 한탄해오던 문화비판의 화살통 속에 꽂혀있는 것 모두를 제시했다. 제목 "늑대들 밑에서"는 이미 태곳적 두려움과 아주 오래된 인용문("인간은 늑대인간이다")을 환기시켜주었다. 텍스트는 독일문화사에서 기이한 반향을 가진 비난, 고발, 예측, 공포에 대한 격언 그리고 진부한 문구들로 섞여 있었다. 몇 가지를 소개한다.

- 출생률의 감소는 아이들의 부족을 초래한다.
- 성행위의 파업과 혼인의 파업은 어차피 임신의 파업으로 이어진다.
- 구속받지 않는 개별적 인간은 완전히 타락한다.
- 뇌간은 말한다. 피는 물보다 진하다.
- 사회는 서로 헐뜯는다.
- 비싼 선물로 애정을 대체하는 패치워크 패밀리(patchwork family)는 하르츠 IV 이후 수요공동체로 변하고 있다.
- 아이들을 세상에 내놓는 것이 여성들이다. 여성들은 사회적 잡동사니로서, 편성원으로서 아니면 그냥 저항력 있는 성(性)으로써 이용된다. 왜냐하면 여성들은 무아(無我)와 희생 능력의 재능을 소유하고 있기 때문이다.

적어도 편집회의를 열지도 않고 『슈피겔』이 이런 보수적인 하찮은 것을 간단히 인쇄해버리는 일이 어떻게 일어날 수 있었을까? 시대가 그냥 그랬다. 오락문예 분야와 정치적 담론에서는 수개월 전부터 삼위일체가 예고되었었다.

토크쇼에서는 마치 문명의 생존에 관한 문제인 것처럼 사람들이 '신(新) 시민성'을 토론했다. TV 진행자인 페터 하네는 많은 박수갈채를 받은 특색 있는 제목의 《웃기는 일은 그만!(Schluss mit lustig!)》이라는 베스트셀러를 집필했다. 집게손가락을 흔드는 광란의 축제가 신실한 상투어들과 위선적인 험담들과 결합한다. 그리고 다른 여성 TV 진행자는 직업활동을 하고 출세의 욕구가 있는 사람인데, 여성들을 위해 어머니 역할만이 다시 오기를 고대하는 팸플릿으로 주목받았다.

문예오락 분야에서의 알라미즘은 핵, 날씨, 질병, 전쟁 등에 대한 두려움 이후에 이제는 마침내 다시 수천 년 전 그리스와 로마에서 마음을 움직였던 담론에까지 이르렀다. 이 담론이 근본적으로 모든 알라미즘의 (그리고 모든 교조주의적 종교들의) 원 텍스트와 서브 텍스트를 이루고 있다.

"인간들은 타락하고, 잔인하며, 퇴폐적이다. 미덕을 다시 가져야만 한다. 그런데 그러려고 하지 않기 때문에 인간들에게 그렇게 하도록 강요하는 재앙이 덮칠 것이다!"

▌시민적 가치관

18세기 계몽주의와 산업화의 시작이 새로운 계급인 시민계급을 만들어냈을 때, 사람들 사이의 사회적 규칙들 속에서 역사적으로 새로운 일이 일어났다. 수천 년 동안 종교적 제도와 관련되었거나 순전히 '지배논리'

로만 머물러 있었던 도덕적·윤리적 규범들이 이제 공개적으로 논의되었던 것이다. 개인의 결정 딜레마로서.

초기 시민문학은 도덕적 갈등 외에는 아무것도 다루지 않았다. 개인이 옛 규범과 개인적 자유 사이에서 문제에 부딪히는 것이다. 그는 갑자기 결정 능력을 갖게 된다. 말하자면 자신의 인생의 길에 대해 결정하도록 강요받은 것이다. 인생의 길은 이제 더 이상 성직자, 부모, 반듯한 가문에 의해 주어지지 않는다. 그는 인생 편력에 대한 결정을 내려야만 한다. 그래서 교육, 고향, 거주지, 직업에 대한 결정을 내릴 수 있다. 에피 브리스트, 브론테 자매의 주인공들, 이들은 거의 언제나 여성들로서 이와 같은 문학에서 새로운 '감정들에 대한 삶의 감정'을 보여준 선구자들이다.

물론 이 모든 것의 배경에는 경제적 변화가 있었다. 마르크스는 '생산력의 폭발'에 관해 집필했다. 돈의 새로운 흐름은 팽창의 공간을 만들어냈고, 그 속에서 풍요로움은 자유의 결과를 가져왔다. 사람들은 이제 그 풍요로움을 다른 사람들에게서 빼앗을 필요가 없었기 때문이다.

산업화는 새로운 문화형태들을 발전시킨 대도시를 만들어냈다. '시민적인' 것은 빠르게 다양성과 사회적 생활환경들도 형성했는데, 이들은 서로 간에 갈등을 일으키기도 했다. 인민, 부르주아, 세계시민, 교양시민, 예술가적 보헤미안.

말하자면 시민성이란 한편으로는 노예 신분, 즉 말 그대로 봉건시대의 몸 소유권으로부터의 해방이었다. 다른 한편으로는 그러한 자유들을 능력, 열심, 성실, 시간적 공간적 의무 등의 미덕들로 묶으려고 했다. 풍요로

움은 당연하게 있는 것이 아니라 힘든 조건 속에서 새롭게 일해 획득되어
야만 했던 것이다. 이렇게 자유와 구속 사이에 있는 모순의 긴장관계 속에
시민적인 것의 본질, 즉 그의 역사적 공로와 영웅적 문화업적이 있었다.

엔스 비스키는 '새로운 시민성'에 대한 논쟁 중 『쥐트도이체차이퉁』에
기고한 에세이에서 매우 중요한 점을 지적했다. 그는 전형적인 시민인 니
콜라우스 좀바르트가 베를린에서의 시민적 청소년기에 대해 쓴 글을 인
용하고 있다.

나는 범상치 않게 특권을 부여받은 어린시절을 보냈다. 가장 좋은 말
로 표현하자면 그 시절은 '시민적'이었다. 내 부모는 부자는 아니었지
만, 어느 정도의 풍요로움은 당연한 것이었다. 오늘날 나에게 아주 황
홀하게 기억되는 것은 네 사람이 사용했던 공간(넓이)의 사치였다. 거
기에는 하루 종일 아무도 들어가지 않았던 방들이 있었다. 당연히 하인
들 역시 그러한 공간에 속했다.

우리가 오늘날 경험하고 있는 문화적 한계를 보여주는 결정적 지표
가 어떤 것이냐고 나에게 묻는다면, 나는 주저 없이 "하인들이 사라진
것"이라고 말한다.

말하자면 시민 가정(이것과 함께 시민적 가치관)은 많은 공간과 극단적
으로 적은 임금이 지불된 가사노동의 자원에 기반을 두고 있었다. 필리핀
출신의 보모들, 폴란드 출신의 청소부들 모두는 1세기 전 시민 가정이 당

연하게 부렸던 하녀들 및 농부의 딸들 그리고 농촌의 빈곤을 피해 온 사람들과 비교하면 부를 경험하고 있다. 예전에는 대부분 음식과 방만 주면 24시간 주야로, 게다가 주인들에게 진심으로 감사해하며 일을 했다.

그럼으로써 여성들도 가사의 의무에서 해방되었다. 시민 세계에서는 사회적 어머니 역할이 오늘날 24시간 내내 지속되는 스트레스와는 완전히 다른 형태였다. 오늘날의 어머니들은 영적인 보호자, 교육자, 양육자, 봉사자, 그리고 동시에 아이들 및 남편들의 코치여야만 한다. 이와 같은 모든 역할들을 우아하게 다른 사람에게 맡길 수 있었다. 유모에게, 가정교사에게, 심지어는 출산까지도. 남자와 관련해서는 애첩이나 창녀에게.

비더마이어(Biedermeier, 19세기 전반 독일과 오스트리아에서 유행한 가구와 실내장식의 한 양식. 간소하고 실용적인 면이 특징이다―옮긴이) 시대 이후로 통용되던 종교적으로 왜곡된 어머니 상은 감성적인 결속력을 아주 순수하게 나타내야 했던 어머니와 아이는 '하나' 라는 이상화된 모습들이었다. 이는 일상과는 거의 관계가 없었다. 그때는 식기세척기가 사용되지 않았고, 빨래는 다림질되어 옷장에 있었으며, '민나(Minna, 여자 이름)' 가 사환의 일과 관청에 가야 할 일을 처리했다. 아플 때는 물론 의사가 집으로 왔다.

이러한 조건들 속에서 시민적 부부는 시종일관 긴장되지 않은 소통의 형태들을 발전시킬 수 있었다. 교양이 가정 내에서 하나의 역할을 했다. 극장, 독서, 소풍, 친구 및 친지 방문을 위해서 할당된 시간들이 있었기 때문이다. 초대를 해도 요리나 설거지를 하지 않아도 되었다. 여행을 해도 인부들이 짐들을 운반해주었다. 여성이나 남성들 모두 슈퍼마켓에서 필수품을 허겁지겁 사지 않아도 되었고, 사회적 역할 때문에 다투지 않아도 되었다.

현대의 부부들이 오늘날 다시 필요성을 느끼기 시작한 부부 간의 공간적 거리를 당시에는 기분 좋게 유지할 수 있었다. 남자 방, 여자 방, 옷 갈아입는 방, 부부를 위한 침실이 있었다. 모든 방이 언제나 부지런한 손(다른 사람의)에 의해 정리되고 청소되었다. 그리고 사람들을 만나기 전에는 거울 앞에서 자신을 검사했다.

적어도 이 점에 있어서 우리의 '시민적 가치관'에 대한 논쟁이 얼마나 편협하고 불합리한 것인가가 분명해진다. 전에 한 번도 없었던 사회적 역할들에 대해 우리는 한탄하고 있는 것이다.

우리는 조건들에 대해서, 즉 사랑, 부모의 권리와 의무, 파트너 관계, 그리고 자유의 선택들에 대해 숙고하면서 도덕적 견해를 피력해야 한다. 우리에게 더 이상 아무 생각이 나지 않는다면, '68세대'들에게 우리는 모든 책임을 물을 것이다.

▌영장류로서의 인간

인간으로서 우리는 두 영장류와 특히 밀접한 관계가 있다. 우리와 유전적으로 가장 친밀한 '침팬지'와, 유전적 코드가 인간의 유전적 코드와 겨우 2퍼센트의 차이만 보이는 '보노보(bonobo)'가 그것들이다. 이 두 영장류는 외적으로도 서로 꽤 비슷하지만, 그들의 사회적 구조는 숨 막힐 만큼 다르다.

침팬지들은 성생활과 파트너 관계에 있어서 무분별한 방식을 갖고 있다. 이 방식은 우리에게 낯설게 보이기도 하지만 어느 정도는 알려져 있다. 철두철미한 '남성우월감'이 그것이다. 이때 침팬지들은 대단히 사교적이어서, 개체수가 100마리에 이르기까지 집단으로 산다. 그렇지만 이와 같이 큰 집단들 속에서는 작은 무리들이나 외톨이들이 빠르게 생겨나게 마련이다.

이들은 서로 끊임없이 지배권을 위해 싸운다. 섹스와 관련해서는 적나라한 폭력이 지배하고 있다. 가장 힘센 수컷이 암컷들 대부분, 즉 실질적으로 무리의 모두와 교미한다. 이때 짝짓기라는 행위는 오히려 폭력에 가깝다. 한 번의 성행위는 8초 걸린다. 그리고 베타 수컷으로서 활동하지 못하는 놈은 게다가 상급자 마초에게 흠씬 맞는다. 그래서 'B급 수컷'이라 불리는 중간계층은 지독하게 힘들다.

이와 반대로 보노보들은 사회적 행동에 있어서 오히려 진부한 그림책에 나오는 히피 공동체와 비슷하다. 섹스가 이른 아침부터 늦게까지 하루의 흐름을 결정하고, 관계들을 규정하며, 모든 갈등을 완화시킨다. 수컷과 암컷 사이의 관계는 (이들에게 있어서도 수컷들이 더 힘세고 크지만) 오히려 긴장이 없고 정이 넘친다. 수컷들 사이에서의 교제 역시 서로 이를 잡아주고, 존경하며, 관용을 베푸는 특징이 있다.

보노보들은 원숭이 종류 중 유일하게 '정상체위'를 알고 있어서, 그들은 서로 얼굴을 마주보고 교미한다(게다가 자위행위도 한다). 암컷들은 보노보 공동체에서 결정권을 행사할 지위를 갖는다. 누구와 섹스를 할 것인지 암컷들 혼자서 결정하는 것이다. 그리고 수컷들은 낄 수 없는 자기들만의 '암컷 클럽'도 형성한다.

물론 인간은 원숭이가 아니다. 그러나 겨우 2퍼센트의 유전적 차이에서는 당연히 똑같은 것들이 발견될 수 있다. 1960년대에 서구 산업국가에서는 갑자기 성관계의 '보노보화'가 일어났다. 이 시대의 신문을 보면 모든 남성들이 짧은 시간 안에 갑자기 머리를 길게 자라게 한 것이 눈에 띈다. 심지어 모두! 정치인조차 적어도 긴 구레나룻을 길렀고, 축구팀들은 한결같이 갈깃머리를 하고 경기장에 등장했다.

1970년대의 주거공동체 사진들은 어딘가 모르게 보노보 집단 사진들을 기억나게 한다. 잡지 속 남성 얼굴들이 갑자기 부드럽고 여성스러워졌다. 불과 30년 전까지만 해도 철모와 뾰족한 턱으로 남성의 인상은 코드화되었다. 여성들은 1950년대까지만 해도 유지하고 있었던 인형 같은 수동적 태도에서 벗어났다. 예전에는 성적 문란함을 주저하지 않고 비밀리에 행할 수 있었던 알파 유형(애첩이 없으면 강한 남성이 아니었던)들이 갑자기 자신들의 사회적 행동에 대해 변호를 해야 하는 상황이 되었다.

성적 자유가 옛 역할들을 쓸어버렸거나, 아니면 적어도 그에 대해 대대적으로 의문을 갖기 시작했다. 좀 더 젊고 교육을 더 받은 사회적 귀족 집단 속에서는 당연한 것이었다. 청바지, 섹스, 로큰롤, 이것들은 우리가 오늘날 알고 있듯이 시종일관 '지속적인' 효과를 가진 그 시대의 소리였다.

어떻게 짧은 시간 안에 이렇게 갑작스런 변혁이 일어날 수 있었을까? 사회학은 동물들의 모든 사회적 행동유형들이 주변환경의 조건에 달려있음을 우리에게 보여준다. 그 조건들 속에서 한 종류가 존재하고 있는 것이다. 이때 진화는 주변환경 속에서 일어나는 변화에 대해 언제나 새로운 체계적인 답을 준다. 물론 이러한 변화들은 자연적인 선별 과정 중에 매우 오랫동안 지속된다. 대부분 수천 년 동안.

그렇지만 동물의 세계와는 다르게 인간 세계는 문화적 전형시스템인 '밈' 형태로 촉진 효과를 사용한다. 밈은 세포에서 복제하는 것이 아니라 뇌에서 복제한다. 종의 개혁과는 다르게 이것은 매우 빨리, 갑자기 마치 '전염병처럼' 변화될 수 있다.

영장류 원숭이들의 성적 행위는 주변환경의 조건에 의해 형태가 갖추어져 있다. 침팬지들은 사바나 지역의 밀림 주변에 살고 있으며 그곳에서 다른 동물들과 힘겨운 영토싸움을 행해야만 한다. 그와 반대로 보노보들은 정글 깊숙한 곳에 거주한다. 그곳에는 먹을 것도 풍부하고 진화적 니세(nische, 생태적 지위-옮긴이)도 더 안전하며 경쟁압박은 더 적다.

침팬지 암컷들은 아주 짧은 흥분 및 배란기간(48시간이 채 안 된다)과 소위 '임신'을 위한 상태를 갖는데, 이는 이 시기에는 분명히 임신할 수 있음을 나타내는 것이다. 그렇기 때문에 모든 재생산의 기회는 이 짧은 시간에 집중된다. 이것이 수컷들의 경쟁심을 높인다. 그와 반대로 보노보 암컷들은 언제나 섹스를 할 수 있다. 그런데 인간들과 비슷하게 언제 배란이 되는지는 정확히 알지 못한다(보노보 암컷들이 섹스를 많이 함에도 불구하고 4~5년마다 새끼를 낳는 침팬지보다 적은 새끼를 갖는 이유는 오늘날까지 정확하게 해명되지 않고 있다).

　가치관의 변화를 이해하기 위해서 우리는 다시 한번 1960년대의 역사적 상황을 명백하게 기억해야만 한다. 서구문화는 수십 년도 채 안 되어 어마어마한, 그리고 일단의 기술적 혁신이 뒷받침된 풍요로움을 체험했다. 갑자기 산업 생산의 이윤을 얻을 수 있었다. 동시에 음식, 이동성, 정보, 정치적 자유가 과도하게 제공되었다. 얼마 전까지만 해도 산업국가들의 사회적 삶(그리고 남성들의 생활현실)에도 영향을 끼쳤던 전쟁이 원자폭탄 때문에 추상적인 먼 곳으로 밀려났다. 남성들이 '싸워야' 한다는 것이 핵전쟁에서는 더 이상 의미가 없다.

　동시에 일상생활에서는 여성들에게 힘든 가사노동을 적어도 더 쉽게 만들어준 기술화가 시작되었다. 심부름꾼은 더 이상 없지만, 대신 세탁기가 있다. 그럼으로써 관습적 규범과 규율의 물질적 기초를 형성했던 엄격한 분업에 대한 필요성이 줄어들었다. 여성에게 부여된 전통적 역할(부엌, 아이들, 교회)이 저절로 붕괴된 것이다.

　그 다음에는 피임약이다. 피임약은 무엇보다도 결혼하지 않은 젊은이들에게 성행위를 두려움에 가득 찬 성급한 행위에서 '쾌락주의적 모험'으로 변화시켰다. 재생산에 대한 섹스의 구속력이 급속도로 사라졌다. 그럼으로써 인간들이 이러한 구속력을 규정했었던 문명적 구조, 말하자면 혼인 역시 점차 위태롭게 되었다.

　그와 함께 당연히 성애의 전략도 변했다. 남성들은 이제 더 이상 자신

들의 남성적 특징을 부각시키려는 열망을 가지지 않고 자신들의 여성적
인 면을 보여주려고 했다. 젊은 많은 여성들에게 고등교육을 받도록 장려
했던 교육혁명은 그들을 돈을 많이 벌 수 있는 노동 시장에 어울리는 노
련한 사람들로 만들어주었다. 그리고 이때 가정의 원조도 받았다.

반대로 남성들 역시 오로지 자신들이 '보호해줄' 여성들을 더 이상 찾
지 않았다. 여성들 스스로 돈을 벌 수 있었기 때문에, 남성으로서 더 이상
그들을 24시간 보호해주고 부양할 필요가 없어졌다. 이는 또한 부담을 덜
어준 것일 수도 있다. 그럼으로써 배우자 선택의 조건으로서 '처녀'의 문
제는 없어졌다.

'새로운' 남성들은 이제 성적으로 경험이 있는 여성들을 찾았다. 이와
같은 새로운 규칙놀이로부터 양쪽 모두 평등화가 생기기 시작했다. 하지
만 포스트모던적인 파트너문화에서는 늘 새로운, 즐겁고 우스꽝스러운
형태를 지닌 남녀 뒤범벅 현상도 생겨났다.

우리가 1960년대의 가치관 변화에서 볼 수 있는 것은 순수한 형태로
촉진된 사회적 진화다. 물론 이러한 변화는 여러 면에서 너무 빠르게 진
행되었다. 물론 옛 원시적인 '침팬지 동경'은 (두 성별에서 볼 수 있듯이)
늘 다시 나타난다. 하지만 가치관과 규범을 옛 상태로 돌려놓으려는 사람
은 치약을 튜브 속에 다시 넣으려고 시도하는 사람과 마찬가지다. '옛 가
치관'과 역할구분의 확실성으로 돌아가려고 한다면, 풍요로움을 포기해
야만 한다. 그리고 무엇보다도 여성들을 고등 교육에서 제외시켜야만 할
것이다.

유일한 방법은 뒤에서 한탄하는 것을 중지하고 새로운 가치관, 경기규칙, 미덕들을 펼치고 습득하는 것일지도 모른다.

▌ 비도덕적 시스템

우리 사회에서 애정윤리는 고고한 낭만주의적 사랑의 이상과 지독히 평등한 역할의 이해 사이에서 갈등으로 점철되어 있다. 모든 연구들이 보여주듯이 서구의 젊은 남성들과 여성들은 오늘날 대다수가 결혼해서 살고 싶어 한다. 두 성별은 직업을 갖고 가족을 구성하기 원한다. 또한 그들은 자신들의 이러한 희망을 좀 더 오랜 관계 속에서 유지하기를 원한다. 그리고 협력적 개인주의라는 의미에서 함께 발전하기를 바란다.

그렇지만 사회적 규칙들은 많은 곳에서 이러한 가치관을 연계시키는 것을 실제적으로 불가능하게 만든다. 파트너십, 소득, 사랑 등의 측면들은 빠르게 치유할 수 없는 갈등 속에 빠진다. 사람들은 아이들을 낳을 수 있거나 직업적으로 효과적으로 성공할 수 있을 뿐이다. 사람들은 결혼해서 살 수 있다. 하지만 조세제도, 경제문제, 문화적 비난의 정글 속에 빠지고 만다. 이것들이 사람들을 오랫동안 전해 내려온 '주부-부양자' 모델로 끊임없이 몰아가고 강요한다.

우리의 국경을 넘어 다른 나라를 보면 다를 수도 있다는 것을 알게 된다. 스칸디나비아 반도의 국가들, 프랑스, 나아가 앵글로색슨계 국가들에서는 사회적 규칙 시스템이 다른 형태를 띠고 있다. 그곳들에서는 여성들이 가족을 유지한 채 좀 더 많은 나이에 이를 때까지 직업을 가질 수 있다. 이미 학교제도가 종일 학교로 운영되기 때문이다.

근로세계는 가족 친화적으로 조직되어 있다. 그리고 어머니들은 슈퍼맘 역할을 하도록 요구되지 않는다. 프랑스에서는 국가가 시민 가족의 구원자로서의 역할을 떠맡았다. 국가는 이전 지출 및 생계에 대한 서비스로 가족을 만족시켜준다. 그래서 3~4명의 아이를 가진 여성들도 직업을 가질 수 있는 것이다(프랑스는 유럽에서 두 번째로 높은 출생률을 갖고 있다).

반면에 앵글로색슨계 나라들에서는 국가적인 이전 지출은 더 약하다. 하지만 파트너십 모델들은 가사와 자녀양육 전반에 걸쳐 다양한 민간경제의 저렴한 공급을 통해 유지되고 있다.

도덕성의 결핍을 한탄하기보다는, 무엇보다도 시스템이 인간을 로스-로스 게임(lose-lose game)으로 내몰 정도로 무척 '비도덕적'일 수 있다는 사실을 우리는 이해해야 한다. 인간들은 근본적으로 합리적이고 또한 협력적인 결정을 내리는 경우가 종종 있다. 예를 들어 여성들이 그 사이에 남성들보다 더 교육을 받으면, 옛 역할 모델들의 불평등 속에서 더 이상 살지 않을 것이다. 여성들이 해결할 수 없는 갈등의 막다른 길로 내몰리게 되면, '비도덕적(이혼을 선호하고, 갈등을 각오하고, 관계가 불행해진다는 의미에서)'으로 될 것이다.

3가지 비도덕적인 이야기

- 볼프강 W가 42세였을 때 그는 깊은 인생의 위기에 빠져 있었다. 예술가였던 L과의 관계는 수년 이상의 시간이 필요했다. 부자이면서 대범한 남자였던 그의 아버지는 계속해서 불만을 표시했었다. 볼프강 W는 술을 마시기 시작했다. 그에게 구역질을 일으켰던 코카인을 복용했다. 이와 같은 삶의 분기점에서 그는 그녀를 알게 되었다. 그녀는 임신 7개월째였다. 그녀는 아름다웠고, 투명할 정도로 창백했으며 눈에 띄게 우울해 보였다. 그는 사랑에 흠뻑 빠졌다. 그래서 그는 다시 힘을 얻었다. 그녀에게는 이미 3명의 아이들이 있었다. 그들은 결혼했다. 그는 자기가 낳지 않은 아이들 모두를 감동적으로 보살폈다. 그녀가 연극배우로서 일을 하는 동안 그는 요리를 했고, 청소를 했고, 가정주부로 살았다. 그는 그녀를 우상처럼 열렬히 사랑했다.

- 영국 여자인 알렉스 패트릭이 자궁암인 사실을 안 때는 34세였다. 인체의 한 부분을 모두 제거하는 수술과 그에 이은 화학요법으로 그녀는 임신을 할 수 없게 되었다. 그러나 아이를 갖고 싶은 소망은 강했다. 그래서 그녀는 언니 샤롯테로부터 난세포를 기증받을 수 있었다. 이 난세포는 샤롯테 남편의 정액으로 수정되었고 동갑내기 쌍둥이 자매인 헬렌에게 시술되었다. 매우 건강한 사내아이 찰리가 2005년 8월에 세상에 나왔다.

- 독일의 한 도시에는 '멋있는 전망'이라는 이름의 '죽음을 기다리는 집'이 있다. 일종의 죽음-주거공동체로 이곳에서는 불치병에 걸린

사람들을 사랑으로 돌보아주고 있다. 마지막 주기에 있는 에이즈 환자, 암 환자들이 자신들의 마지막 달, 주, 날들을 보내기 위해 이곳에 입주한다. 좁은 집에서 아이들이 이리저리 뛰고, 어린 소녀들은 랩댄스를 연습한다. 아주 정상적인 두 가족이 이곳에 살고 있는데, 이들은 호스피스로 비밀스럽게 무엇인가 더 돈을 벌고 있다. 그들 중 한 사람은 게르트라 불리는 의사다. 그는 말한다.

"어떤 사람이 마지막에 이르렀을 때, 우리는 간혹 그 사람이 가야 할 길을 촉진시켜주기도 합니다."

그리고 입을 닫는다.

우리는 이 실제 이야기를 도덕, 가치관, 윤리의 입장에서 어떻게 평가해야 할까? 이 이야기들이 도덕의 타락을 대표하는 것일까? 도덕의 몰락? 가치관의 해체?

도덕은 가치관과는 다른 것이다. 그리고 윤리는 도덕적 규범들과 구분된다. 윤리란 가치관과 도덕적 상상력에 기초한 정신적 자세를 표현하는 것이기 때문이다. 이러한 고찰 방법들을 나눠서 생각한다는 것은 어려운 일이다. 하지만 도덕 논쟁이라는 위험한 길을 가는 사람은 이를 정확히 해야만 한다. 그렇지 않은 경우 그는 무미건조한 도덕주의를 만들어내고, 그것을 위해서는 싸구려 박수갈채가 있을 뿐이다. 그는 현명하게 말하지 못하기 때문이다.

적극적인 호스피스는 지난 역사 속에서 윤리적으로 부정적으로 평가될 수 있다. 그것은 규범에 위배되는 것으로서 어쩌면 검찰의 사건이 될 수도 있다. 하지만 사람들이 그 일을 도덕적으로 생각해본다면, 그것은 아주 다르게 보일 수 있다.

세 자매의 이야기에서는 아주 숭고한 가치인 가족이 칭송되고 있다. 하지만 여기에서 선택된 방법은 많은 사람들에게 도덕적으로 불쾌감을 유발하고 윤리적으로 문제가 될 수 있다. 볼프강과 '그녀' 의 이야기에서는 관습의 경계를 넘는 (사랑의) 윤리가 문제다. 그리고 그 이야기 속에는 매우 도덕적인 것이 있다.

가난한 사람들에게 가난을 끝(순간 동안이나마)내도록 해주고자 돈을 주는 행위는 '도덕적' 이다. 도덕의 입장에서 당연한 것이다. 그러나 이성과 심오한 윤리의 시각으로 볼 때 어쩌면 그것은 사람들이 범할 수 있는 가장 잘못된 것일 수 있다. 왜냐하면 가난한 사람들로 하여금 의지하게 만들고 불행 속으로 더 깊이 밀어내는 것이기 때문이다.

이 이야기들의 교훈은 다음과 같다. 도덕에는 딜레마가 없을 수 없다. 처음에는 의심 속에, 모순 속에, 갈등과 반목을 다룸으로써 '가치들' 은 그 존재의 정당성을 얻는다. 반대로 상대와 연관되어 있지 못한 가치는 병적인 것이 된다. 자유는 늘 구속력과의 관계 속에서만 생각할 수 있다. 진실성이란 설명할 수 없는 예의바른 행동과 관계가 있다.

'보편적으로 유효한 도덕' 을 위해 이러한 모순을 해결하려는 것은 근본적으로 살아 움직이는 문화의 복합성을 유치한 생각으로 공격하는 것이다.

다시 한번 묻는다. 인간들이 헤어질 수 있고, 아이들을 갖지 않고, 아니면 싱글로 남는 이유는 무엇 때문일까? '이기주의자들'이기 때문에? 결속력이 없거나', '자폐적이거나', 아니면 '대인관계 장애'를 갖고 있기 때문에?

인간은 '선(善)'하지 않다. 하지만 종종 이웃에 대해 교묘하게 긍정적으로 행동한다. 그럼으로써 자신에게 이득이 되기 때문이다. 선한 것은 도움이 된다. 그리고 우리가 이러한 효과를 증명한 사회생물학적 지식을 도덕 논쟁의 배경으로 이용한다면 더 좋을 수도 있을 것이다.

도시문화(우리는 오늘날 또한 미래에도 갈수록 이 문화 속에서 움직일 것이다)는 수많은 옵션들이 있는 것이 특징이다. 이력, 직업, 성별, 성 정체성 등의 모든 것들이 봉건사회나 계급사회 때와는 다르게 선택될 수 있는 것들이다(예컨대 바로 이것이 우리 사회 모델을 이슬람의 세계상과 구분시켜 주는 것이다).

인간은 자유를 사랑한다. 그리고 그것을 두려워하기도 한다. 자유 옵션의 행사는 무척 고통스러운 것이다. 언젠가는 결정해야 하는, 다르게 말해서 때에 따라 다른 옵션을 포기해야만 하기 때문이다. 이러한 결정 속에서만이 개인, 즉 책임을 져야만 하는 행동하는 주체가 생기는 것이다. 이런 의미에서 인간들이 자유를 얻는다는 것은 그들이 '이기주의자들'이라는 것을 뜻한다. 그리고 적어도 4가지 다양한 층위에서 이기주의적으로 행동한다.

• **사회적 자아** : 인간들은 '사회적' 이기주의자들이다. 자신들의 민족, 씨족, 문화와의 동일성을 인식하고 있기 때문이다. 예를 들어 민족주의는 '이기주의의 집합적 형태'다. 나는 '다른 사람들' 과 나를 동일시한다. 이것이 다른 대집단들에 대해서 나에게 이득이 되는 동시에 안전과 소속감을 주기 때문이다. 이와 같은 이기주의의 '커다란 형태' 는 유해하지 않을 수도 있지만(축구, 깃발을 흔드는 것, 애향심), 잔혹할 수도 있다(히틀러).

• **가족적 자아** : 인간들은 이기주의자들이다. 재생산적 존재로서 자신의 유전인자를 퍼뜨리려고 하기 때문이다. 우리는 우리의 후손을 위해 모든 것을 (아니면 아주 많은 것을) 한다. 가령 사랑하고 구애하고 유혹하기도 하지만, 일하러 가기도 하고 가사의 의무를 넘겨받으며, 기저귀를 갈아주고, 애무를 교환하기도 한다. 우리 유전자 코드의 '보유자' 로서도 우리는 본질적으로 이기주의자들인 것이다. 사회생물학자인 리처드 도킨스가 아무런 근거 없이 '이기적 유전자' 의 공식을 발견한 것이 아니다.

• **개인적 자아** : 인간들은 또한 '단순한' 이기주의자들이기도 하다. 매일 조금 더 많은 사랑, 음식, 섹스, 만족을 얻고 싶어 하기 때문이다. 하지만 어떻게 최선을 다해 그것을 성취할 수 있을까? 다른 사람들과 함께 함으로써 그것을 성취할 수 있다. 자기 혼자만으로는 안 된다. 그렇기 때문에 가장 성공적인 이기주의자들이란 최고의 협력자들이다.

• 정신적 자아 : 마지막으로 인간들 대부분은 '정신적 이기주의' 에 신
경을 쓴다. '자기 자신을 높이고' 싶어 하는 것이다. 영원성, 카타르
시스, 그리고 구원을 찾으려고 애쓴다. 종교에서, 예술에서, 특별한
업적으로, 주변환경과의 심오한 정신적 유대감 속에서 '자기실현'
을 찾으려고 애쓰는 것이다. 이러한 이기주의는 역으로 특별히 훌륭
한 것이 될 수도 있다. 하지만 근본적으로 죽음과 허무에 대한 두려
움이라는 깊은 심연에서 나온 것일 뿐이다.

사회수학자인 로버트 악셀로드와 아나톨 래포포트는 가치관과 규범들
이 공동체 내에서 사회적 협력을 따라 어떻게 발전되는지를 보여주었다.
우리는 타인들에게서 기대하는 것만을 그들에게 '해야' 한다는 칸트의 정
언명법은 이것을 정확히 반영하고 있다. 자기의 이익 속에서 협력적 행위
(아니면 사회생물학자들이 말하듯이 협력적 이기주의)다. 그렇지만 도덕에
관한 논쟁은 이러한 요소들을 호전적으로 서로 대립시켜 놓는다. 집단이
기주의와 가족적 이기주의는 '이타주의적' 으로 해석되는 반면, 모든 것의
토대가 되는 개인적 측면을 비난하는 것이 그것이다.

▌사회적 소외에 대한 소문

2002년 한 기독교 잡지는 이렇게 말했다. 전형적인 문화비관주의적 한
탄이다.

무관심한 심성이 일반적인 생활을 결정하는 경우가 많다. 간섭받고 싶어 하지도 않고, 다른 사람을 간섭하지도 않는다. 참견하는 사람은 꾸지람을 듣는다.

하지만 정확히 역으로 좋게 주장하고 입증할 수도 있다. 이웃 사람들과 아니면 사회적 프로젝트에서 환경을 위해, 지구의 다른 지역에 있는 민족들을 위해 참여할 준비가 되어있는 사람들이 이렇게 많았던 적은 한 번도 없었다. 기부금 총액과 시민 참여가 이렇게 높았던 적은 한 번도 없었다. 우리의 사회는 '참여사회' 다. 사회활동이 교회나 협회 같은 옛 기관들에 더 이상 집중되지 않고 다양하고 스스로 조직한 네트워크 형태를 취하고 있다.

싱글들은 회피하고 관계를 맺는 데 어려움이 있고, 기이한 사람들로서 일생을 마칠 이기적인 개별존재들이라고 여전히 이야기되고 있다.

오늘날 싱글현상에 대한 모든 연구는 이런 인간 집단이 모든 사람들 중에 가장 소통적인 계층이라는 것을 입증하고 있다. 싱글들은 (가사 형태, 생활 형편, 파트너 여부 등으로 항상 그들을 정의하듯이) 친목 동아리, 네트워크, 관심 공동체, 그리고 가족적 연대감 등으로 결속되어 있다. 싱글들 대부분은 파트너를 찾으며 그런 과정 속에서 많은 것을 시도해본다.

새로운 커뮤니케이션 테크놀로지에 대한 논쟁도 여전히 이와 비슷하게 불합리하게 진행되고 있다. 전자 미디어의 사용이 인간들을 고립시킨다는 소문이 고집스럽게 유지되고 있는 것이다. 고립시키는 것은 지나치게 수동적인 TV다. 이는 저소득층이나 많은 고령층에서 잘 나타나고 있다. 그렇지만 컴퓨터와 전자 기술매체들은 다양한 층위에서, 즉 직업적으로 또 사적으로 인간들을 결속시키고 있다.

물론 현대 사회에는 사회적 소외가 존재한다. 그러나 이때 문제가 되는 것은 다음과 같다. 그런 현상이 증가하는 추세인가 아니면 감소하는 추세인가?

• **가족** : 100년 전까지만 해도 독일에서 기대 수명은 50세였다. 20세가 된 사람이 부모가 없는 경우가 종종 있었으며, 성인연령이 될 때까지 조부모가 있는 경우는 드물었다. 이런 사회에는 과부, 고아, '집에 남은 사람들', '너무 짧게 살고 간 사람들'로 가득했다. 인구의 2/3가 농촌에서, 전화와 의사소통을 위한 연결망 없이, 미디어 전(前) 시대의 매우 한적함 속에서 살았다.

• **혼인** : 100년 전까지만 해도 결혼 적령기의 남성과 여성 절반 이상이 결혼하지 않았다. 결혼과 가족을 이루는 것은 경제적 문제였다. 많은 사람들이 상응하는 지참금을 조달할 수 없었거나 장애, 사회적 결핍, 빈곤 등의 이유로 혼인 시장에서 제외되었다.

• **아이들** : 20세기 초 산업사회에서는 독일의 어린이 약 20퍼센트가 사생아로 태어났다. 그러나 그 당시에는 '편부모 자녀'로 불리지 않았고, 어머니와 아이 모두에게 사회적 수치로 여겨졌다. 그럼으로써 이들은 사회적으로 고립되고 오명을 썼다. 또 다른 부류는 어린 나이

에 전염병이나 전쟁으로 부모를 잃어버렸다. 어린이의 25퍼센트가 부모 없이 성장했다. 그리고 고아원에는 보호받은 어린 시절이라고 부를 수 있을 만한 것이 없었다. 그곳에는 영양실조, 성폭력, 체벌 등이 하루의 일과였다.

• **교육** : 교육의 부족이 사회적 고립의 위험을 대대적으로 상승시킨다고 모든 연구는 입증하고 있다. 자신을 표현할 수 없는 사람, 언어·영상·미디어·세계 등으로의 접근 방법을 알지 못하는 사람은 빠르게 사회적으로 고립될 수 있다. 그렇지만 전체인구의 교육수준은 1970년대와 1980년대에 대대적으로 상승했다. 그리고 상대적으로 돈이 많이 들어가지만 오늘날에도 계속 상승하고 있다.

예전에는 사람들이 혼자 있는 경우가 적었다. 집단으로 조직되어 있었기 때문이다. 정당 같은 대조직이나 군대의 형태, 생활환경과 좁은 지역적 결속 형태 등으로. 하지만 바로 그 집단이 인간을 탈(脫)개성화시키고, 외롭게 '모나드(monade, 單子)' 처럼 만들었다.

스벤 힐렌캄프는 "결코 이혼율의 상승이 사회적 고립의 증가를 입증하는 것이 아니다"라고 『차이트』지에 썼다.

아이러니컬하게도 그 정반대가 맞는 말이다. 사회에 고립되어 있는 사람은 동료가 거의 없거나 전혀 없고, 친구들도 거의 없어서, 이혼할 용기가 없다. 그와 반대로 친구들이 있고, 직업이 있으며, 배우자 외의 세계를 가진 사람은 그럴 용기가 있다. 이혼을 하려는 사람들은 가족의 도움을 기대하지 않는 것 같다. 그래서 혼인관계에서의 고립은 또한 가족관계에서의 고립이 되었다.

그래서 결국 사회적 고립을 다르게 이해할 수 있다. 많은 철학자들처럼 자율과 개인의 신뢰성을 갖춘 조건으로서 혼자 있을 수 있는 능력으로. '자기 혼자 있을 수' 없는 사람은 자신의 배우자, 자신이 속해 있는 집단, 자신의 가족을 언젠가는 견딜 수 없을 정도로 힘들게 할 것이다. 관계를 지지하는 사람은 그렇기 때문에 혼자 있음의 예술을 선전해야 한다. 그리고 이러한 능력도 관계 속에서 유지된다.

▌구속력 있는 가치관은 '좋은' 것인가

엄격한 가치 체계들을 이용하는 것이 사회를 위해 실제로 이득이 되는 것일까? 표면적으로는 그것이 당연한 것처럼 보인다. 가치관의 동질성은 공동생활을 무척 쉽게 해준다. 갈등도 덜 생긴다. 사람들은 서로를 더 잘, 더 빨리 이해한다. 모든 분쟁을 조정하는 경찰, 판사 그리고 법이 덜 필요할 것이다.

미국의 사회연구가들인 크리스토퍼 바우먼, 린다 스키티카, 에드워드 새기스는 얼마 전에 경험적 조사를 통해서 이러한 동전의 다른 면을 연구했다. 이들은 역이나 공항 같은 공공장소에서 승객들에게 자기 나라에서 가장 중요한 문제가 무엇인지 물어보았다. 동시에 각자에게 윤리적이고 도덕적인 모든 체계에서 그 주제가 차지하고 있는 부분이 어느 정도가 되는지 확인했다.

'확고한 도덕적 확신'의 토대 위에서 자신의 의견을 밝힌 사람들이 분명히 더 많은 적개심과 독단들을 보여주었다. 다른 사람들에 대한 관용이 분명히 적었고, 경청하고 차이를 받아들이려는 준비도 부족했다. 이들은 복잡한 상황을 단순화했고 매우 상투적인 생각을 갖고 일을 했다.

통일성이 있는 가치 체계들이 민족 사회에서는 유용했다. 그러한 가치 체계들은 의사소통을 단일화시켰고 생존경쟁 속에서 씨족의 생존을 쉽게 해주었다. 그와 반대로 현대 사회는 항상 가치의 다원주의가 특징으로 나타난다. 이러한 다원주의는 다시금 '자체적으로 가치'를 구성하고 다음과 같은 말로 표현된다.

- 절대적 가치란 없다.
- 모든 사람들은 개성의 권리를 갖는다.
- 사회적 규칙들은 금지로부터 생기는 것이 아니라 자발적인 약속 과 계약으로 생긴다.

대부분의 큰 범죄는 '숭고한', '통일성이 있는', '약점이 없는' 도덕의 이름하에 자행되었다. 거꾸로 우리 지구상에서 적응력 있고 유연한 '메타' 가치체계를 발전시킨 문화들이 특히 성공한 것은 우연이 아니다. 이러한 문화들 속에는 '변함없이 형상화되는' 가치 및 도덕적 카논이 더 이상 존재하지 않는다. 각자에게 가능한 많은 가능성을 허락하는, 적지만 필수적인 게임규칙이 합의된다. 사람들은 서로 자신의 행동규칙들의 세부적인 것을 스스로 소화해낼 능력이 있다고 확신한다. 그리고 이런 식으로 사회적 다양성에 기여하는 개성의 힘을 발생시킨다.

▌소프트 개인주의적 가치체계

자원이 부족하면 무엇을 금지하는지를 아는 것이 좋다. 참된 선택의 여지가 없다면 제약을 꼼꼼하게 하는 것이 더 낫다. 그렇기 때문에 제약의 가치체계들이 예전에 여유가 없던 사회에는 맞았다. 덕성을 갖추고 신실하면 당신의 배우자와 오래 살 것이다. 관심을 끌 생각을 하지 마라.

우리가 지난 100년 동안 발전시켰던 무한한 글로벌 복지체계 속에서는 이것이 다르다. 이제는 자유의 정도가 풍요로움과 함께 폭발적으로 상승하고, 그에 상응해서 각자를 위한 선택옵션도 높아지고 있다. 그럼으로써 가치관도 특정 방향으로 어쩔 수 없이 진화한다.

• **규범적인 도덕에서 협상의 도덕으로** : 다수가 말하는 것이 더 이상 좋은 것이 아니다. 우리가 (각기 협상 파트너로서) 서로의 동의하에 약속하는 것이 좋은 것이다. 이는 사랑, 섹스, 가족에 해당되는 것이지만, 계약, 이웃, 직업, 일에도 해당된다.

- **단일적 도덕에서 다층적 도덕으로** : 완전히 다른 문화와 인생관을 가진 사람들과 함께 사는 것은 어렵다. 그렇지만 오늘날 '다문화적인 것'을 매장하려는 많은 비난들에 거역하며 우리는 앞으로 더욱 많은 문화적 '다양성'을 갖고 살아야만 할 것이다. 이것은 대부분 '서로 다른 사람들'이 일치점을 찾을 수 있는 좀 더 보편적인 가치지향을 의미한다.

- **구속의 윤리에서 협력적인 변화의 윤리로** : 신의(信義)는 높은 가치다. 그리고 그것은 개인에게도 해당된다(몇 년 전에 보란 듯이 혼자서 결혼한 네덜란드 여대생과 똑같이 할 필요는 없다). 개인문화의 중요한 테크닉은 '자아성'을 위한, 신뢰할 만한 자기인식과 힘을 위한 능력에 달려 있다(스탠퍼드대학교의 알버트 밴두라는 이미 1990년대에 '자기효능감' 이론을 전개했다).

  우리는 개인적 문화 속에서 우리 자신에 대해 훨씬 더 많이 알고 있어야 한다. 우리의 괴벽, 두려움, 바라는 것, 상처, 타락 등에 대해서. '이기적인' 이유에서가 아니다. 그렇지 않으면 우리는 우리의 사회적 관계들과 공정하게 협상할 수 없으며 또한 사회적 관계들을 형성할 수도 없기 때문이다. 미래에는 신의의 의미가 '나는 조건 없이 당신 옆에 머물러 있을 것이다'가 아니라 '나는 당신의 잠재력을 발전시킬 수 있도록 늘 당신을 도와줄 것이다. 그리고 나는 당신에게 나의 신뢰할 만한 자아를 보여줄 것이다'가 되어야 한다.

에버하르트 라트겝은 2006년 여름 『FAZ』에 다음과 같이 기고했다.

패키지 여행객들이 패키지적인 생각을 갖고 세상을 여행하듯이 인간들은 어리석은 부부에 대한 생각 및 섹스에 대한 생각을 갖고 관계 속에 뛰어든다. 그리고는 다른 것에 대해 배우지도 못한 채, 자기 자신을 더 잘 알지도 못한 채 이혼한다.

개인적인 것이 무엇인지에 대한 식견을 가지지 못한 채 널리 퍼진 개인주의는 섹스와 사랑 속에 담긴 인생의 행복과 인생의 의미에 대한 착각들과 일치하는 것이다. 인간만큼 다른 인간에게 폐쇄적인 존재는 없다. 소위 인간의 개성만큼 인간에게 낯선 것은 없다.

부부문제 치료사인 다비트 슈나르흐는 그의 세계적 베스트셀러인 《성적 열정의 심리학(Die Psychologie sexueller Leidenschaft)》에서 이와 같은 '자아성(트렌드 연구에서 말하는 영어 개념 'selfness'를 말한다)'을 위한 능력은 수년 후에도 부부에게 안정된 사랑의 행복을 가능케 해주는 것임을 입증하고 있다. 성공적인 파트너십의 비밀은 공생의 융합, 즉 낭만적 이상의 치환이 아니다.

그와는 반대로 '거리두기 능력'이다. 자기 자신에 충실한 사람, 개인으로서 독자적으로 발전하는 사람만이 파트너와 함께 미래로의 여행을 떠날 수 있는 것이다. 우리가 이와 같은 사랑의 역설을 인정할 때야 비로소 사랑은 생명을 유지할 수 있을 것이다.

▌가치관과 도덕의 몰락에 관한 진실

'가치상실'은 없다. 오히려 인간 사회가 '자동항법장치'처럼 기능을 하는 새로운 행동규칙들, 도덕체계, 윤리적 코드를 지속적으로 생산해내는 것이다. 이들은 개인적 행태를 사회적이고 공익적인 주위환경 및 요구들과 연계시킨다. 이런 가치변화의 과정이 성공적으로 이뤄지면, 사회적 진화에 이르게 된다. 실패하거나 변화 과정이 부정되거나 억압되면, 풍요로움의 상실, 전쟁, 몰락과 함께 사회적 역행이 일어난다.

현대사회는 '원자화되어' 있지도 않고 '탈(脫)도덕화되어' 있지도 않다. 현대사회는 오히려 구속력과 사회적 결합에서 발굴하고 이용할 필요가 있는 풍요로운 보물을 스스로 지니고 있다. 물론 좋지 않은 정치와 기만적인 사회적 계약들은 이러한 잠재력을 방해하거나 아니면 불구가 되게 하는 결과를 초래할 수 있다.

'협력적 이기주의'가 모든 인간 공동체의 본질이다. 인간들이 사회적 존재이기 때문에 자유의 조건하에서 늘 변함없이 새로운 가치의 조화, 도덕의 조화, 그리고 윤리의 조화를 발견한다. 이는 테크놀로지를 통해 구속과 관계의 범주가 확장되는 기회를 우리에게 주는 글로벌 네트워크의 문화에 더 많이 해당된다.

이와 같은 도시적인 글로벌 지식사회를 위해서 우리는 자유 옵션과 구속의 각오를 더 높은 차원에서 서로 결합시키는 복합적인 가치체계가 필요하다. 이러한 가치를 '소프트 개인주의적인' 가치라고 부른다. 관용, 신뢰성, 우정, 진실성, 정신성 등이 그것이다.

'기후 재앙'에 관한 동화

천국의 인간

태초에 천국이 있었다. 그리고 그 천국에는 '고기'가 있었다. 엄청난 무리의 형태로 풍부한 초원 위에서 풀을 뜯어 먹었던 수십만 톤의 고기. 들양, 들염소, 들소, 들당나귀, 가젤영양…….

지난 빙하 시대에 유럽의 절반을 차지하고 있었던 지구의 냉대 지역이 물러갔을 때, 이 종들은 모두 폭발적으로 증가했다. 약 1만 2,000년 전에 아열대 지역의 몬순(monsoon, 계절풍)이 북쪽 멀리 확산되었다. 그리고 중앙유럽에서 소아시아까지 이르렀던 무척 메마른 지역은 엄청난 동물 무리들이 지나가는 천국으로 변했다.

초지와 사바나 지역에서 수렵과 채집을 하던 구석기 시대의 인간은 곰과 같은 야생동물들을 늘 경계해야 했고 기아(飢餓)와 잡혀 먹힐 위험에 항상 노출된 채 살아가야 했으므로 행복을 느낄 겨를이 없었다. 하지만 세대가 얼마 지나지 않아서 음식물이 증가했다.

이제 사람들은 동물 무리들을 간단히 강 속으로 몰아 수 톤의 고기와 털을 한 번에 노획하게 되었고, 그 고기를 수개월 동안 '고깃간'에 저장할 수 있었다. 온갖 종류의 야생 곡식들이 이제 빙하 시대 이후의 온화한 기후 속에서 무성하게 자랐다. 그리고 역사상 최초의 곡물이 가공되었다.

오늘날 이라크 북부, 터키, 이란 사이의 국경 지역인 '기름진 반달 지역'에서 지질학자, 고생물학자, 인류학자, 기후 전문가들이 에덴동산의 위치가 그곳이었다고 확정했다. 북부의 우르미아 호수와 우르파 시(市) 둘레에서는 수년 전에 사원과 함을 가진 신전들이 발굴되었다. 이 신전들은 약 1만 년 된 것이고 그곳에서는 인류 역사에서 보기 드물게 필요 이상으로 풍부했던 문화를 엿볼 수 있다. 수천 개의 점토로 만든 인물상들이 발견되었는데, 이는 신석기 시대의 농부들의 것이 아니라 분명히 수렵과 채집 시대 사람들의 것이었다. 이들은 문화적 '상부구조'에 전념하기 위한 시간을 많이 가졌던 것이 분명하다.

여기에서 바로 2개의 변화가 일어났다고 역사학자들은 생각한다. 바로 메마른 빙하 시대로부터 풍요로움으로의 변화. 그런 다음에는 기원전 7000년부터 야생동물들이 갑작스럽게 다시 희귀해지고 강들이 바짝 말랐을 때로 신석기 혁명, 즉 유목 시대에서 농업 시대로의 극적인 변화로 인류 최초의 위대한 문화변형이기도 하다.

영국의 역사학자인 데이빗 롤은 그의 책 《전설(Legend)》에서 그 발굴들을 성서의 텍스트와 연관시켰다. 지형은 1 대 1로 구약성서의 지역과 일치한다. 구약성서에서는 '솟아나는 샘물'과 '성스러운 산'이라고 말하고 있는데, 에스겔에 따르면 그곳에 에덴동산이 있었다. 아담과 이브의 '낙원으로부터의 추방'은, 빵은 '얼굴에서 흘리는 땀으로 얻어야 한다'는 명령과 연결된다. 농업 시대의 시작과 다를 바 없다.

축복받은 땅으로부터의 추방, 알레고리적으로 거대한 짐승의 무리를 잃어버린 것이다. 또한 홍수는 실제 사건에서 연원한다. 이는 아마도 빙하 시대에 얼음이 녹아내린 엄청난 물결들이었으며 이 물결들이 흑해를 뚫고 지중해로 흘러들어간 재앙을 초래했던 것이다.

고기의 천국에서 경작지로의 변화는 단순한 노정이 아니었다. 문명은 말 그대로 고된 빵이었다. 우르파 근교의 출토품들은 최초의 농부들이 오히려 영양실조 상태였으며, 자주 아팠다는 것을 보여준다.

"땅은 너로 인하여 저주를 받고 너는 종신토록 수고하여야 그 소산을 먹으리라(창세기 3:17)."

문명은 우리의 선조들에게서 음식물의 근간을 앗아간 폭력적인 기후변화에 대한 정당방위로서 생겨났다. 그리고 신의 벌(罰), 즉 '위로부터의 죄과'로 해석되었다.

▌ 불안정한 지구

영상은 암담하고 위협적이다. 시간의 어둠 속에서 오랫동안 커졌던 얼음이 깨진다. 엄청나게 큰 얼음덩어리들이 대륙붕에서 떨어져 넓은 바다로 밀려나간다. 얼음덩어리가 빙하에서 떨어져나가고, 산맥들이 무너지고, 토네이도가 소용돌이치고, 홍수 같은 비가 문명을 황폐화시킨다.

의심의 여지가 없다. 우리는 심판의 시대에 살고 있는 것이다. 이번에는 단지 화염검을 갖고 우리를 파라다이스(이번에는 산업 파라다이스)에서 쫓아내는 것은 주님의 천사가 아니라 미디어와 기후 예언자들이다.

오늘날처럼 심했던 적이 없었다.
너희는 제물을 바쳐야만 한다!

그렇지만 전부터 기후에 관한 소동은 있었다. 간빙기 이후인 기원전 3000년에 알프스는 오늘날의 기온보다 높은 섭씨 2도였다. 그런 까닭에 '외치' 와 같은 신석기인들이 그 산을 가로지를 수 있었다(그리고 그때 간혹 급속도로 얼어붙었다).

기원전 850년 후에는 기온이 심하게 떨어졌고, 얼음덩어리가 밀려나가서 길을 넘을 수 없게 되었다. 예수 탄생 즈음에 다시 더 따뜻해졌다. 로마 제국의 황금기에는 베르너 란트에 있는 슈니데요흐를 넘어 이탈리아 북부로 가는 오래 지속된 점령지 연결로가 있었다.

중세 전성기에는 중앙 유럽이 수도원이나 교회에서 사람들이 추워했던 적이 드물 만큼 따뜻했다. '난방장치가 없는 대건축물'을 감행한 이유일지도 모른다. 영국에서는 당시에 포도가 자랐다. 그리고 나서 기후는 지구 역사에서 자주 그랬듯이 전복되었다. 1550년에서 1750년 사이인 '짧은 빙하 시대(브뤼겔의 네덜란드 겨울 풍경들, 런던의 언 템즈 강)'에 유럽은 대단히 추웠고 수확물이 없었다. 30년 전쟁이 발발한 또 하나의 이유일 수도 있다. 그리고 음료습관이 포도주에서 맥주로 옮겨갔다.

매번 주기적으로 추위가 오고 갔다. 한번은 부드럽다가, 한번은 혹독하고, 한번은 느리게, 한번은 급작스럽게, 수천 년 전에는 기상학자들이 암담하게 바라보면서 논평하는 극적인 TV 영상들이 거실에서 방영되지 않았을 뿐이다.

특정 지역의 기후에 해당되는 것이 장기적인 지구상의 기준에서 볼 때 더 극적이다. 적어도 원시역사에서 네 번 '평균 해면선' 위에서 약 섭씨 2도였던 따뜻한 시기가 왔었다. 40만 년 전에 '지구온난화' 기간이 3만 년 동안 지속되었던 것으로 남극 대륙에서의 빙하천공 작업들은 그 사실을 우리에게 보여준다. 그 당시에는 대기권의 이산화탄소 함유량이 증가했는데, 물론 두 다리를 가진 환경 파괴자는 없었다.

오늘날 지구온난화 명제의 주요표시가 되는 이산화탄소 함유량은 계속 심하게 변했다. 5억 년 전에는 이산화탄소 함유량이 대기 가스의 28퍼센트를 차지하고 있었다. 대기권에서 산소가 차지하는 부분은 30만 년 전에 30퍼센트였고, 그런 다음에는 12퍼센트로 떨어졌으며(20만 년 전), 그 다음에는 서서히 오늘날의 21퍼센트로 상승했다. 1억 년 전에는 이산화탄소 함유량이 거의 0.3퍼센트에 달했고, 오늘날에는 0.038퍼센트다. 그리고 전문가들이 말하듯이 지난 250년 동안에 1/3 정도(약 0.0095퍼센트 포인트) 상승했다.

이산화탄소가 없다면 우리는 추위에 더 민감할지도 모른다. 간단히 말해서 이산화탄소가 지구 복사열의 일부분을 흡수하기 때문이다. 반면에 태양광선의 많은 부분은 방해받지 않고 통과할 수 있다.

장기간에 걸친 기후곡선은 우리 지구의 정상상태는 오히려 '냉기'라는 것을 보여준다. 오랜 기간에 걸쳐 지구는 긴 빙하 시대의 주기들을 통과했다. 이것은 인간들에게는 좋지 않은 것이었지만, 적당한 기후 지대에서 극단적 상황으로부터 해를 입지 않고 남아 있었던 수많은 생물들에게는 좋은 것이었다. 가끔씩 남극 대륙에서 푸른 밀림이 번성했으며, 오늘날 알프스가 있는 곳에서는 따뜻한 얕은 바다가 있었다. 쓰라린 아니면 자유롭게 해주는 진리는 변함없는, 예측할 수 있는, 그리고 영원히 고정된 '규격기후(우리가 말하길 여름에는 25도, 겨울에는 약간의 눈, 그 외에는 스웨터를 입을 만한 날씨)'가 있던 적은 없었다는 말이다(앞으로도 결코 없을 것이다).

▌ 인간, 날씨를 만드는 존재

2005년 미국의 한 기후 연구가의 이론이 예전의 기후재앙에 관한 연구뿐만 아니라 새로운 연구의 기존체제를 뒤흔들었다. 버지니아대학교의

윌리엄 루디맨 교수는 장기간의 기후 모델을 검토하면서 한 가지 이상한
점을 발견했다. 그에 따르면 지난 100만 년 동안 기후에 영향을 준 천문
학적 주기에 따라 원래는 1만 년 전에 분명히 더 추워졌어야만 했다. 동시
에 온실가스와 메탄가스의 수치도 원래는 적어도 9,000년 전부터 낮아졌
어야만 했다.

이와 같은 장기간에 걸친 온난화의 원인으로서 루디맨은 지금까지 주
목받지 못했던 요인 하나를 알아냈다. 그것은 바로 '인간'이었다. 그러나
산업을 일으킨, 고도의 기술을 가진, 초강력한, 화석 에너지로 난방을 하
는 인간이 아니다. 그가 말하는 인간은 신석기 시대의 초기 농업 시대 인
류로서, 덤불 땅을 밭으로, 숲과 강둑의 충적지들을 경작지로 바꾸었다.
7,000년 전 이전부터.

루디맨에 따르면 소와 양들이 농업 경제를 통해 매우 많아진 것만으로
도 메탄 수치의 증가가 설명될 수 있다. 엄청나게 개간하고 나무를 태움
으로써 당시에 이산화탄소의 수치가 상승할 수 있었다. 그리고 소위 밀란
코비치 주기에 따라 기온의 저하는 방해를 받았다. 세르비아 출신의 천문
물리학자인 밀루틴 밀란코비치는 이와 같은 장기간에 걸친 기후주기를
발견했다. 이 주기는 약 1억 5,000만 년마다 한 번의 심각한 온난화, 그후
에는 한 번의 빙하 시대가 오는 것을 보여준다. 빙하 시대는 대기 중 이산
화탄소 농도의 감소와 결부되어 있다. 중요한 원인은 아마도 지구 선회
궤도의 주기적인 변화로 추정된다.

흥미롭게도 잡지들은 이 가설의 경우를 다르게 보도했다. 영국의 『가디

언(Guardian)』지는 "선사 시대 농부들이 빙하 시대 전에 우리를 구해주었다"라는 제목을 붙였다. 『슈피겔』은 중립적인 제목, "석기 시대에 날씨를 만든 사람들"로 보도했다. 이때 사람들은 아래의 자극적인 명제 하나를 그것으로부터 만들어낼 수 있었을지도 모른다.

"스캔들을 폭로하라. 이미 아담이 환경 파괴자였다!"

▌테라포밍, 한 행성이 변화하다

몇 년 전에 전 행성들을 기후적으로 변형시키는 과정이 '테라포밍(terraforming)'으로 명명되었다. 미래의 어느 날 화성이나 더 멀리 떨어진 천체들에 거주하는 것을 도울 하나의 유토피아적인 테크놀로지다. 하지만 지금 우리는 테라포밍이 이미 오래전에 진행된 것을 알고 있다. 많은 지역들이 인간의 의해 야기된 상호교환 작용의 생산품이다. 지중해 지역의 벌목은 먼저 지중해성 기후를 생겨나게 했다. 극동 아시아의 벼 재배 지역들은 이미 수천 년 전부터 비가 많고 상승하는 바람을 가진 국지성 기후를 심화시키고 있다.

우리 인간을 넘어서 이러한 단초를 확대시켜 보자. 식물의 세계가 지구에서 최초의 커다란 테라포머이다. 15억만 년 전에 시아노박테리아(청록색 세균)를 통한 광합성의 '발명'이 지구에 최초의 기후재앙을 가져왔다. 공기가 이제 산소로 '독소화'되었다. 유기적 무기적 과정을 현저하게 촉진(예컨대 불을 좋아한다)시키는 반응성 기체인 산소는 그 당시의 생물체에게는 완벽한 독(毒)이었다.

5억 3,000만 년 전에 '캠브리아 대폭발'이 끝났다. 이 시기는 우리 지구에 최고의 다양한 종들이 있었던 시기였다. 엄청난 종들의 죽음은 모든 시대를 통틀어 가장 커다란 사건으로 믿을 수 없을 만큼 많은 종들을 멸절시켰고 생물 서식권을 급속도로 변화시켰다. 종들의 95퍼센트가 사라졌고, 지구의 바다들은 오늘날 우리가 큰 건물의 대리석 홀에서 무심하게 간과하는 갑각류들로 넘쳐났다. 숲들은 엄청난 퇴적물들을 액화시켜서, 그것으로 우리는 오늘날 기동성 문제를 해결하고 있다. 그것이 석유가 되었던 것이다.

엄청난 죽음은 짧은 시간 내에 바다를 뒤집어놓았고, 그 속에서 죽은 수십억 패류 동물들이 엄청난 석회화를 만들어냈다. 바닷물의 칼슘성분이 세 배로 늘어났다. 살아남은 바다 유기체들에게는 이것이 치명적인 문제였다. 그 동물들이 말 그대로 석회질화되었기 때문이다.

하지만 언제나 그랬듯이 진화는 멈춘 적이 없었다. 선별과 적응이라는 꾸준한 작용 속에서 그 동물들은 '석회성을 변화시키는' 세포 속성의 메커니즘을 만들어냈다. 유기체들은 석회질을 잘라내고 자신의 외부표면을 단단하게 만드는 법을 배웠다. 오늘날 우리가 알고 있는 연체동물과 조개류들은 그렇게 생겨난 것이다.

2억 5,000만 년 동안 이 지구를 지배했었던 공룡류들은 아주 탁월한 테라포머였다. 그들이 힘으로 지역을 평평하게 했기 때문이라서가 아니라 식습관과 분뇨의 양으로 전 생태계를 만들어냈기 때문이다.

바로 우리가 '가이아' 가설(총체적 유기체로서의 지구)을 진지하게 받아들일 때, 인간중심 사고의 좁은 틀을 틀림없이 벗어날 수 있을 것이다. 진화는 단세포 생물에서 지능을 가진 동물로의 긴 과정 속에서 끊임없이 많은 기술들을 발명해냈다. 자연의 '선한' 세계와 테크놀로지 및 인간의 '비자연적인' 영역 사이에 경계를 구분 짓는 것은 자의적(그리고 비과학적)이다.

사람들은 이단자들처럼 물을 수 있을 것이다. 청록색 세균들이 신경독소인 산소를 만들어내고, 공룡들이 전 지구를 변형시킨 이유는 무엇일까? 그러나 현재의 생태 이론들을 따르자면, 인간들은 완전히 있는 듯 없는 듯 이 지구에서 살아야만 한다.

▌인간, 날씨를 느끼는 존재

지구상에 날씨를 '숭배'했던 문화는 실질적으로 없었다. 언제나 날씨를 만들어내는 것은 모든 무당들의 직업적 설명 내용에 속하는 일이다. 아니면 솜씨 있는 연출을 통해서 그것과 구분할 수 없게 한다. 즉, 예측이다.

오늘날 컴퓨터를 이용한 날씨쇼는 그러한 전통의 연장선상에 있는 것이다. 방송국은 그러한 쇼를 위해 엄청난 금액을 지출한다. 그리고 기후 재앙의 어두운 숭배 속에는 종교에서 차용된 면들이 의도되지도 않고 의식되어 있지도 않지만 매우 분명하게 나타나 있다.

의심의 여지가 없다. 문화적 동화작용에는 하나의 원초적 두려움이 존재한다.

또한 그 근거는 우리의 생물학적·인류학적인 체질에 있다. 우리는 털 없이 직립으로 보행하는 온혈동물로서 기후의 변화에 큰 위협을 느끼고 있다. 인간의 뇌는 우리 에너지 생성의 40퍼센트를 필요로 한다. 인간들은 극단의 기온에서 뱀처럼 겨울잠을 잘 수도 없고 하루 종일 계속 열을 유지한 채 있을 수도 없다. 매우 활동량이 많은 잡식동물로서 우리는 다양한 음식물과 규칙적인 음식물 섭취에 의존하고 있다. 몇 주 이상 물 없이 지낼 수 있는 낙타나 가끔 몇 달 동안 먹이를 기다리는 악어와는 다르게 우리는 유기적인 에너지 저장방법을 거의 이용하지 못한다.

그렇지만 동물들과 다르게 우리는 미래에 닥칠 음식물의 부족을 예측할 수가 있다. 그래서 그것이 우리를 매우 예민하게 한다.

불의 제어, 농업, 가옥 건축들은 기후의 영향에 대한 '무기'와 다를 바 없는 것이었다. 우리는 불을 갖고 우리를 공격하는 자들을 막고 소화시킬 수 있는 단백질류의 섭취 방법을 확대시키는 법을 배웠다. 우리는 농업 기술을 갖고 음식물을 좀 더 지속적으로, 예측 가능하게 이용할 수 있도록 환경을 조성했다. 현대 문명에서는 우리가 견고한 건물, 난방, 에어컨 등을 통해 계속해서 직접적인 기후의 영향으로부터 벗어나려고 했다. 그리고 통제된 조건들 속에서 식료품이 대량으로 생산되고 있다.

하지만 원래 우리는 이러한 모험이 성공할 것이라고 믿지 않는다. 그러한 시도가 시작된 지 너무 짧기 때문이다. 우리 인간은 수십만 년 동안 항상 똑같은 경험을 했다. 자연의 힘에 대해서 우리는 속수무책이다.

회오리바람, 홍수, 대화재, 강물의 범람 등이 위협하고 있다. 아니면 위협할 것처럼 보인다. 우리는 여전히 '기후 신(神)'의 복수를 두려워하고 있는 것이다.

우리의 책임이다.
우리는 희생제물을 바쳐야만 한다!

▌문명의 홍수

7,000년 전 몬순이 중앙아시아 지역에서 중단되었을 때, 인간들은 새롭게 개발된 농업 기술이 있는데도 토지에서 갈수록 적은 수확을 낼 수밖에 없었다. 음식물 공급에 비해서 인구밀도는 높아졌다.

그렇기 때문에 많은 농부들이 대이동을 하기 시작했다. 파라다이스에서 나와서 유프라테스 강과 티그리스 강 사이의 평지로 이동했다. 그곳에 최초로 대도시들이 생겨났고(바빌론, 우르), 강의 범람 지역이 사막 한가운데 풍요의 땅을 만들었던 나일 강 삼각주로 계속 이동했다. 이주 농부들은 습지를 마르게 하고 관개 시설망을 건설해서 곧 엄청난 농업 잉여생산물을 얻어냈다.

토템 신앙, 신전, 개인숭배를 띤 어마어마한 감사의 숭배들이 이제 생겨났다. 비교적 평등했던 농부사회가 계급 조직적이고 봉건적인 노예사회로 변화되었다. 온갖 금과 화려함, 온갖 신화와 기괴한 것들을 갖고 페니키아 제국과 파라오 제국이 생겨났다.

기후 재앙은 유익한 문화적 현상들도 생기게 한다. 전쟁을 끝낼 수 있는 것이다(예를 들어 인도네시아의 아체에서의 내전은 2004년 쓰나미 때문에 광범위하게 종결되었다). 자연 재앙이 일어나면 인간들은 서로 뭉친다. 이들은 생존을 위한 공동의 싸움에서 자신들의 인지적 능력들을 증대시킨다. 기술, 적응, 많은 발명, 언제나 새롭고 다양한 문명적 도약 등을 통해서 완수해간다.

단순하게 다음과 같이 요약할 수도 있다.

"나쁜 날씨 없이는 문명도 없다."

비오는 날 영국에서 차를 마셔본 사람들은 무엇을 말하는지 알 것이다.

▌기후 변화에 관한 진실

지구는 한시도 가만히 있지 않는 행성으로, 수많은 외적·내적 영향하에 있다. 우리의 별은 태양 주위를 편심적인 궤도로 돈다. 지구 축은 불균형한 상태에 놓여 있고, 태양 자체의 활동들은 기후에 대대적인 영향을 줄 수 있으며, 자장 역시 기후에 영향을 준다.

마찬가지로 지구에 살고 있는 유기체들도 지속적으로 날씨와 기후를 변화시킨다. 우리가 '삶'이라고 부르는 요란한 과정에서 어쩔 수 없이 물질들이 분출되고, 다양한 종류의 '소화 생성물'이 생겨난다. 자연스럽든, 부자연스럽든 새로운 테크놀로지가 이 '쓰레기'를 사용하게 될 때 그것은 미래의 천연자원과 에너지원이 된다.

지난 수십 년 동안 두드러지게 나타났던 전 지구적 온난화 과정은 지구를 거쳐갔던 많은 온난화 과정 중 하나일 것이다. 솔직히 말하자면 우리는 그 과정이 어떤 차원으로 나타날지 전혀 알지 못한다. 따뜻해지고 차가워지는 것은 인간을 비롯한 지구상의 동물들 그리고 그들의 신진대사 생성물이 생태권에 '제공' 하는 것에만 달린 것이 아니기 때문이다.

빈번하게 날씨에 관한 요란한 일들이 일어날 수 있고, 변화된 풍경들이 발생할 수도 있지만, 신종과 변종들이 생길 수도 있다. 대부분의 경우 그런 식으로 새로운 문화적 다양성과 고도의 문명적 복합성이 생성된다.

다른 종들과는 다르게 인간은 자신의 행동을 조정하고 변화시킬 수 있다. 기후 변화는 우리의 테크놀로지가 진화하도록 심하게 압박하고 있다. 산업 시대에 나타났던 것과 같은 과도한 에너지 소비와 특정 물질 분출은 중단되고, 기술적 변화 과정들은 촉진될 것이다.

이런 모든 것이 '더 스마트한' 에너지론적인 과정들로 이끌 것이다. 금세기 내에 우리는 거의 이산화탄소가 없는 이동수단을 발명해서 이용할 수 있게 될 것이다. 그리고 많은 점에서 우리의 생활방식은 좀 더 효과적인 형태를 갖추게 될 것이다.

기후변화는, 그것이 아무리 격렬하게 일어날지라도, 마지막 위협이 아니라 인류의 길고도 요란한 과정 중에 나타나는 많은 도전들과 진화적으로 성장하기 위한 자극들 중 하나일 뿐이다.

13

'치명적 자연과
지속성 공식'에 관한 동화

*인간은 자연의 일부이지
자연과 대치하고 있는 존재가 아니다.*
−버틀란트 러셀

▌발전에 대한 공포

청소년 시절 내 침대 위에는 포스터 하나가 걸려 있었다. 그 포스터는 발전을 '몰락'이라고 부정적으로 표현한 그림이었다. 7개의 파노라마 그림들로 시간적 순서에 따라 배치되어 있었고 면밀하게 사진처럼 사실적으로 그려져 있었다.

첫 번째 그림은 완만한 계곡에 있는 전원적인 농부의 집을 보여준다. 소, 고양이, 모자를 쓰고 자전거에 앉아 있는 한 남자, 물풀들이 있는 호수가의 잔교에서 놀고 있는 아이들. 두 번째 그림에서는 길 하나가 건설되고 있다. 세 번째 그림에서는 폐수가 작은 시내와 호수를 오염시키는 공장이 있다. 네 번째 그림에서는 4차선 도로가 이어지고, 집이 헐린다. 결국 그곳에 엄청난 콘크리트 쇼핑센터가 서 있고, 전원적 풍경은 잔인한 주차장에 자리를 내주고 말았으며, 6차선의 고속도로에는 보기 흉한 크롬 빛깔로 번쩍이는 리무진이 그 위를 질주한다.

거기에는 낭만적인 왜곡이 지배하는 오래된 이분법적 세계상이 있다. 자연은 '위조되지 않은 것', 즉 본래 그대로인 것이다. 문명은 나쁜 것, 기괴한 것이다.

문명은 자연을 죽일 것이다.
그리고 모든 것 배후에는 이득이 숨어있다.
모든 기술은 미친 짓이다!

여기서부터 정신적·정치적 파국으로 가는 많은 다리가 독일 역사에만 놓여져 있는 것이 아님을 어렵지 않게 알 수 있다. 도시적인 삶, '소외된' 삶에 대한 신랄한 비판은 역사를 통해 피의 흔적을 남겼다.

이미 칭기즈칸은 도시를 '부자연적인 것'으로 여겼다. 도시는 공간의 낭비로 신속하게 불살라 없앴고, 정복한 도시의 주민들을 능욕하거나 죽였다. 게다가 나치즘에서는 기술적으로 한계를 정한 영웅주의가 있었지만, 히틀러와 그의 가신들은 대도시의 다양성과 '무질서'를 증오했다. 캄보디아의 전제군주 폴 포트 밑에서는 도시들이 타락한 부르주아적인 영역으로 내몰렸다.

최고의 이상은 철저하게 마을 단위의 자치였다. 중국의 문화혁명에서도 마찬가지였다. 그에 상응하는 거주 정책으로 죽은 수백만 명의 희생자들이 오늘날 거의 잊혀졌다.

이를 보완해서 적어도 서구의 문화사 속에는 자연과 영원한 조화 속에서 사는 '고귀한 야생인'의 모습이 존재한다. 우리가 세계를 말 그대로 '준비해놓은' 많은 구상들 중 하나다.

지난 1만 년의 생물학적 멸절은 음식물을 찾던 중에 덫에 걸린 것을 취한 '자연인'의 책임이었다. 약 1만 2,000년 전에 인간들이 얼어붙은 베링 해협을 건너서 북아메리카로 이주한 뒤 그곳의 대형동물들 중 60퍼센트 이상이 죽었다. 자동차 크기만 한 매머드, 거대 곰, 양모 코뿔소, 거대 거북이, 훌륭했던 종들 모두가 미국 대륙에서 영원히 사라졌다. 게다가 정복자들에 의해 다시 유입되었던 말조차.

환상적인 거대조류이며 타조와 비슷한 공조들은 모두 마오리족의 요리 냄비 속으로 들어갔다. 유럽의 정복자들이 진주해에 들어와서, 예를 들어 거대 조류인 보기 흉한 도도(dodo)를 멸절시키기 오래전이었다. 도도는 전혀 두려움을 모르는 친근한 새였고 매우 먹음직스러웠으며 무게가 45킬로그램 넘게 나갔다. 그런데 그 새는 하필이면 진화에서 고립된 채 외로운 섬에서 살았는데, 그 섬에 인도로 향하던 긴 여정 중에 허기로 반쯤은 죽을 것 같았던 유럽의 개척자들이 상륙했다. 바로 모리셔스였다.

멸종은 그렇게 쉬운 것이 아니라고 우리는 확신할 수 있다. 도도의 경우 사람들이 상당히 어리석게 처신한 것이 틀림없다. 달아날 기회는 거의 주지 않고 또 허기로 반쯤은 죽을 것 같은 적들이 우글대는 상황이었다.

멸종은 다른 면으로 볼 때 뒤따라오는 많은 종에게는 매우 이롭다. 굉장했던 공룡이 우주의 재앙으로 말미암아 이구아나와 크로커다일 같은 몇몇 종류들로 줄어들자, 눈에 띄지 않는 작은 설치·포유동물들이 살아남았다. 오늘날 지혜로운 SF 작가들 중의 한 사람인 스티븐 백스터는 그의 기념비적인 소설 《진화(Evolution)》에서 수만 년을 걸쳐 직립으로 보행하며 생각하는 인간들의 세계제국이 어떻게 만들어졌는지를 묘사하고 있다. 그러나 이 웅대한 이야기는 큰 도마뱀 제국이 영원히 멸망했기 때문에 가능했다.

▋멸종에 대한 소문

도덕으로 무장한 사람들이 공공장소에서 경고하듯, 검지를 치켜세운 채 멸종을 알리지 않는 날이 하루도 없다. 매년 수백만의 아이들이 죽어갈 뿐 아니라, 날마다 수천 종의 동물이 멸종하고 있다. 하지만 다음과 같은 단순한 질문을 하는 사람은 드물다.

"올해는 도대체 어떤 종류의 동물이 멸종했는가?"

그렇다면 얼마 안 되는 사람들만이 미국산 나그네 비둘기, 들소, 아니면 바다소의 멸종에 대해 보도된 것을 알고 있다는 말이다. 이 동물들의 멸종은 이미 약 100년 전으로 거슬러 올라간다. 놀라운 일이다. 그 사이에 우리가 모두 '바이오' 임에도 불구하고, 우리 아이들이 모두 동물애호

가이며 열광적인 환경보호자임에도 불구하고, 우리는 매머드와 공룡 외에 갑작스럽게 멸종한 예를 알고 있는 경우가 드물다.

다음의 주장들이 서로 대치하고 있다.

현재 지구의 동물 멸종률은 500년 전 이래 가장 낮다. 이는 16세기의 멸종과 어느 정도 일치한다는 말이다. 학자들은 지난 400년 동안 모두 675종이 사라진 것으로 보고 있다. 유럽의 경우 지난 20년 동안 이곳에 살고 있는 2만 4,000종에 300종이 추가되었다.

그리고 다른 편의 주장은 이렇다.

멸종은 극적으로 빨라지고 있다. 오늘날 한 연구에 따르면 지난 500년 동안 멸종된 숫자의 3배가 될 정도로 위협적이다. 인간이 멸종률을 자연스런 정도를 넘어 100에서 1,000배까지 늘렸다고 미국 과학 아카데미의 회보에 연구가들이 보고했다.

생물학자들은 세계적으로 자료가 있는 종들을 조사했다. 거기에는 포유류, 조류, 양서류, 몇몇 파충류, 그리고 유일한 식물종으로서 침엽수가 포함되었다. 위협받고 있는 794종 중 대부분은 각기 한 장소에서만 아직 살고 있다.

WWF(World Wildlife Fund, 세계야생기금)의 테일러 리케츠를 비롯한 연구자들은 1500년 이후 이 집단들 중에서 245종이 멸종된 것으로 기록되었다고 발표했다.

"확인된 종들은 인간의 행위로 말미암아 멸종의 위협을 받고 있는 모든 종들 중의 일부에 불과한 것이다."

연구자들은 멸종이 임박한 595개의 중심지를 확인했다. 이곳은 위협받고 있는 종들에게 유일하게 남아 있는 고향으로 이용되고 있다.

같은 상황에 대한 2가지 분석, 둘 다 명성 높은 학자들의 분석이다. 특기할 만한 것은 둘 다 수치자료에 있어서는 거의 차이가 없다는 것이다. 심지어 WWF의 분석이 이미 멸종된 종의 수치를 더 낮게 발표하고 있다.

격렬한 공개적 논쟁에서 이와 같은 모순들이 보일 때 대부분 다음과 같이 말한다.

"그런데 우리는 이 세상에 얼마나 많은 종들이 있는지조차 전혀 모르고 있습니다."

확신하건대 아마존의 나무 꼭대기들에서만도 수백만 종이 발견될 것이다(실제로 아마존 지역과 파푸아뉴기니에서도 여전히 새로운 종들이 발견되고 있다. 그곳에서는 얼마 전에야 비로소 20종 이상의 새로운 개구리 종류, 5종의 조류, 1종의 두더지가 발견되었다).

도대체 무슨 말인가? 발견되지도 않았는데 영구히 멸종한 수백만 종이 있는 것인가? 아니면 알고 있는 것이 약 100만 종이라면, 300년마다 몇백 종의 멸종은 그다지 극적인 것이 아닐 수도 있다(놀랍게도 실종되었던 종들이 계속 다시 나타나고 있다. 얼마 전부터 사라진 것으로 여기고 있는 중국 양쯔강 돌고래인 '바이지' 역시 그러기를 바란다).

아무도 묻지 않는 질문은 이것이다.

"얼마나 많은 멸종이 '자연스러운' 것인가? '생물학적인' 멸종률이 과
연 있는가?"

캘리포니아대학교 버클리연구소의 리처드 멀러와 로버트 로데 교수는
지난 50만 년 동안의 '멸종의 역사'를 분석하고 기록했다. 5,000만
~7,000만 년마다 규칙적으로 엄청난 멸종의 홍수가 일어나는데, 이때
생물학적으로 완전히 사라진다. 그런 뒤에 마찬가지로 홍수처럼 새로운
종들, 새로운 생태계, 새로운 다양한 생명들이 생겨난다. 예를 들면 25만
년 전에 종의 숫자가 가장 적었다. 겨우 약 2만 종이 지구에 살고 있었다.

▌복합적 생태학

2006년 여름 『뉴스위크』는 "새로운 도시 정글"이라는 제목으로 '종의
다양성'에 대한 새로운 측면을 묘사했다.

베를린 쇠네베르크 지역을 걸어보자. 소음을 내며 지나는 도시철도, 아
파트 단지 사이에 허브 종류인 하이비스커스와 조팝나물 같은 보기 드문
꽃들이 있다. 멸종의 위기에 처해 있거나 희귀한 수많은 나비들, 거미들
그리고 땅벌들이 그곳에 번성하고 있으며, 보라매와 황조롱이가 먹이를
기다리고 있다. 유럽의 가장 북쪽에 위치한 신을 숭배하는 여인들의 식민

지에도 마찬가지다.

『뉴스위크』에 따르면 종의 다양함은 현재 문명 지역들에서 최고의 전성기를 누리고 있다.

산업 사회가 자연의 모습 속에서 보이는 현상들은 분명했다. 도시는 '안티(anti) 자연' 이었다. 생물학적 세계에 맞서 자연 법칙에 따르지 않는 일들이 나타났다. 도시환경 속에서 쥐며느리, 비둘기, 바퀴벌레 등은 무슨 일이 있어도 생존했다. 이것들은 우리가 알고 있듯이 핵전쟁에서도 살아남을 것이다.

우리가 오늘날 알고 있는 바에 따르면 공원과 정원에 가장 다양한 종들이 있다. 영국원예협회는 생물의 다양성에 대한 연구에서 영국의 작은 정원에 1,176종의 식물과 3만 7,000종의 무척추 동물들이 있다는 사실을 알아냈다. 생태학자들은 그 사이에 들판을 '종들을 죽이는 공간' 이라고 부르고 있다. 하지만 이 들판들은 중세 이후 '자연적인 풍경' 을 가진 모습으로 규정되고 있다.

한 번도 인간의 손이 닿지 않았던(그런 때가 있었는가?) 중부유럽의 숲은 상당한 덤불숲으로, 생존 능력이 강하지 못한 종들이 많았다. 지구의 밀림 속에는 의심의 여지없이 다양한 종들이 살고 있다. 하지만 그곳에 있는 종들 중 많은 것들이 변종이라고 할 만큼 서로 매우 비슷하다.

그리고 이 지구에서 최고의 다양한 종들을 제공하는 곳은 동물원이다.

1872년 북아메리카 대륙에 최초로 대규모 자연공원이 세워졌다. 8,000 평방킬로미터 이상의 대단히 아름다운 이 공원은 그때부터 엄격히 제한된 방문객들만 들어갈 수 있었다.

엘로스톤국립공원은 산업적 착취의 패러다임에 대해서 '자율적인 자연'이라는 하나의 비전을 내세웠던 새로운 자연관을 가진 이정표였다. 미국의 신문들과 정치인들은 그 설립을 '사방에서 일어나는 과도한 비양심적인 파괴로부터의 보호행위'로서 전적으로 문명비판적인 입장에서 환영했다.

1934년 공원관리소는 흰꼬리 사슴, 퓨마, 시라소니, 늑대 등의 종이 공원에서 사라져버렸다고 알려야 했다. 공원감시원들이 이 동물들을 부분적으로 비밀리에 포획하고 사살했다는 사실이 밝혀졌다.

1890년 공원을 계획할 시기에 북아메리카에 있던 고라니들은 멸종되기 직전이었다. 그렇기 때문에 고라니들을 맹수들이 다가올 수 없는 보호구역을 통해 보호하려고 했다. 1914년 엘로스톤공원의 고라니 개체수는 3만 5,000마리였다. 영양과 사슴들은 점차 줄어들었다. 같은 생활공간에서 경쟁을 했기 때문이다. 대응조치로 공원감시원들이 몰래 맹수들을 쏘아 죽이기 시작했다.

이제 풀을 지나치게 뜯어먹게 한 것이 땅을 변화시키기 시작했다. 고라니가 좋아하는 시냇가의 풀들이 사라졌다. 이어서 수달이 자신들의 댐을 위한 건축자재를 더 이상 발견하지 못하자 떠나갔다. 1930년 맹수 모두가 사라진 것으로 확인되었다(예컨대 늑대도 수달을 사냥한다).

이 시기에 산불이 그 자연적인 지역을 황폐화시키지 못하도록 세심하게 주의를 기울였다. 원래부터 옐로스톤 지역에 살았던 인디언들은 자연의 무법자로 여겨졌다. 정기적으로 숲을 불태웠기 때문이다. 그런데 1988년 옐로스톤공원에 있는 숲이 불타기 시작했다. 그 사이 모든 나무들이 엄청난 크기로 자랐고 또 셀 수 없을 만큼 많은 잡초들(법률상 국립공원에서는 그것들을 제거해서는 안 된다)이 뒤덮여 있었기 때문에 전체 숲이 모조리 불타 없어졌다.

1990년대에 늑대들이 새로이 옐로스톤공원에 살게 되었다. 그러자 다시 상황이 바뀌었다. 코요테들이 사실상 멸종된 것이다. 자신들보다 강한 동료들에 맞서는 기회가 없었기 때문이다. 이로써 여우들은 이득을 보았다. 야생동물들은 시냇가에서 방해받지 않고 살 수 있었고, 어린 나무들은 더 이상 먹을 수 없었으므로 강가 초지에는 다시 더 많은 새들이 살기 시작했다.

옐로스톤공원의 동물 이야기는 '자연적인 균형'을 만드는 것이 얼마나 어려운 것인가를 보여준다. 그리고 자연에 대한 인간의 계획과 생각들이 어떻게 현실에 영향을 미치는가를 설명해준다.

어디에서 '자연'이 시작되는가? 무엇이 '인위적인 것'인가? '순수한 것'을 되찾기 위해서는 얼마나 먼 길을 돌아가야만 하는가? 로마인들조차 그 속에서 빠져나오지 못했을 정도로 무성하고 모기가 가득했던 게르마니아인들의 숲으로? 거대한 숲들이 쇠뜨기로 가득했던 빙하기로? 상당히 천편일률적인 모습이 아닌가? 아니면 지구가 아직 지글지글 끓는 공이었던 태초로?

사람들에게 경관 사진들을 보여주고 어떤 것을 '자연적인' 것으로 여기는지 물으면, 대부분의 경우 한 가지 분명한 선택을 한다. 모두 문화의 산물인 인공숲, 목초지, 공원과 비슷한 경관을 자연적인 것으로 여기고 있다.

낭만주의의 상징이라 할 수 있는 카스파 다비트 프리드리히(Caspar David Friedrich)의 회화들은 최고로 꾸며진 경관들이다. 배나무 숲과 참나무 숲, (벌목으로 생긴) '섬뜩한' 침엽수들이 있는 황야 지대. (사람의 손으로 만들어진) 습지의 폐허들…….

황무지, 대초원, 동토 지역(지구 표면의 엄청난 부분을 차지하고 있다)은 '비자연적인' 것으로 여겨진다. 자연의 모습 속에서도 마찬가지로 짐승의 시체나 앙상한 식물들을 볼 수 있다. 이러한 황량함도 자연적인 과정 속에서 생기는 것이다.

이러한 상대적 선호의 근거는 '확 트인 사바나 지역'에 대해서 유전적으로 확립된 우리의 인상에 기인한다. 그곳은 인류의 요람이자 첫 식량공급원이다. 동물의 종류가 매우 다양하게 있는 높은 나무들과 트인 지역으로 이뤄진 이와 같은 공간구분이 영국의 한 공원에 아름답게 다시 반영되어 있다.

우리의 숲은 어떤가? 건강한가? 물론 아니다. 건강한 숲은 전원적인 생각, 즉 하나의 구상이다. 그런 것은 결코 없었다. 숲은 아프기도 한다. 하지만 그렇다고 해서 숲이 곧 죽는 것은 아니다.

지난 30년 동안 '가장 지속적으로 영향을 준' 경고들 중 하나인 삼림의 고사에 대한 결과는 이렇다. 독일 삼림 정책의 지혜로운 관찰자인 귄터 카일은 『차이트』에 쓴 글에서 삼림이 사형선고를 받았다는 확고한 생각이 '미디어'를 통해 만들어지고, '두려움'을 통해 부채질되며, 마침내는 환경보호자 및 삼림경제의 로비로 반박할 수 없는 박물관적인 소문으로 어떻게 변해가는지를 서술하고 있다.

진실은 더 단순하고 동시에 더 체계적이다. 숲은 살아있기 때문에 또한 죽는 것이다. 축축한 여름이 있으면 벌레와 풍해도 있게 마련이다. 앙상해지고 서서히 죽어가는 오래된 나무들도 있다. 숲의 건강상태는 인간의 건강상태와 같이 구분된다. 아픈 사람들과 허약한 사람들, 컨디션이 아주 좋지만은 않은 사람들과 장애인들은 언제나 있는 법이다. 또한 상당히 보기 흉한 사람들도 여전히 존재한다.

모름지기 숲이라면 최우량의 나무들로 가득차 있어야 한다는 낭만적 사고방식은 우리 뇌가 원하는 것이다. 양초같이 곧은, 새파란, 아주 건강한 나무들로 말이다. 이 때문에 공교롭게도 우리는 이상적인 숲과 다르면 모두 치료가 힘든 '재앙'으로 해석한다.

▍바다의 성스러운 동물들

모든 인간들에게서 부드러운 감정을 일으키는 동물들(예를 들어 판다처럼)이 있는데도 동물의 세계와 우리의 관계는 문화적으로 매우 큰 차이가 있다. 아시아인들은 개와 고양이를 먹는다. 아프리카에서는 구더기를 먹고, 프랑스에서는 달팽이를 먹는다. 많은 사람들이 말의 간으로 만든 치즈를 좋아하지만, 다른 사람들은 오히려 그렇지 않다.

많은 문화는 성스러운 소를 만들어내기도 했다. 동물적 세계를 대표해서 그 소들에게 어떤 신비한 능력을 부여한다. 인도에서는 수백 년 전부터 성스러운 소를 알고 있다. 만족스러운 생활을 하는 글로벌화된 복지국가들에서는 돌고래와 고래가 그런 동물이다. 초기 낭만주의 시대에는 말이 그랬던 것이 오늘날에는 고래다. 땅의 여신인 가이아의 신비스러운 상징으로 이 동물은 심지어 노래를 부를 수도 있다.

고래들은 처음에 인류의 먹이사슬에서 중요한 역할을 했다. 지방이 풍부한 고기공급자로서 북극 지방에 이르기까지 전체 인구를 먹여 살렸다. 산업혁명이 시작되었을 때 고래들은 기름과 향료로 산업 시대의 부유한 사람들의 엄청난 수요를 충족시키고 특히 기름램프를 켜는 데 일조했다. 환경보호 논쟁이 있기 오래전에 고래를 구해준, 적어도 생존의 기회를 준 석유가 마침내 이용되었다. 이미 1920년 고래 기름 수요는 둔화되었고, 포획률은 감소했다.

1986년 원천적으로 고래포획 금지령이 포고된 이후, 고래의 수는 대부분 많이 회복되었다. 1960년대에 겨우 약 50만 마리가 바다를 헤엄치던

난쟁이 고래들은 이제 약 100만 마리를 헤아리게 되었다. 평균 41톤의 무게를 가진 거대한 항유고래는 50만에서 100만 사이의 개체수에 이르렀다. 밍크고래의 수도 다시 100만 단위로 올라서고, 수염고래는 원래의 개체수인 2만 마리를 다시 회복했다. 흑고래의 개체수만 위험스럽게 제자리이며, 특히 지구상의 가장 큰 포유동물인 긴수염고래의 개체수는 약 5,000마리로 여전히 멸종 위기의 종(種)이다.

난쟁이 고래는 오늘날 많은 해양생태학자들의 예상에 따르면 이미 위험하게 다른 동물들을 감소시키는 바다의 재앙이다. 그런데도 매년 일본인들과 노르웨이인들이 완전 금지령의 폐지와 적당한 포획량(지난해에 두 국가는 모두 약 1,300마리를 잡았다)을 요구할 때면 엄청나게 소리를 높여 비난하는 이유는 무엇일까?

그 대답은 이성의 공간에서는 찾을 수 없고, 상징의 공간에서만 찾을 수 있다. 고래는 대부분의 유럽이 헌신했던 자연종교의 아이콘인 것이다. 그리고 모든 종교에서처럼 조만간에 교리가 형성되는데, 그것에 반대하는 논리를 펴는 것은 중대한 이단(異端)을 의미하는 것이다.

▌성장의 한계

지구에서 육지는 지구표면의 30퍼센트 이상이다. 나머지는 바다로 되어 있다. 약 5,700만 평방마일의 땅이 있다(1억 4,800만 평방킬로미터). 그 중에 600만 평방킬로미터의 얼음 땅은 빼야 한다.

이 면적의 30~50퍼센트가 오늘날까지 인간에 의해서 변화되었다. 직간접적으로(아마존의 숲이 얼마나 많이 벌목되었는가? 그린피스나 세계 삼림 조직들의 평가에 따르면 8퍼센트에서 12퍼센트, 최고 15퍼센트라고 한다. 말하자면 밀림의 85퍼센트는 아직 남아 있는 것이다). 그렇지만 순수하게 도시화된 면적은 500만 평방킬로미터를 넘지 않는다. 지구의 인구가 약 90억 명으로 천정부지에 달하면, 도시화 면적은 약 2050년까지 증가할 것이다. 그러면 거주지로 약 600만 평방킬로미터가 건물로 메워질 것이다. 2000년에서 2004년까지 독일에서 거주지 면적은 4퍼센트 증가했다고 자연보호협회는 불만을 표하고 있다. 이 수치는 다시 자연의 모습을 되찾은 예전 광산의 지역도 포함되어 있다. 자연의 모습을 되찾은 루르 지역과 휴양지들도 마찬가지로 '문화'로 여긴다. 말하자면 '비자연적인 봉인'은 점수가 안 되는 것이다.

3,300만 평방킬로미터의 면적이 지속적인 식수(植樹) 지역이고, 1,500만 평방킬로미터는 농업 지대, 640만 평방킬로미터는 재배되고 있는 유용삼림으로, 말하자면 족히 총 5,000만 평방킬로미터, 즉 도시화된 면적의 10배다. 이러한 계산은 중요하다. 왜냐하면 문명비판가들이 특히 '도시화 스프롤 현상', 즉 도시면적의 확대를 메가-문제로 여기기 때문이다. 그렇지만 농업 면적과 비교해서 도시가 차지하고 있는 면적은 얼마 안 된다. 그러나 농업 면적은, 농업생산성과 동시에, 지난 50년 동안 지속적으로 많이 감소되었다. 그리고 이 과정은 일련의 농업경제 자료가 우리에게 보여주듯이 계속될 것이다. 바이오테크놀로지는 또 하나의 녹색 혁

명을 일으킬 것이다.

그러나 우선 전통적인 변수들을 생각해보자. 90억, 인구의 절정에 달한 인류를 1,000만 평방킬로미터의 농업 면적으로 잘 먹여 살릴 수 있을 것이다(오늘날 이미 우리는 세계적으로 식량생산에 있어서 엄청난 잉여분을 갖고 있다. 식량은 무엇보다 분배의 문제이다). 그럼으로써 오늘날 도시 공간의 2배 정도가 되는 최소한 500만 평방킬로미터가 들로 바뀔 것이다. 아니면 자연에도 공간을 주는 여유 있는 거주 형태를 띤 거주지로 바뀔 것이다.

말하자면 3인 가구를 위한 거주지로 전체 면적을 나누어 보면(이는 무의미한 것일 수 있다. 밀집된 주거지가 더 좋은 것이다), 우리는 1평방킬로미터에 평균 120가구나 아니면 6,000평방미터에 3인 가구가 들어올 수 있을 것이다(미국의 '교외 지역'은 오늘날 같은 면적에 12명의 밀도를 갖고 있다).

비록 우리가 에너지원의 집중적인 경작을 위해 농업재배 면적의 일부를 제공할지라도 지구는 적절하게 좁은 정도일 뿐이다. 금세기에 인구가 절정에 달해도 말이다. 당신은 공중전화박스 놀이를 아는가? 얼마나 많은 사람들이 1평방미터 대지의 전화박스에 들어가는가? 우리가 한번 완력으로 12명의 사람을 전화박스에 밀어 넣어보자. 이는 분명 기네스 기록에 못 미치는 것이다(1971년 MIT 대학생이 31명으로 기록을 세웠다). 그렇다면 오늘날의 전체 인류는 보덴 호수의 면적에 맞는다.

대형 여객기를 타고 보덴 호수 위를 날아보라. 그리고 스스로 확인해보

라. 인간은 사상균이 아니다. 작고 중요하지 않을수도 있지만, 모두가 지구라는 집에 사는 존재들이다. 기생동물이 아니다.

▌발자국 모델

'생태학적 발자국'에 대한 그림은 생태적인 것의 이러한 제한적 관점을 보여주는 또 하나의 요소이다. 기본전제에 의하면 사람들은 '주위환경을 소비'하는 결과를 초래한다. 이러한 소비가 지구에게 '과중한 부담을 가하는' 것이다. '모든 사람이 미국인처럼 산다면…….' 우리 모두는 사람들이 자기가 하고 싶은 모든 것을 생각할 수 있다는 주장을 알고 있다.

이러한 사고의 전형 속에는 어떤 차이가 있을 수 있는지 그에 상응하는 측정을 해보면 뼈저리게 가난한 나라들은 언제나 아주 특별히 유리한 결과를 갖는다. 한 북한인이 이때 모범적인 특징들을 갖고 있다. 왜냐하면 그는 거의 아사 직전에 있고 전체주의적 모델의 영혼 없는 주거용 공간 속에서 살고 있기 때문이다.

또한 생태학적 발자국 모델에서는 모든 변수들이 잘못되었다.

첫째로 이 모델은 에너지론적 과정의 비역동적인 관점에 기초하고 있다. 그렇지만 에너지 효율성은 오래전에 천연자원 명부에서 사라졌다. 미국인들도 오늘날에는 1인당 좀 더 적은 에너지를 소비한다. 현재 공표된 중국의 환경법은 세계에서 가장 엄격한 것에 속한다. 그리고 그 현상은 계속될 것이다. 더욱이 '지속적'으로.

둘째로 이 모델에는 테크놀로지의 발전이 전혀 고려되지 않고 있다. 항상 역사에서는 특정 천연자원의 비축량이 '여유가 없게' 되었을 때 테크놀로지 혁신의 홍수가 일어난다. 옛 자원이 부족해지고 비싸지는 것은 이러한 도약을 바로 하도록 만든다.

셋째로 소비되지는 않고 다만 이용만 하는 천연자원들이 대부분 발자국의 변수 속에 포함된다. 예를 들면 물은 정확히 말해서 결코 없어지지 않는다. 물은 영원한 분자적 순환 속에 있다. 이 순환에서 인간은 단지 중간기착지일 뿐이다(물은 분배 및 유용성의 문제이지, 양의 문제는 아니다).

넷째로 발자국의 양을 정하는 것은 순전히 자의적이다. 어떤 기준에 따라 그것을 측정할 것인가? 누가 모델의 변수를 정의하는가? 누가 한계를 정하는가? 눈썹 하나 까딱하지 않은 채 에너지가 면적으로 바꾸어 계산되고, 완전히 자의적인 요소들로 평가되고 있는 것이다.

두 행성이 만난다.

"그래, 자네는 정말 안 좋아 보이는군. 도대체 뭐가 문제지?"

"거참, 나는 호모 사피엔스를 갖고 있네."

"오, 얼마나 불편할까! 그러나 곧 끝날 거야."

이러한 위트를 우리는 오늘날 생태학 신도들의 회합에서만 듣는 것이 아니라 종교회합, 매니저 회의, 문화 심포지엄 등에서도 듣는다. 이 위트는 얼마나 인간을 경멸하고 참으로 어리석은 것인지 얼핏 봐서는 분명하게 알지 못한다. 그러나 이 논리는 '생태학적' 사고방식 속에 깊이 뿌리박고 있는 것이다. 이 사고방식은 자세히 보면 일률적이고, 비체계적이며

본질적으로 역동적이지 못하다. 말하자면 자연을 전혀 알지 못하고 하는
소리다.

▌지속성 공식

제레드 다이아몬드는 그의 베스트셀러 《붕괴(Collapse)》에서 생태 파
괴의 전형적인 예로 한 섬의 이야기를 언급한다. 이스터 섬의 주민들은
유명한 석상들을 위한 재료와 자리를 확보하기 위해 자신들의 섬을 개간
했다. 지면침식 때문에 기근이 발생했다. 그리고 마침내는 식인까지. 그
런 다음 라파누이(Rapa Nui)의 가련하고 어리석은 주민들은 멸절되었다.
실제로 이 이야기는 완전히 다르게 전개되었다.

이스터 섬의 주민들은 18세기까지 아주 평범한 삶을 살아왔다. 그들은
자신들이 변형시킨 섬에서 살았다. 1720년 최초의 유럽인들이 이 이스터
섬에 발을 들여놓았을 때, 그곳 사람들은 집약적인 농업과 풍부한 바다에
서 잡은 신선한 물고기를 먹으며 살았다. 그들은 테네리파와 푸에르테벤
투라에서처럼 작은 함지 그릇에다 화산 부식토를 막아서 비옥하게 만드
는 법을 배웠다. 리버풀대학의 인류학자인 베니 페이저 교수는 이렇게 설
명한다.

"그들은 변화된 조건, 즉 높아진 인구밀도에 성공적으로 적응했다."

섬 주민의 멸종은 유럽인들이 오고 나서야 일어났다. 게다가 무자비한
노예상인들과 전염병도 한몫을 했다. 그렇지만 이스터 섬 주민들의 '몰

락'에 대한 많은 보고들에 있어서 한 가지가 끊임없이 질책의 대상이 되었다. 지속성이다.

이미 음운적으로 이 단어는 우리를 신경세포까지 황홀하게 한다. 따뜻하고 흙냄새가 나듯이 들리고, 그래서 마치 나무를 때는 오래된 난로처럼 나무 타는 소리가 난다. 그것이 모두가 그것을 애용하고 있는 이유이기도 하다. 시민, 이웃, 정치인, 경제 보스, 경제학자, 록 스타 모두 '지속적'이기를 원한다.

사람들이 어떤 자원이든 책임 있게 그리고 아껴서 사용해야 한다는 것은 이제 자명한 사실이다. 단어로서의 지속성은 원래 삼림경제에서 나온 말로서 다음을 의미한다.

"당신이 베는 나무의 수보다 적어도 대략 2배 정도를 심어라."

그러나 유감스럽게도 이 단어는 이데올로기적 가설과 정신적 단순화에는 취약하다.

독일의 과학자 디트리히 되르너는 자신의 책 《선택의 논리학(Die Logik des Misslingens)》에서 인간들을 복잡한 결정 상황에 직면하게 했다. 예를 들어 (허구적인) 아프리카 지역인 타나랜드의 (역시 허구적인) 아프리카 종족의 생활 형편을 개선시키는 게임인 '모로 게임'이 그것이다. 이미 알려져 있듯이 복잡한 상황들을 조정해야만 하는 인간들은 머리털이 곤두설 정도로 단순하고 이데올로기적으로 잘못된 결정을 하는 경향을 보인다. 그래서 많은 실험 대상자들이 체체파리를 단호하게 화학물질로 죽이는 것을 거부했다. 또한 가능한 식료품도 다른 지역에서 들여와서는 안 되었다. 모로인들의 '자치'가 중요했기 때문이다. 이러한 '조치들'로 모로인들은 단시간에 굶어 죽었다.

이 실험의 참가자들은 경제, 문화, 그리고 자연적인 주변환경 사이의 복잡한 상호작용을 '자연적인 것의 우위'를 위해 단순화시켰기 때문에 자신들이 '지속적으로' 행동한다고 생각했다. 그들은 외부로부터의 영향을 기대해서는 안 된다는 폐쇄체제로서의 부분적 관점을 표명했던 것이다.

그러나 경제적 생활수준을 높이는 것은 언제나 생태적 변수를 개선시킨다. '자연적인' 것이 자연을 보호하지 않는다. 표면상 그 반대인 경우가 자주 있다. 자연의 경제화다.

- 19세기 초 광산이 증대되고 얼마 안 되어 기름이 발견되어 채굴되었을 때, 이는 유럽 삼림의 남은 부분이 살아남는 데 도움을 주었다. 이제 사람들이 삼림을 땔감으로 이용할 필요가 없었기 때문이다.

- 현대 약제가 자연치료요법을 대체했을 때, 그로 말미암아 수많은 종들이 목숨을 건졌다. 오늘날까지 호랑이 성기와 늑대 발톱은 지구의 많은 지역에서 성스러운 치료물질로 여겨진다. 이는 안 좋은 화학적 피임약보다 멸종되는 데 더 많은 기여를 했다.

- 현대의 산업적 식품생산은 현재 노련한 요리사가 손꼽는 증오의 대상이다. 물론 자유롭게 키운 닭이 더 맛있고 더 행복하게 닭울음소리를 낼지 모른다. 그러나 우리는 소농의 사육 방법이 얼마나 많은 면적을 필요로 하고 노동집약적이었는지 잊어서는 안 된다. 자신의 수

요를 위해 유기비료를 주고 '환경과 낯설지 않게' 키운 채소와 고기를 식탁에 올리려고 과거에 동물사육을 포함에서 전문적으로 텃밭을 가꿔본 사람은 그러한 모험이 이른 아침부터 저녁 늦게까지 생활을 지배한다는 것을 안다. 결국에는 여성들이 바이오세계 속에서 아침부터 저녁까지 음식물을 준비하고 조달하는 데 전념하게 된다. 통조림이여 영원하길!

지속성의 영향 아래에서는 모든 문화를 종속과 원시성의 상태로 유지할 수 있다. 그럼으로써 흑인 인권운동가인 로이 이니스가 주장하듯이, 심지어 '새로운 녹색 식민주의'의 기초를 세울 수 있다. 지속성의 영향 하에서 모든 기술을 금지시킬 수 있다. 기술은 언제나 세계를 변화시키기 때문이다. 그것이 바로 기술의 의미다.

지속성은 직선성과 정체 상태의 공식이다. 지속성은 변화에 대한 두려움에서 그의 영혼에 아첨하는 힘을 얻는다. 지속성은 우리에게 아무것도 변화되어서는 안 된다고, 아무 대가가 없다고, 모든 것이 정적으로 조정될 수 있다고 약속한다.

그러나 우리의 미래를 위협하는 것은 바로 살아있는 변화, 즉 언제나 죽음과 새로운 시작을 의미하는 변화에 대한 두려움이다.

▌자연과 인간에 관한 진실

자연에는 균형이라는 안정적 상태가 없다. '평형상태'의 사상은 18세기 낭만주의적 사상을 대표한다. 이는 자연적 과정과는 거의 관계가 없다. 자연적인 과정은 언제나 '불균형적'이다. 진화는 일종의 '실족해 넘어지는 것'으로, 이때 장기적으로는 남는 것이 아무것도 없게 된다. 진화는 바로 물질적, 체계적 불균형 속에 있는 것이다.

인간은 이때 기생동물이 아니라 협력적인 존재다. 인간이 생물 생활권에 끼치는 영향은 강하지만, 결코 부정적으로만 결론지을 수는 없다. 인간들은 동물과 식물을 개량하면서 생물 생활권의 다양성을 증가시키고 진흥시켰다. '골라내는 자'로서 인간들은 종과 변종을 만들어내는 자다.

인간 배양자들은 1만 년 만에 33종의 동물에서 5,000종을 만들어냈다. 장미, 고양이, 곡물, 그리고 지구의 다양한 문화 경관들을 생각해보라. 인간 없이는 오늘날의 변종들 가운데 많은 것이 존재하지 않을 것이다.

지구의 자원은 부족하지 않다. 그것들은 다양한 방법으로 다시 생긴다. 재생을 통해서, 새로운 테크놀로지를 통해서, 사회적 생산적 체계들의 변형을 통해서. 이런 모든 체계는 항구적인 개선 과정 아래 놓여 있다. 이런 과정에 따라 그 체계들은 변화된 환경의 변수에 적응한다.

자연은 결코 위협적이고, 연약하며, 지속적으로 위험한 것이 아니다. 진화는 오히려 매우 건강한 과정으로, 그 작용 메커니즘은 수십억 년 동안에 섬세해지고 세분화되었다.

DNA 구조는 그 변화 과정을 고려할 때 가장 안정적인 구성체로, 잘 알려진 세계 속에 있다. 비록 인간이 오래 가지 못한다 할지라도 진화는 계속될 것이다. 그리고 조만간 다시 지적인 종들을 만들어낼 것이다.

14

'퓨처 마인드', 낙관주의를 위한 변론

▌행복의 문법

몇 년 전부터 세계인의 행복감을 측정하는 '세계행복지수'에 따르면 바누아투의 22만 국민이 전 세계에서 가장 행복하다.

전에는 '신(新) 헤브리디스 군도'라고도 불렸던 바누아투는 호주 해안에서 약 1,500킬로미터 떨어진 남태평양에 위치하고 있다. 약 180개의 섬으로 펼쳐진 군도는 700킬로미터까지 서로 떨어져 있다. 일별 이 세계는 고갱의 그림에 나오는 파라다이스와 비슷해 보인다. 분말 설탕과 같은 해변, 야자수, 울창한 삼림, 푸른 바다 속에 있는 많은 물고기.

그러나 바누아투인들 역시 전쟁과 적대감, 범죄율과 사회적 문제를 겪고 있다. 그들은 원시적이고 매우 폭력적인 제례의식을 벌인다. 예를 들면 사춘기 남자아이들을 몇 주 동안 정글로 데리고 가서 할례를 베푼다. 태평양 섬들 모두가 그렇듯이 그들의 고향은 잔혹한 자연의 힘에 방치되어 있다. 화산 폭발과 돌풍들이 역사의 과정 속에서 늘 그들의 존재를 위협했다.

바누아투는 가난한 나라다. UN의 국내총생산 지표에 의하면 233개 국가 중 207위를 차지하고 있다. 50퍼센트가 문맹이다. 영아사망률은 여전히 높은 상태다. 그런데도 많은 바누아투인들은 90세까지 무난히 산다.

그런데 바누아투 섬에 행복이 있는 이유는 무엇일까? '전혀 문명으로 타락되지 않은', 행복하고 욕심 없는 야만인들을 결국 발견한 것일까?

먼저 바누아투인들의 세계는 문화적 다양성을 가진 세계다. 수천 년 이상 다양한 민족들이 그 군도로 이주해왔다. 폴리네시아, 멜라네시아, 파푸아뉴기니 등지에서. 또한 호주 원주민의 영향도 분명히 볼 수 있다. 이런 모든 문화가 자기 고유의 자원과 문화 기술을 함께 들여왔다. 이것들은 180개의 언어와 3가지 사회형태들로 발전되었다. 섬 북부에는 여성들도 복지와 명성을 얻을 수 있는 개방된 종족체제가 지배하고 있다. 중부는 강력한 지배자와 가부장적 계급 및 봉건체제를 가진 빅대디(big daddy) 공동체들의 특징이 나타난다. 남부는 소(小)족장들이 지배하고 있다.

그렇기 때문에 바누아투인들은 '선택의 문화'를 알고 있다. 누구나 자신들의 집단 속에 머물 수 있다. 아니면 다른 문화, 즉 다른 섬으로 옮겨갈 수도 있다. 그러기 위해서는 물론 좋은 카누, 선물 그리고 약간의 위험을 감수할 마음의 자세가 필요하다.

바누아투에는 식민주의가 종속이라는 전통의 기초를 세우기 못했고, 독립 이후 수십 년이 지난 뒤에도 여전히 즐기고 있는 매우 특수한 웃음거리를 만들어냈다. 식민권력들이 군도가 누구의 것인지 합의할 수 없었기(전쟁을 일으킬 만큼 군도가 중요하지 않았으므로) 때문에, 프랑스인들과 영국인들은 1906년 일종의 대연정과 같은 소위 '공동통치'로 합의점을 찾았다.

이것이 수십 년 동안 해결할 수 없는 혼돈을 일으켰다. 어떤 때는 길 왼편으로, 또 어떤 때는 길 오른편으로 운전을 했고, 2개의 관세처리방식, 즉 이중의 관료기구가 있었던 것이다. 한 스페인 판사가 고등 법원을 혼란의 정점으로 이끌었다. 그는 불어로도 영어로도 말하지 않았던 것이다. 국가 원수들은 공식적으로 영국의 여왕과 프랑스 대통령이었는데, 섬 주민들은 그들이 결혼한 사이라고 믿었을 만큼 싸우는 일이 잦았다. 그렇기 때문에 바누아투인들은 중앙권력에 대해 결코 많은 신뢰를 주지 않았다. 그리고 기대도 하지 않았다.

바누아투의 상징적 화폐는 '돼지'다. 자신의 위상을 보이고 싶은 사람은 가능한 많은 돼지를 선물해야 한다. 선물하는 것이 일종의 국민 스포츠다. 바누아투에서는 오늘날까지 '카고컬트(Cargo Cult, 화물 숭배)'가 존재한다. 이는 폴리네시아의 신앙으로 신들이 태평양의 원주민을 위해 헤아릴 수 없을 만큼의 부를 생산한다고 이해하는 것이다. 결국 식민주의자들이 그 부를 합법적으로 받게 되었다.

바누아투인들의 일상은 끝없는 축제, 제례, 의식들의 연속으로 점철되어 있다. 생일, 기일, 자연현상의 연례 기념일, 어려운 날, 신비적인 날, 평범한 날의 축제를 벌인다. 그런데도 바누아투인들은 술 문제를 거의 갖고 있지 않다. 그들이 좋아하는 마약은 제례 음료인 카바(Kava)로, 흥분작용이 있는 후추에서 얻는다.

그런데 카바는 몽롱하게 하는 것이 아니라 오히려 정신을 맑게 하고 두려움을 없애준다. 그래서 '기운을 북돋아 주는 마약'으로 여긴다(카바인이나 메티스티신처럼 경련을 풀어주고 두려움을 없애주는 물질이 들어 있다). 카바 효과로 젊은 남성들은 나골축제 때 고무줄에 묶여 큰 야자수에서 떨어진다(그것이 우리 서구문화에서 번지점프가 되었다).

바누아투인들의 공식 종교가 '기독교'임에도 불구하고 일상의 신앙은 여전히 자연신들 주위를 맴돌고 있다. 많은 바누아투인들은 창조주 '타하라(Tahara)'를 믿고 있다(이는 멀게는 장로교 선교사들의 '여호와'를 떠오르게 한다). 이 섬의 원시 창조 신화는 (기독교처럼) 파라다이스, 그리고 인간들에게 노동과 재앙의 심판을 가져온 원죄에 대해 이야기하고 있다. 최고의 정령은 사라타우(Saratau)라고 불린다. 벌써 음운상으로 사탄(Satan)과 비슷하다.

그리고 사탄이 야자수, 돌, 나쁜 물속 등 곳곳에 존재하는데도 그들은 끝없이 웃으며 말한다.

"내일은 더 좋을 거야!"

▌축복을 받아들이다

우리는 모두 바누아투인들이 될 수 없다. 하지만 지구에서 가장 행복한 국민에게서 약간 배울 수 있는 것들이 있다. 우리는 자신들을 사회로서, 개인들로서 어떻게 정의하는가?

구원받지 못한 존재, 부족한 존재로 정의하는 경우가 잦다. 우리는 큰 사랑을 발견하지 못한 것 때문에 괴로워한다. 정말 두드러진 풍요로움을 발견하지 못해서, 직장생활에서 참된 소명의식을 발견하지 못해서. 우리는 의의나 가치관의 실종에 대해 한탄한다. 우리는 '정치인들'이나 '경제'에 대해, '남자'나 '여자'에게 실망하고 있다. 이 모두 합당한 이유를 갖고 있지만 내면적인 지혜는 없다. 아이들은 우리가 기대했던 것과 다르다. 우리가 아이들에게 바쳤던 모든 희생에 따라주지 않는 것이다. 그리고 발전 또한 전보다 더 많지도 않다.

우리는 바누아투인들이 말하듯이 '선물의 바람이 부는' 곳을 바라보지 않는다. 우리는 큰 배가 우리에게 무엇을 갖다 주었는지 깨닫지 못한다.

우리가 부유하고 자유로운 사회에 살고 있다는 사실을. 유럽이 오늘날 자유의 피난처라는 사실을. 전에는 철조망이었던 국경을 우리가 넘을 수 있다는 사실을. 우리가 '간단하게' 전염병으로 더 이상 죽지 않는다는 사실을. 우리가 무조건 총알받이로 복무할 필요가 없다는 사실을. 아니면 병사들을 위해 우리가 광범위하게 누구를 사랑하고, 어떤 직업을 가지며, 어떤 인생길로 접어들지 선택할 수 있다는 사실을. 바로 이 지구의 다른 사람들이 이런 모든 것을 아직 얻지 못하고 있는 바로 그 이유만으로도 그것들은 하나의 선물이다. 나누고 퍼뜨려야 할 하나의 축복인 것이다.

자신의 축복을 모르는 사람은 자신의 내적 형상을 기형으로 만들게 된다. 이와 같이 부족하다고 괴로워하는 틈새에 종말론·음모론들이 무성해지고 세상멸시의 독이 더 많아지는 것이다. 종말론적 비관주의는 언제나 우울증에 뿌리박고 있다.

이런 우울증에서 벗어난 사람은 우리 각자가 하나의 선물이라는 것을 안다. 우리 각자가 경험하고 펼칠 수 있는 하나의 비밀을 지니고 있다는 것을. 우리 각자가 삶의 의미를 위해 먼저 다른 사람들을 바라봄으로써 각성하게 되는 시간과 공간으로 만들어진 일시적 예술작품이라는 것을.

▌세상에 대한 신뢰

바누아투인들이 우리에게 교훈을 주는 두 번째 관점은 세상에 대한 신뢰이다. 제례의식들은 이러한 신뢰에 사용자 인터페이스를 제공한다. 제례의식들은 주변환경과 우리 관계의 연속성을 보여주고, 우리를 둘러싸고 있는 반복되는 순환을 암시한다. 계절-출생-성장-성숙-죽음-기억.

바누아투에서 제례의식을 할 때 돼지와 멍석을 선물하는 것은 결코 타락하지 않은 이타주의의 표시가 아니다. 진화사회학자들은 '호혜적 이기주의' 라고 말한다. 다른 사람들로 하여금 호의를 베풀 기분이 생기도록 풍족하게 준다. 결국 받기 위해 주는 것이다. 협력은 장기적으로 볼 때 (그리고 세상의 위험한 정황 하에서는) 좀 더 효과적인 전략의 의미를 갖기 때문에, 주는 것이 받는 것보다 더 절박하다.

하지만 그렇게 함으로써 직접적으로 환영을 받고 인정을 받기 때문에 주기를 즐긴다. 선물의 행위에서 한 가지 생활 모습이 명백하게 드러난다.

"나는 무엇인가를 돌려받으리라 믿는다."

이상주의적 비관주의는 이때 그러한 행위가 충분치 못하다고 불평한다. 정신적 정점인 이상은 어디에 있는 것인가?

현실주의적 낙관주의는 2가지를 바라본다. 첫째로 '이기주의' 다. 이기주의는 건강하다. 우리 모두가 살과 피와 욕구로 되어있는 현세의 존재들로 자신들의 상황을 개선시키려고 노력하기 때문이다. 하지만 둘째로 그 이기주의는 상대성과 협력이 게임을 결정하는 더 높은 메타체제로 바뀐다. 왜냐하면 전체가 부분보다 훨씬 더 크기 때문이다.

여기에서 푸른 눈의 이상주의적 낙관주의와 진화적·회의적 낙관주의 사이에 차이가 존재한다. 이상적 낙관주의자가 이상에 매달리는 반면(그래서 결국에는 늘 그것에 실망하게 된다), 객관적인 낙관주의는 체제가 평온한 세계를 바라본다. 신뢰는 이상에서 생기는 것이 아니라 다시금 인간상에 뿌리를 둔 현실주의적 경험에서 생기는 것이다. 그 인간상에서는 우리가 지속적으로 초인의 특징으로 부각되거나 인간 이하의 사람으로 비방받을 필요가 없다.

종말론적 세계상에서는 무엇보다 급진적인 불신이 인간들 속에 나타난다. 우리가 몰락을 피할 수 없는 것으로 여기면 다른 사람들에 대해서 어떻게 생각하는지에 관해서도 판단하게 된다. 다른 사람들에게 인식, 학습 과정, 변화 등이 있으리라 믿지 않는 것이다. 그렇기 때문에 몰락의 이데 올로기에는 깊고 극단적이 인간의 증오가 숨어 있다.

그와 반대로 참된 신뢰는 인간에 대한 자비를 갖고 있다. 신뢰는 사람들이 모든 것을 할 수 있으리라 믿는 것이다. 물론 나쁜 것도 분명히 할 수 있다. 그러나 선한 것 역시 할 수 있다.

▌미래의 적응력

대폭풍이나 화산 폭발이 바누아투인들의 마을을 황폐화(이는 10년마다 일어난다)시키면 제례의식들은 변화된다. 평소에는 12세에서 14세의 나이에 실시되고 많은 선물과 비용이 드는 남자 아이들의 할례가 생략된다. 남자 아이들은 집에 머물게 되고 사춘기를 넘어서도 엄마가 돌봐준다. 이들은 자기 가정을 이루는 대신에 재건을 돕는다. 재난의 피해가 복구될 때까지 가족, 씨족, 세대들은 가까워진다.

도망, 싸움, 아니면 경직 등으로 큰 위협에 반응하는 동물들과는 반대로 인간들은 풍부한 사회적 적응력의 레퍼토리를 발전시켰다. 우리는 개인으로서, 하지만 또한 공동체로서 필요에 따라 우리의 게임규칙을 바꿀 수 있는 것이다.

심리학자인 앤서니 리딩은 미래지향적인 행동을 할 수 있는 유전적·진화적 능력을 말하고 있다.

미래지향적인 행동을 위한 능력은 수천 년에 걸쳐 발전되었다. 우리 선조들은 자신들 행위의 장기적 영향력을 예측하는 능력을 서서히 만들어냈다. 이 능력이 인간의 유산인데도 그의 응용력은 우리 교육의 종류에 달려있고 또 문화적 유산에 따라 상당한 편차가 있다.

적용은 사회적으로 복잡한 어느 시점부터는 위협에 대한 반응으로만 기능하는 것이 아니라 일종의 학습을 통해 향상될 때 기능한다. 인간은 테크놀로지를 발명할 수 있고 이 테크놀로지를 지속적으로 갈고 닦아서 사회에 적용하고 '좀 더 세련되게' 만들 수 있다.

인간은 새로운 사회적 규칙을 세울 수 있다. 예를 들면 그 규칙들 속에서 여성들이 더 많은 권리를 갖고 남자 아이들은 더 이상 할례를 당하지 않을 수 있다. 우리는 곤궁에 처한 인간을 위해 사회적 자원들을 활성화시킬 수 있다. 게다가 우리는 전쟁을 막거나 피하도록 노력할 수도 있다. 아니면 선한 전쟁을 일으킬 수도 있다.

우리는 모두가 조금 더 나아지도록 커다란 인류 프로젝트에서 일할 수도 있다.

이러한 점에서 희망과 적응력이 연대하면, 그 희망은 미래의 힘이 된다. 미래의 확실성은 순전히 지키는 것만으로는 결코 가능하지 않다. 그것은 다른 조건하에서도 계속 해나갈 수 있다는 우리 능력에 대한 믿음을 필요로 한다.

▍용기의 위력

행동 연구가이자 뇌 연구가인 그레고리 번스는 현대 서구 문명사회에서 행복의 현상을 조사했다. 이를 위해 그는 사도 마소(Sado Maso) 스튜디오와 스시(Sushi) 바를 방문했고, 단어 퍼즐시합에 참여했으며, 또 많은 음식을 준비하는 친구들을 도와주었다. 그는 자신이 깨달은 것들을 '만족(Satisfaction)'이라는 제목으로 책을 펴냈다(롤링 스톤스가 노래로 바꾸어 불렀는데, 알다시피 그들은 어떤 것도 경험하지 못했다).

번스에 따르면 인간들은 다양한 방법으로 만족될 수 있다. 하지만 그들은 새로운 것을 얻을 때만 행복해진다. 물론 구속력이 우리를 행복하게 만들 수도 있다. 집, 안전, 예측할 수 있는 미래. 하지만 이러한 행복은 신경세포를 망가지게 하는 경향이 있다. 행복 호르몬(엔도르핀에서 도파민을 거쳐 코티솔과 성 호르몬에 이르기까지)의 분비는 언제나 우리가 도전을 극복할 때만 많아진다.

가끔은 절벽을 뛰어내려야 하는 일도 있다. 매우 큰 곰이나 악마들이 어떤 사람 뒤에 있을 때. 아니면 대폭풍. 아니면 끓는 용암. 아니면 우리가 옛 것을 버리고 '허물을 벗어야' 할 때.

이를 위해서는 언제가 제때인지를 알아야만 한다. 잔잔한 바람결이나 포효할 때 아니면 모호한 불만이 있을 때 절벽을 뛰어내린다면, 전체가 곧 웃음거리가 된다. 믿을 만한 조기경보체제가 필요하다. 이는 위험을 알려줄 뿐만 아니라 무감각한 상태도 알려준다. 그리고 만약 뛰게 되면 우아한 비행자세가 유리하다.

그렇기 때문에 젊은 바누아투인들은 카바의 효력으로 큰 야자수에서 발을 고무줄로 묶고 뛰는 것을 연습한다. 이때 고무줄의 안전성, 견고성, 길이 등에 대해서 혼자서 책임을 진다.

신뢰가 그들로 하여금 야자수에 오르게 하는 것이다. 적응력이 그들로 하여금 고무줄 전문가가 되게 하는 것이다. 그리고 용기가 그들로 하여금 제때에 뛰게 하는 것이다.

▌세계가 기능을 하는 이유

네덜란드 북부의 작은 마을인 드라흐텐은 밀레니엄 전환기에 위험한 실험을 감행했다. 드라흐텐은 몇 년 전에 잠자는 지방도시에서 살아있는, 약동하는 중심지로 발전했다. 교통량이 4배가 되었고, 그래서 지역 중심지가 러시아워 때는 지옥이 따로 없었다. 자동차들은 끊임없이 경적을 울렸고, 화물차들이 정체로 서 있었으며, 보행자들은 욕을 해댔다.

대기오염은 참을 수 없을 정도까지 상승했다. 도시는 매일 2만 2,000대의 자동차 때문에 악화된 정체로 고통을 당했는데, 역사가 깊은 그 지역 중심지를 큰 자동차 길로 나눌 수도 나누려고도 하지 않았다. 그래서 표지판을 세우고, 갈수록 더 많은 규칙들을 만들고, 시간에 따른 주차금지와 정차금지를 공표하고, 도로 한 가운데 보호 기둥을 박아 세우고, 신호등의 수를 늘렸다.

그런데도 갈수록 모든 게 안 좋아졌다. 교통기획자인 한스 모데르만이

336

교통관리국과 함께 모든 교통표지판을 없앴을 때까지 그랬다. 그 이후로 드라흐텐의 도심 전체를 빨간색 둥근 머릿돌로 도로포장을 했다. 차선도 없고, 차도와 보도를 구분해 놓은 턱도 없으며, 신호등도 없고, 교통표지판도 하나 없었다. 완전한 무정부상태?

모데르만은 그의 컨셉을 '공유 공간' 이라고 불렀다. 몇 주 안 되어 사고율이 1/41로 줄었다. 교통이 진정되고 있었다. 갑자기 모든 사람들이 서로를 배려했다. 속도는 줄었지만, 그럼에도 불구하고 모두가 더 빨리 갈 수 있었다. 모두가 다치기 쉽다고 느끼기 때문에, 서로에게 욕을 하는 대신에 조심한다. 자전거를 타는 사람들이 다시 도로에 나갈 용기가 생긴다. 교통 흐름이 다시 좋아지고 보행자들에게도 자리를 넘겨준다. 화물차 운전자들이 인사를 하고 더 자세히 앞을 본다. 도로 사용자가 그 체계를 배운 것이다.

물론 시민들이 배려와 협력을 배운 고도의 시민사회라는 조건 아래 이러한 규칙변화가 일어났다. 하지만 캘커타와 네팔의 도로교통도 스스로 조정하는 체계의 특징을 보여준다. 비록 소음의 강도가 더 세고 차체 손상이 더 심하다 할지라도.

세계는 잘 돌아간다. 이것은 사실 같지 않은 일을 묘사하는 간단한 문장이다. 60억보다 더 많은 사람들, 자기만의 의식을 가진 자 모두, 자기만의 목표를 가진 자 모두, 그리고 모든 도로, 집, 사람들, 기계, 자동차, 비행기, 기차, 데이터 홍수, 구어와 문어로 표현되지 않는 생각, 자연환경, 셀 수 없을 만큼 많은 동물과 식물에 대해서 세계는 완전히 침묵하고 있다. 바다와 날씨에 대해서도 침묵하고, 이 모든 것과 비행기 사고, 습격, 운전 중 사망과 같은 사고들이 상당히 드물기 때문에 하나의 뉴스가 될 만큼 세계는 잘 돌아가고 있다. 이는 원래 있을 수 없는 일이다. 그럼에도 불구하고 우리는 그 속에서 살고 있다.

볼프 로터는 희망의 잡지 『브란트아인스(Brad Eins)』에서 위와 같이 간명하게 표현했다. 더 잘 표현할 수는 없을 것이다. 하지만 보충할 수는 있다. 우리는 유전적·문화적·체계적 진화의 도상에서 지속적으로 계속 발전하고, 그때 체계의 내적 복합성뿐만 아니라 안정성도 높이는, 살아있는 체계들에 둘러싸여 있다.

그래서 시스템 이론에는 주요 개념 하나가 존재한다. '창발적 진화'가 그것이다. 창발적 진화의 체계들에는 역동적인 유연성이 내재하고 있다. 이 유연성은 그 체계들을 적응력뿐 아니라 튼튼하게도 만들어준다. 진화는 그러한 과정이다. 사랑도 그리고 문명도.

▌비(非)제로섬 게임

진화이론과 게임이론을 연계시키는 것이 인생 프로젝트인 로버트 라이트에 따르면 일반적으로 가능한 게임 종류가 3가지가 있다.

1. 로스-로스(Lose-Lose) 게임 : 두 참가자가 모두 지는 것이다. 끝에 가서 누구도 이익을 얻지 못한다. 예를 들면 내전이나 부부싸움. 양자 모두 상처만이 남을 뿐이며 그 일에서 아무것도 배우지 못한다.

2. 윈-로스(Win-Lose) 게임 : 두 참가자 중 한 사람이 이기는 것이다. 예를 들면 테니스 게임 또는 맹수가 희생동물을 잡아먹을 때. 심한 경쟁이나 부족함이 특징인 모든 체계에서는 오히려 윈-로스 게임이 지배적이다.

3. 윈-윈(Win-Win) 게임 : 한 게임에서 서로의 협동과 협력 작용으로 양쪽 모두 이기는 것이다.

복잡성은 윈(Win) 측면이 우세한 게임들이 항구적으로 더 많이 있다는 단순한 사실에서 비롯된다. 다른 말로 하자면 세상은 제로섬(zero sum) 게임 그 이상이다.

게다가 이것은 인류의 가장 어두운 시간들에도 해당된다. 예를 들면 제2차 대전은, 시스템 이론에 의하면 전형적인 로스-로스게임이다.

하지만 유럽에서는 가장 긴 평화 시대와 엄청난 문명의 발전을 위한 기초가 놓였다. 많은 이혼, 별거, 부부의 위기 시에도 상대편들이 자신들의 감성적 발전에 일정 부분 촉진시키는 값진 소량의 깨달음이 언젠가는 생기게 된다.

미래에 대한 비관주의자는 이 점에 있어서 세상을 정확히 이해하지 못하고 있다. 그에게는 우주가 하나의 제로섬 게임이다. 한 사람이 이기면 다른 사람은 분명히 지게 마련이다. 그리고 저울이 우연이나 인간의 잘못으로 아주 조금 잘못된 쪽으로 기운다면 모든 것은 끝장이다.

그러나 어느 것도 끝난 것은 없다.

에드워드 윌슨은 우리의 과학 시대에 필요한 신화로 '진화의 영웅서사시'를 제안했다. 그에 따르면 진화는 인류가 수천 년 동안 믿어왔던 옛날 신화와 영웅서사시를 우리에게 대체시켜줄 수 있는 '위대한 이야기'를 제공할 수 있다. 그렇기 때문에 다시 한번 처음부터 시작할 수 있는 것이다.

▌진화적 낙관주의의 신화

은하의 한 지류인 중간 크기의 태양 주위를 도는 작고 푸른 별 위에서는 영겁의 시간 때부터 '생명의 복잡성'이 발전했다. 아주 천천히 분자들이 연결되었고, 아미노산들은 갈수록 복잡한 순서로 결합되었다. 그렇게 유기체들은 원시 수프에서 나왔다. 처음에는 간단한 단세포 생물이었다가 다음에는 진핵 생물, 감각기관과 운동 세포막을 가진 완벽한 유기체에 이르기까지. 그리고 마침내 의식이 생겨났다.

생명 그 자체가 좋은 것은 아니다. 우주의 오싹한 경이로움, 뇌의 혹, 태양의 수십억 백열등 속에서 반짝이는 수소로부터 나온 환상적인 안개 등과 비교해서 유기적 생명은 분주한 곰팡이, 거친 밀물과도 같다. 일종의 투쟁이며 거품을 내며 부서지는 파도.

생명이 있는 곳에는 고통이 있게 마련이다. 싸움과 경쟁, 풀리지 않는 죽음의 수수께끼가 있다. 하지만 생명은 또한 방향이기도 하다. 갈수록 복잡한 유기체들과 '비공식적인' 체계들을 만들어내는 경향이 있는 것이다.

그리고 인간들은 협력하는 경향(진화적 이유로)을 띤다.

몰락의 선지자들이 말하는 것처럼 생명은 결코 난감하거나, 불안정하거나, 끊임없이 위협에 처해있지 않다. 생명은 질기고 '지속성이 있는' 것이다. 인간이 실제로 지구에서 사라지려면, 새로운 시도들이 있어야 할 것이다. 계속해서 무수히 많은 종들이 생겨나고, 또 계속해서 복잡성은 의식을 만들어낸다.

생명은 근본적인 것이다.

우리는 살아있는, 학습해가는 체계들에 둘러싸여 있다. 윌슨은 "모든 영웅서사시에는 영웅이 필요하다"라고 말한다.

의식을 가졌더라면 어땠을까?

정신적 힘으로서의 낙관주의

영국의 심리학자인 애덤 필립스는 그의 책 《건전한 정신으로(Going Sane)》에서 다음과 같이 말하고 있다.

"건강이란 갈등을 누리는 법을 배우는 것이다. 그리고 조화, 일관성, 보상에 대한 모든 신화들을 포기하는 것이다."

이 말은 비관주의적으로 들린다. 그런데 그렇지 않다. 이는 '메타 현실주의적'이다. '모든 게 쉽다'라고 끝없이 강요하고, '모든 것을 긍정적으로' 보라고 지속적으로 요구하는 것은 노이로제를 일으킬 강요가 될 수 있다. 모두가 즐거움의 가면을 쓰고 돌아다닌다. 도전은 순전히 분위기를 조성하는 과제로 정의되고 있다. 고통에 다른 꼬리표를 붙여준다. 그래서 악의적 방법으로 고통당하는 자의 탓으로 돌린다.

"네가 암을 가졌다면 정신을 차리고 행복하게 살아야 한다."

"가난한 사람들은 업보 때문이다."

그러나 '위기(危機)'라는 한자는 동기부여의 스승들이 '승리' 컨퍼런스 때마다 우리에게 말하는 것처럼, '기회(幾回)'라는 단어와 동일하지 않다. 위기라는 단어는 오히려 2가지 의미를 동시에 내포하고 있는 것이다. 위험 그리고 기회.

그런데 여기에는 큰 차이가 있다.

'현실주의적 낙관주의'는 결코 결정론적으로 논쟁하지 않는다. 잘될 것이다. 당신이 하고자 하는 의욕만 있다면, 모든 것이 잘될 것이다. '잘된다'는 말은 적극적 참여와 노력의 결과이고, 신뢰와 행동의 결과이며, 우연과 행운의 결과일 때도 있다. '의욕'만으로 모든 것이 잘되는 것은 아니다. 열심히 연습하고, 준비하고, 싸우고, 믿을 때만 잘될 수 있는 것이다. 또한 용기를 가질 때도 마찬가지다.

하지만 많은 것이, 결코 모든 것이 그렇지는 않다.

항상 기본적으로 우리의 '정신'이 할 수 있는 2가지 길이 있다. 비관주의자'는 좋고 적당하다고 느낄 수 있다. 세상이 약하고 타락했기 때문이다. 그는 자신의 도덕적 우위를 즐기고 자신의 내적 그림자를 거리낌 없이 세상에 투영한다. 비관주의자는 이 '사실'을 이미 늘 알고 있었다. 그렇기 때문에 모험을 하지 않는다. 그의 희미한 비전들이 마음속에 그려 냈던 것보다 잘되면, 그 이유는 단지 그가 열정적으로 '경고'했기 때문이다. 그래서 그는 결코 잃을 것이 없다.

그와는 반대로 '현실주의적 낙관주의자'는 모든 모험을 감수한다. 그는 삶의 전선에 자신을 드러낸다. 그는 좌절할 수 있다. 그는 실망을 할 수도 있다. 그는 모험을 함으로써 희망의 신용을 보증한다.

'진화적 낙관주의'란 인간의 삶이 예민하고 깨지기 쉽다는 것을 우리가 인정하는 것이다. 고통이 있다는 것을, 그것도 많은 고통이 있다는 것을 인정하는 것이다. 하지만 '끝이 없는 많은 고통'은 아니다. 진화적 낙관주의는 존중과 책임을 갖고 창발적 진화에 맞선다. 그는 스스로 얻을 수 있는 몫을 대략 알고 있다. 이 몫은 크지 않을 수 있다. 하지만 그는 셈을 한다.

세네카는 "정말 용기를 갖기 위해서는 위험이 두려운 것이고 또 그 위험을 물리치는 법을 알아야 한다"고 말했다. 진정한 용기를 갖기 위해서는 세상의 고통과 또 삶의 끝에서 불가피하게 우리에게 다가오는 것을 맞이해서도 미소를 잃지 않는 영웅적 침착함이 필요하다.

▌미심쩍은 스승들과의 작별

"인간이 다음 100년을 어떻게 생존할 수 있을까?"

이 질문은 노골적으로 표현된 것이다. 이 질문은 우리에게 즉각적인 주목을 이끌어낸다. 이 질문은 우리를 무섭게 한다. 조금 무서운 것은 이 질문을 제기한 사람인 '슈퍼 천재' 스티븐 호킹이다. 그는 휠체어에 앉은 물리학자로 눈의 움직임과 컴퓨터만으로 의사소통을 할 수 있다.

그런데 2006년 여름 호킹이 이 질문을 자신의 홈페이지에 올렸을 때, 그 질문은 미디어의 영향력으로 효력을 발휘한다. 그는 1주일 만에 2만 5,000개의 답을 받는다. 하지만 원래는 모두가 그의 답을 알고 싶을 뿐이다. 답은 1개월 뒤인 2006년 8월 1일에 나온다.

인간이 다음 100년을 어떻게 생존할 수 있을까? 나는 답을 알지 못한다. 그렇기 때문에 질문을 한 것이다. 새로운 핵전쟁의 위협들이 나타났다. 우리는 매번 우리 테크놀로지의 힘을 높일 때마다 파국적 사건이 일어날 새로운 가능성들을 덧붙인다. 250도의 기온을 가진 우리의 이웃행성인 금성처럼 우리는 끝나지 않으리라는 '희망'을 갖자. 어쩌면 유전적 기술들이 우리를 더 현명하게 그리고 덜 공격적으로 만들어주기를 기대해야 할 것이다.

이는 종말론적인 나팔소리, 공포 스토리, 죄과로 구성된 공허한 배합, 종말론적인 속물근성을 가진 심포니 오케스트라다. 독일의 철학자인 페터 슬로터다이크는 지체 없이 자신의 답에 다음과 같이 적었다.

알려진 대로 우리는 최고 속력으로 콘크리트 벽을 향해 앞으로 달리고 있다. 그렇지만 충돌의 순간까지는 시간이 걸리기 때문에 가속페달에 발을 올려놓고 있는 것이다.

이 철학자의 견해에 의하면 인류가 '알려진 대로' 완전히 멍청하게 콘크리트 벽을 향해 달리는 것 말고 다른 무엇을 할 수 있을까? 그런데 청중은 그것이 사실인지, 그 비유가 옳은 건지, 아니면 그 전체가 그냥 압도적으로 엄숙하게만 들리는 것인지 잠시도 생각하지 않은 채 이런 총체적 모욕에도 계속 열렬히 박수를 치는 것이다.

이제 미심쩍은 스승들과 작별을 할 때다. 그들이 노벨상을 받는다 할지라도, 철학적으로 뛰어난 달변이거나 영웅적 불구자라 할지라도.

내 개인적으로는 호킹의 질문에 아주 간결하게 블로그에 쓴 답 하나가 가장 맘에 든다. 그 답은 Rabbit이라는 아이디를 사용하는 사람이 올린 것이다. 이상한 나라의 엘리스에 나오는 토끼를 차용한 그의 답은 이렇다.

잘될 것이다. 물론 문제와 재앙이 있을 것이다. 하지만 당신의 비관주의가 정당할 수 있을 만한 끔찍한 일은 없을 것이다. 오직 용기뿐.

몰락의 광기에 대항해 싸운 옛 전사에게 어울리는 말이다. 그는 나에게 정신적 영웅이다. 그가 낙관주의자의 선언을 발표했을 때(1972년)는 생각건대 어디에나 있는 문화비관주의에 맞서 봉기를 하기에는 유리하지 못했던 시기였기 때문이다.

프랑스의 미래학자이자 저널리스트인 루이포웰은 당시에 분명히 '변절자'와 '반동주의자'로 비난받았다. 오늘날 그는 거의 잊힌 존재다. 하지만 그가 낙관주의자의 선언에서 한 말은 오늘날 그것들을 가장 가까이 있는 벽에다 내일 곧 적어놓아야 할 것처럼 신선하게 들린다.

나는 1971년에만 28일 동안 신문에서 '우리 세계는 지속적으로 변화하는 중에 있다'는 미사여구를 정확히 1,243번 찾아냈다. 1,243번 모두 부정적인 관찰의 결과들이었다. 소요, 분쟁, 위험. '변화'라는 말이 비관주의자들에게 하나의 매력 있는 단어가 되었다.

나는 우리가 살고 있는 사회에 대한 증오가 우리 시대의 병이라고 생각한다. 사람들은 사회에 모든 것을 기대하고 요구한다. 하지만 자기 자신에 대해서는 아무것도 기대하고 요구하지 않는다. 버릇없는 아이들이나 그렇게 행동하는 것이다. 그들은 자신들의 소원을 충족시키려고 발버둥치기만 하면 된다고 생각한다. 나는 개인적으로 어른이고 싶다.

그래서 나의 소원 성취를 위해 무엇인가를 할 수 있도록 내 성숙한 나이를 이용하고 싶다. 그리고 냉정한 머리로만이 아니라 여유 있는 쾌활함과 인생의 가장 값진 소득을 갖고서 말이다.

기술이 가진 모든 장점을 지닌 채 갈수록 부유해질 미래를 향해 민주적으로 나아가는 사회에 나는 찬성한다. 그 사회는 살아있는 유기체처럼 스스로 조정하는 능력이 있는 사회다. 나는 능력주의사회와 재화의 분배에 찬성한다. 나는 신뢰를 갖고 미래를 바라본다.

발전 자체가 가져오는 다양성이 증가되며, 기술적·경제적·사회적 다원주의가 서로 맞물려 밀접한 연관성을 가지며, 힘들이 국제적으로 균형을 이루며, 요컨대 우리 현대 시대에 내재하고 있으면서 우리의 이데올로기적 과오들을 최소한도로 줄일 수 있는 확고한 보호막을 형성할 결정론이 있는 미래를.

회의적 낙관주의를 위한 지침

*미래에 있게 될 것은 두려움을 일으키지 않을 것이다.
그게 사실이라면 지금 현재
너에게 도움을 주고 있는 것과
똑같은 합리적 사고가 있다는 것을
언젠가는 경험하게 될 것이다.*

—마크 오렐

1. '믿음의 제국', 미디어의 영향을 받은 생각, 편견 그리고 '전통적 지식'으로 된 세상을 떠나라. 그러한 세상은 우리의 미래에 대한 논쟁을 머리가 부서질 때까지 정의한다. 소위 모두가 안 좋아지는 방향으로 세상이 변화될 것이라고 이야기하는 것은 아무것도 믿지 말라. 종말론 스승들을 그냥 무시함으로써 그들에게 저항하라. 정신적 '재무장'을 하라.

2. 현실을 새롭게 경험해보라. 의문을 갖고, 순수한 눈으로. 미래는 결정되어 있는 것이 아니라 '사고방식', 즉 현실의 지각에서 생기는 많은 사람들의 행위의 산물이라고 이해하라.

3. 사물을 체계로서 지각할 수 있도록 경험의 거리를 둔 궤도에 진입하

라. 모든 것은 모든 것과 연관되어 있다. 이는 모든 것이 불분명한 상태라는 말이 아니다. 사물은 맥락, 즉 여러 면에서 매우 튼튼한 것으로 입증된 구조를 갖고 있다는 말이다. 세계는 스스로 조정하는 체계들로 이뤄져 있다.

4. '조작적 사고'의 계략을 꿰뚫어보라. 세상이 우리를 논쟁적 잡동사니 속에 끼어 넣은 것처럼 우리는 세상을 날조하고 있다. 이때 우리 사고의 전략들은 두려움과 내적인 보상을 좇는 경우가 종종 있다.

5. 세상에 있는 모든 것이 의미는 없을지 몰라도 '하나의 목적'은 있다는 사실을 알라. 이는 역으로 에너지는 없어지지 않는다는 것을 의미한다. 모든 행위, 아주 미세한 모든 행위조차도 세상의 끝없는 형태론적 기억 속에 흔적을 남긴다. 이는 역으로 당신에게 개인적으로 어려움을 주는 좋지 못한 일들이 조성되지 않았음을 의미한다.

6. 복잡성은 진화적 과정의 '중심' 작용원리임을 이해하라. 유기체, 사회, 테크놀로지, 체계 등은 다양성을 증가시키는 동시에 지속적으로 더 높은 통합 방향으로 나갈 것을 요구한다. 하지만 복잡성은 그것들이 '좋기' 때문에 생기는 것이 아니라, 그것들이 기본법칙에 일치하기 때문에 생겨난다. 그 기본법칙에 따라 항상 질서의 경향이 엔트로피와 맞서고 있는 것이다.

7. 왜 모든 사람들이 이러한 '새로운 관점을 당신과 나누지 않는지'에 대한 질문에서 벗어나라. 당신은 스스로 당신의 인식세계를 설계해야 한다. '밖에 있는 사람들'이 어떤 생각을 갖고 있는가는 아무런

상관이 없다.

8. 마음이 맞는 사람들과 '연합' 하라.

9. 인지적 또는 행위적 자유의 행복을 '경험' 하라. 당신은 사건들을 긍정적으로 바라볼 선택의 권리가 있다. 그에 대한 당신의 기여가 '객관적으로' 적다고 하더라도 유익하기 때문이다. 그것은 당신이 이 우주 속에 갖고 있는 유일하고, 중심이 되는 자유다. 결정적으로 중요한 자유다.

10. '행동' 하라. 당신이 할 수 있는 것을 하라. 인생을 충만케 하는 데는 그것만으로 충분할 것이다.

미래에 관한 마지막 충고

Anleitung zum Zukunfts-Optimisumus

초판 1쇄 발행 | 2008년 1월 10일

지은이 | 마티아스 호르크스
옮긴이 | 송휘재
펴낸이 | 이종록
편집 | 조민호, 전용준
디자인 | 박아영
마케팅 | 김명수, 이용석
경영지원 | 이지혜

펴낸곳 | 스마트비즈니스
출판등록 | 2005년 6월 18일(제313-2005-00129호)
주소 | 121-250 서울시 마포구 성산동 293-1 2층
전화 | 02)336-1254
팩스 | 02)336-1257
이메일 | smartbiz@sbpub.net

ISBN 978-89-92124-32-4 03320